大学生活与经济学

张启富◎编著

中国财经出版传媒集团
经济科学出版社
Economic Science Press

图书在版编目（CIP）数据

大学生活与经济学 / 张启富编著. -- 北京：经济科学出版社，2023.4
ISBN 978-7-5218-4732-1

Ⅰ.①大… Ⅱ.①张… Ⅲ.①大学生-学生生活 Ⅳ.①G645.5

中国国家版本馆 CIP 数据核字（2023）第 075436 号

责任编辑：凌 敏
责任校对：齐 杰
责任印制：张佳裕

大学生活与经济学
张启富 编著
经济科学出版社出版、发行 新华书店经销
社址：北京市海淀区阜成路甲 28 号 邮编：100142
教材分社电话：010-88191343 发行部电话：010-88191522
网址：www.esp.com.cn
电子邮箱：lingmin@esp.com.cn
天猫网店：经济科学出版社旗舰店
网址：http://jjkxcbs.tmall.com
北京密兴印刷有限公司印装
787×1092 16 开 15.5 印张 340000 字
2023 年 8 月第 1 版 2023 年 8 月第 1 次印刷
ISBN 978-7-5218-4732-1 定价：56.00 元

前言

大学是人生的一个加速发展阶段。从经济学视角来看，上大学是大学生及其家庭、国家和教育捐赠者等共同的人力资本投资。大学生作为人力资本的直接投资和受益主体，不管自身是否意识到，事实上都需要面对和评估大学投资的成本和收益问题。从教育学视角来看，大学校园既是一个人为设计和营造的教育场所，也是一个经过简化和净化的小型社会，大学生主要通过与大学校园的互动来实现个人发展。身处大学校园之中，能否准确地认知、科学地选择适合自身发展需要的课程、课外（闲暇）活动、社交对象等，对大学生各方面的发展至关重要。

由此导致大学生入学后会产生两类需要：一类是认知大学需要，即认知大学内涵与意义的需要；另一类是规划大学需要，即规划自身大学期间学习与闲暇的需要。这两类需要能否得到有效满足，直接关系大学生的学习动力、学习成效和大学生活的幸福程度。本教材面向大学生尤其是大学新生的上述两类需要而编写，希望通过有关经济学、教育学知识与理论的学习，满足大学生认知大学和规划大学的需要，引导和帮助大学生建构、运用有关的经济思维和学习方法，从而“准确地认知大学、科学地规划大学、有价值地度过大学”。

为了帮助大学生实现上述目标，本教材遵循了“面向两类需要，采取PBL理念，横跨两个学科，解决八个问题”的编写思路。在编写时，采取了PBL（基于问题的学习）的设计理念，将认知大学和规划大学两类需要细化为何谓大学、人为何要学习、上大学有何成本、上大学有何收益、大学教育投资收益如何估算、大学发展目标如何确定、大学学习选择问题如何解决、如何让大学过得幸福八个问题。进而将这八个问题设计成为教材的八章，围绕解决每个问题的知识需要，从经济学和教育学两个学科中选取相关的知识与理论，构成每章的教学内容。大学生学完一章即可解决一个问题，例如，学完第一章何谓大学之后，应能阐明大学的内涵与职能、历史与现状；学完第三章上大学有何成本之后，应能结合自身实际列举和描述上大学的全部直接成本与间接成本、私人成本与社会成本。

在此基础上，本教材每章都围绕对应的具体问题，在开篇部分设计了

"学习目标"，阐明了"本章主题"，在结尾部分安排了"课后练习"，其中包含撰写学习心得体会和自评学习效果。通过这样的设计与编排，将PBL理念具体化为一个"明确问题—学习知识—解决问题—评价效果"的闭环学习机制，以有效激发大学生的问题意识，引导大学生在学习教材知识与理论的过程中解决八个问题，满足自身认知大学和规划大学的需要，进而度过一段有价值的大学时光。

为了便于读者学习，本教材编者及教学团队在浙江省高等学校在线开放课程共享平台（"在浙学"平台，https://www.zjooc.cn/）建成了《大学生活与经济学》慕课（https://www.zjooc.cn/course/8a22822c862fe2a6018649f4099e6b99），向读者提供课程标准、课程导学、教学讲义、教学视频、课后作业、期中测验、期末考试等多种学习资源，有兴趣的读者可以登录并注册学习。

本教材由厦门大学教育研究院博士生、浙江工商职业技术学院张启富教授独立编著。浙江工商职业技术学院吕洪霞教授、夏至瑶讲师、刘莹莹讲师、应威佳老师多次参与研讨，提出了很多中肯意见；浙江德祐电子商务有限公司王雪峰总经理等多位管理人员和员工接受了编者的访谈，提供了很多有价值的建议、信息和资料，在此一并表示感谢！

目录

▶▶ 第一章 何谓大学

【学习目标】

知识目标

- 了解大学发展简史
- 熟悉我国大学发展现状
- 理解大学的职能
- 理解大学的内涵

能力目标

- 能准确阐述高职院校人才培养的类型

素质目标

- 树立自信自立的人格修养、好学力行的进取精神和服务社会的责任使命

【本章主题】

本章聚焦“何谓大学”，重点阐述了大学从哪来（大学的发展历程）、大学干什么（大学的职能）、大学是什么（大学的内涵）等有关于大学的基本认知问题。作为一名大学生，应在准确理解大学内涵的基础上，深入思考“我为什么上大学”“我在大学干什么”等问题，以指导自己度过一个有价值的大学生活。

第一节　我国古代的高等教育

我国是一个文明古国，是世界上教育历史最悠久和连续性最强的国家之一。我国古代高等教育，也称我国古代大学教育，是指古代中国社会所存在的培养高层次专门人才的教育活动或教育形式。① 从性质上来说，我国古代高等教育具有高等教育的某些属

① 刘海峰，史静寰．高等教育史［M］．北京：高等教育出版社，2010：11－12.

性，但与近代意义上的高等教育存在重大差异。尽管如此，我国古代高等教育仍是近现代高等教育的历史之源，在文化渊源、教育功能和组织形式上，与近现代高等教育有一定的关联性，是近现代高等教育赖以形成的重要基础。

从发展历程上来看，我国古代高等教育经历了一个十分漫长而曲折的过程，在中华传统文化的大背景中，形成了一些与西方高等教育、近现代高等教育有所不同的特点，带有浓厚的中国特色，对中国近现代高等教育和处于儒家文化圈的其他东亚国家都产生了深远的影响。

一、先秦与汉代的高等教育

先秦到汉代是我国古代高等教育的萌芽与产生阶段。据《礼记》记载，商代已经出现了大学、小学和瞽宗等教育机构。西周时期，大学包括周朝天子设立的“辟雍”、诸侯建立的“泮宫”和天子王宫中的“畴学”。

春秋时期社会发生重大变革，官学逐渐衰落，以孔子为代表的诸子兴办的私学开始兴盛；战国时期的齐国在其都城临淄设立“稷下学宫”，虽由官方出资，但实行门户开放，容纳百家讲学，延续150年之久，兴盛时师生达千人。

公元前136年，汉武帝设置五经博士，专门传授和研究儒家经典。公元前124年，汉武帝为太常博士的弟子设立“太学”，被认为“是世界教育史上有确切文字记载的由统一的中央政府设立的第一所管理大学”①。太学最初有弟子50名，汉昭帝时弟子增加到100人，汉元帝时一度达到1000人，东汉末年达到3万余人。

在汉代，还有一些知名学者以居家讲学，或创办“精庐”“精舍”“经馆”为主要形式收徒讲学，培养经学儒术人才，这类私学也具有古代高等教育的性质。

二、魏晋南北朝与隋唐的高等教育

魏晋南北朝与隋唐时期是我国古代高等教育的初步发展时期。此时，官学类型增多，晋武帝在洛阳开设“国子学”，地位比太学要高。南北朝时，宋文帝在建康建立“四学馆”，实行儒学、玄学、文学和史学的分科教育。到唐代，中央官学包括“六学”和“二馆”。“六学”中的国子学、太学、四门学传授儒家经典，性质上是大学；律学、书学和算学分别教授律令、文字和书法、计算等，性质上是专业性学校。“二馆”包括弘文馆和崇文馆，性质上是面向贵族子弟的大学。

在教育管理方面，隋朝设立“国子寺”管理官学，后改名为“国子监”，唐代延续并发展这一制度，从而形成了以“国子监”为主体的古代高等教育管理体制。

在考试选拔方面，隋唐开创了科举选官的先例，这是对汉代以来察举选官制度的重

① 熊明安. 中国高等教育史［M］. 重庆：重庆出版社，1983：71－72.

大突破，科举考试制度被认为“具有古代高等教育考试的性质”①。

在这一时期，尤其是唐代，由于国家强大，文化教育发展水平领先，前来留学的各国学生很多，中国古代高等教育制度开始向周边国家和地区传播。

三、宋元时期的高等教育

在宋元时期，我国古代高等教育发生重大变革，并趋向完备。一方面，以书院为代表的私学逐渐兴盛。书院是我国古代高等教育的重要形式之一，萌芽于唐末，出现于五代，兴起于北宋，对后代高等教育的发展产生了积极和深远的影响。

另一方面，科举考试制度逐步健全。北宋推行“文治”，重视文官治国，科举选官的规模比唐代大得多，为了维护科举考试选官的公平公正，宋代对科举考试制度和学校教育体系进行了相应的改革，有力推动了这一时期官学教育的发展。

此外，宋元时期也是中国不同民族及其文化大发展大融合的时期，辽、金、元等少数民族政权的统治阶层大力推行“汉化”政策，学习借鉴中原地区的文化与教育制度，其中就包括学校教育与科举考试制度，促进了中原文化的传播与各民族的文化融合。

四、明清时期的高等教育

明清时期是我国高等教育从完备走向衰落的时期。在中央官学方面，明代将国子监与国子学（太学）合为一体，既是国家的最高教育管理部门，也是国家的官办最高学府，其学生称为“监生”，这一制度被清代所沿袭。

在科举考试制度方面，其人才选拔（选官）的功能得到进一步强化，乡试、会试和殿试三级考试制度得到健全和完善，成为当时高等教育的重心。全国各级各类学校，无论官学，还是以书院为代表的私学，都以谋取功名出身为目的，渐渐成为科举考试制度的附庸，高等教育的内容与教学模式趋向单一和僵化。

到了晚清，中国国门被西方列强打开之后，民族危机与西学东渐等迫使中国古代高等教育体系逐渐走向瓦解和崩溃，进而向西方近现代高等教育的发展模式转型。

第二节　欧洲的中世纪大学

一、中世纪大学的产生

作为现代化“后发外生型”国家，我国现代高等教育制度是从外国引进的，② 而不

---

① 刘海峰．科举考试的教育视角［M］．武汉：湖北教育出版社，1996：216.

② 刘海峰，史静寰．高等教育史［M］．北京：高等教育出版社，2010：11－12.

是在继承我国古代高等教育制度的基础上发展起来的。就当前被人们所看到和熟悉的大学而言，其主要起源是欧洲的中世纪大学，现代大学的许多特征是直接从中世纪大学继承而来的。

（一）中世纪大学的产生背景

中世纪大学产生于公元11世纪，被认为是中世纪欧洲最杰出的创造。[①] 当时，欧洲封建制度进入发展顶峰，手工业从农业中分离出来，一些工商业者逐渐向城市聚集，促进了城市和城市经济的发展，由此产生了新兴的市民阶层。新兴的市民阶层成为推动社会向前发展的重要力量，他们不仅提出了新的政治要求（如向教会、国王或领主争取城市自治权）、新的经济要求（如发展商业贸易），还提出了新的文化要求（如用知识与理智来对抗教会的信仰与精神控制等）。

当时的欧洲人通过十字军东征带回了不少保存在东方的古代希腊和古代罗马的文化典籍，同时也带回了阿拉伯人的科学与文化。欧洲人认识到他们的祖先在古希腊、古罗马时代有着发达灿烂的文化，由此开始了文艺复兴。于是，就有人在城市里开始专门研究学问，渐渐地出现了一些有名的学者，吸引着另外一些人跟着他们学习，这就是中世纪大学的雏形。因此，最初的大学从性质上来看，是一种自治的教授和学习中心，一般由一名或数名在某一领域有声望的学者和他的追随者自行组织起来，形成类似于行会的团体进行教学和知识交易。[②]

（二）中世纪大学的产生过程

中世纪的意大利是经济较为发达的地区，最早的大学首先在这里孕育形成。很多人认为，目前最古老的大学是意大利的博洛尼亚大学。该大学前身是一所法律学校，建于1088年，国王弗雷德利克一世于1158年颁布法令，承认了博洛尼亚的大学地位。[③] 1988年9月18日，在该大学建校900年校庆之际，欧洲的400多位大学校长在博洛尼亚著名的大广场上共同签署了《欧洲大学宪章》，宣布博洛尼亚大学为欧洲“大学之母”，即欧洲所有大学的母大学。

博洛尼亚大学还与意大利的萨莱洛大学、法国的巴黎大学一起并称为原型大学。萨莱诺位于意大利南部，风景秀丽，气候宜人，这里原有一所医学院校，在11世纪中叶（大约在1050年到1060年间），以这所医学院校为基础形成了萨莱诺大学，成为欧洲有影响的医学教学和研究中心，也是西方医科大学的鼻祖。萨莱诺大学于1231年被官方承认。[④] 巴黎大学是从其早期的教会学校逐渐发展壮大而来的，以神学著称。大约在

---

① 刘海峰，史静寰．高等教育史［M］．北京：高等教育出版社，2010：258.
② 吴式颖，等．外国教育史教程［M］．北京：人民教育出版社，2003：86.
③ 贺国庆．欧洲中世纪大学起源探微［J］．河北大学学报（哲学社会科学版），2007（6）：21－28.
④ 李华．欧洲中世纪大学：历史描述与分析［J］．牡丹江教育学院学报，2008（6）：18－19.

1150 年到 1175 年间，巴黎大学形成了“教师联合体”，公元 1200 年时获得了一个王室授予的特权证书，1231 年获得了教皇授予的特许状，这意味着其作为一个大学的地位最终得到承认。①

由这些原型大学衍生和发展了一批中世纪的大学。其中，博洛尼亚大学衍生和发展了雷吉欧大学、维琴察大学、阿雷佐大学等（见图 1 –1），巴黎大学衍生和发展出了牛津大学、奥尔良大学等（见图 1 –2）。以巴黎大学、牛津大学和剑桥大学的衍生发展为例，在公元 12 世纪时，很多英国的学生在巴黎大学学习，后来因为国王亨利二世与坎特伯雷大主教贝克特发生争吵，在公元 1168 年，亨利二世一气之下将在巴黎大学学习的英国学生全部撤回本国。于是，这些学生就聚集于牛津，创办了牛津大学。到了公元 1209 年，牛津大学发生了骚乱，一批为了躲避斗殴的师生从牛津迁移到了剑桥，从而创建了剑桥大学。此外，中世纪大学中比较有代表性的还有德国的海德堡大学（1358 年）和科隆大学（1388 年）等。

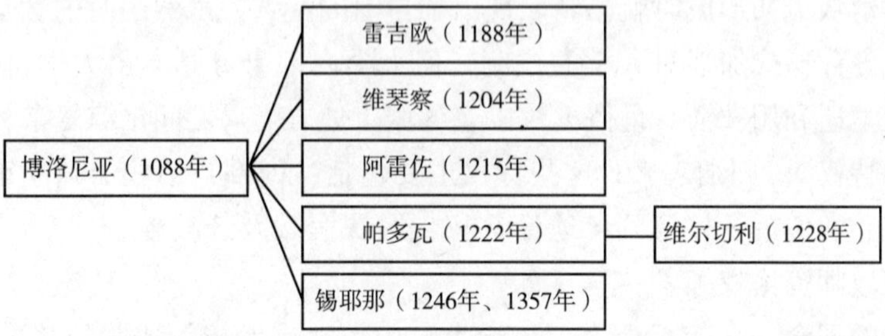

图 1 –1　由博洛尼亚大学衍生的大学

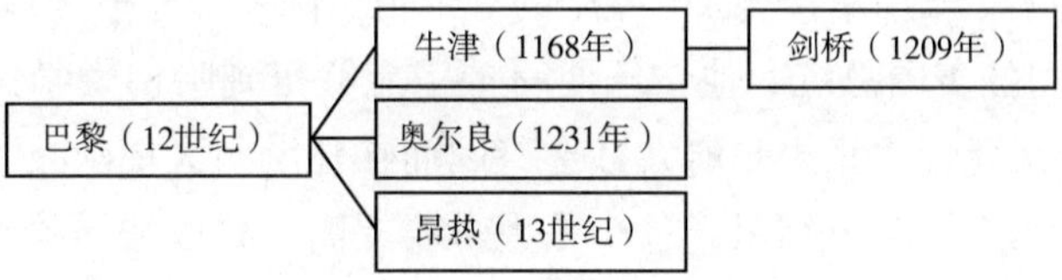

图 1 –2　由巴黎大学衍生的大学

资料来源：宋文红．欧洲中世纪大学：历史描述与分析［D］．武汉：华中科技大学，2005：57.

包括这些原型大学在内的中世纪大学，为了获得更好地发展而在欧洲不断迁移，由此衍生出了新的大学或带动其他地方创办了新的大学。到 13 世纪，欧洲中世纪大学得到了飞跃式发展，从 12 世纪的 6 所发展到了 23 所。到了 14 世纪和 15 世纪，大学主要是根据官方的许可（如教皇或皇帝的训令、敕令、特许状、许可证书等）而成立的，分别发展到了 45 所和 79 所（见图 1 –3）。这些大学，在欧洲形成了一个较大的智力活动群体，进行着知识的传承与思想的交流，促进了文明的进步和社会的发展。

① 石广盛．试论中世纪西欧大学的起源［D］．长春：东北师范大学，2003：14 –18.

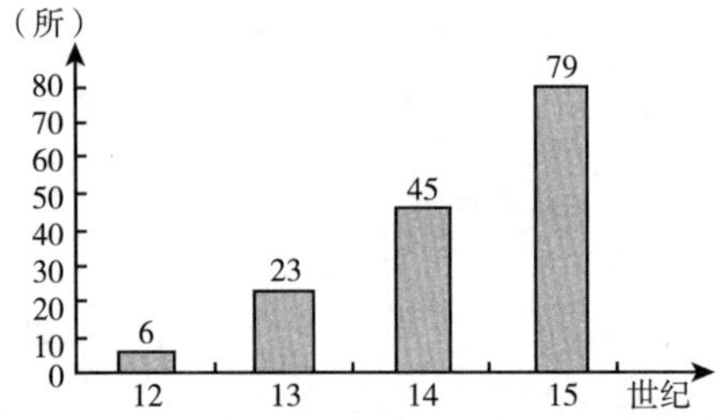

图 1-3 欧洲 11~15 世纪大学数量变化情况

资料来源：宋文红．欧洲中世纪大学：历史描述与分析［D］．武汉：华中科技大学，2005：69.

二、中世纪大学的组织与管理

（一）大学自治

中世纪大学从最初形成时就已经表现出了自治的特点，虽然当时的教会、封建统治者等不断通过各种形式加强对大学的控制，但大学内部事务基本由大学自身进行管理。不但如此，大学还利用教会、世俗王权以及各城市地方当局之间错综复杂的矛盾为自身争取到不少的特权。[①] 归纳起来，这些特权主要包括：内部自治权、独立审判权、免除赋税及兵役权、学位授予权及到各地任教权、罢课罢教及迁校权，[②] 以及（大学教授）参政权、审定教师资格权等。[③]

大学自治的理念一直传承至今，与学术自由、教授治校等成为经典的大学理念。[④] 例如，在美国高等教育界流传着一个两个“总统”之争的故事。在英语中，president 既可以指总统，也可以指校长。两个“总统”中的一个是美国总统里根（1911~2004 年），在 1981 年至 1989 年间任美国总统，他在任期间希望能够得到哈佛大学荣誉博士学位。里根是一位新自由主义者，主张小政府大社会，因而在任期间大幅削减了政府对高校的经费投入，这一政策产生了两个结果：一个是大学要提高学费以增加收入，这无疑会导致大学生源的减少，学生和家长不会欢迎这样的政策；另一个是大学要通过社会服务来赚取一部分办学经费，这迫使大学要主动放低身段以适应市场需求，大学当然也不会欢迎这样的政策。

在这个背景下，时任哈佛校长即另外一位“总统”的博克（1971 年至 1991 年间任哈佛大学校长）不同意授予里根总统这个荣誉学位，他表示我这个“总统”（指校长）无意成全另外一位总统。最后，里根总统没有得到哈佛大学的荣誉博士学位。之所以如

---

① 张斌贤，孙益．西欧中世纪大学的特权［J］．北京师范大学学报（社会科学版），2004（4）：16-23.

② 潘后杰，李锐．欧洲中世纪大学兴起的原因、特点及其意义［J］．四川师范大学学报（社会科学版），1993（3）：100-108.

③ 贺国庆，王保星，朱文富．外国高等教育史（第二版）［M］．北京：人民教育出版社，2006：42.

④ 李福华．大学治理与大学管理：概念辨析与边界确定［J］．北京师范大学学报（社会科学版），2008（4）：19-25.

此，其原因有二：一是大学自治一直是欧美大学的传统，大学与政府之间，尤其是哈佛大学这样的私立大学与政府之间，更多是平行关系而非上下级关系；二是在美国的大学管理体制中，大学校长尤其是私立大学的校长，主要对大学的董事会负责，而不是对政府或是国家总统负责。

不同国家的大学管理体制是不同的。在我国，公立大学都是有一定行政级别的事业单位，大学的党委书记、校长和党政领导班子成员均有一定的管理职级，由上级任命（党委领导班子成员还需要经过大学的党员代表大选举），接受上级领导和管理。公立大学的内部治理体制是“党委领导、校长负责、教授治学、民主管理”，校长要对学校党委和上级负责。

需要说明的是，中世纪大学的自治是有限度的，原因在于大学很多的自治权利是由官方（教皇或国王）赋予的，或是大学向官方争取来的。官方能赋予中世纪大学这些权利，自然也能收回这些权利。例如，巴黎大学在1445年和1499年被官方分别剥夺了司法特权和有关罢课、免于民事与刑事的裁判权。①

（二）学生大学与教师大学

学生大学是由学生主管校务的大学，以博洛尼亚大学为代表。在学生大学中，教授的选聘、学费的金额、学期的时限和授课的时数等，均由学生决定。当时来博洛尼亚大学学习的，除了意大利人之外，还有阿尔卑斯山以北的学生，这些学生为了自我保护，就自己组织起来，刚开始是为了抵制市民上涨房租和生活必需品价格的上涨，他们威胁要离开博洛尼亚到其他城市去，结果是市民妥协了，学生成功地压低了房租和书价等。此后，学生又通过集体抵制的手段威胁大学教师，由于教师主要依靠学费生活，因而这种集体抵制也很有效，于是，博洛尼亚大学的教师在上课时间、授课方式和学费等方面都接受学生的管理。②

博洛尼亚的学生大学大约建立在12世纪末到13世纪初。当时南欧的大学，包括意大利、西班牙等地的大学和法国南部的大学在内，多采取此种组织管理模式。

教师大学是由教师掌管校务的大学，以巴黎大学为代表。在早期的巴黎大学，由圣母院主教和校长控制着教师资格的授予权，并借此控制教师和干预教学。大约在12世纪后期（约在1150年至1170年间），教师为保护自身权益而成立教师行会。双方斗争的结果是教皇承认了教师权利，神学教师行会获得了制定必修课提纲、授课大纲和组织考试的权力。1231年，教皇颁布特许状，赋予巴黎大学学生若干特权和授予学士、硕士、博士学位的专一权，与此同时，法国国王也确认了巴黎大学的法人资格，使巴黎大学完全摆脱了被监护的地位。正是在争取权利的斗争过程中，巴黎大学形成了以教师为

---

① 刘海峰，史静寰．高等教育史［M］．北京：高等教育出版社，2010：295.

② 贺国庆，王保星，朱文富．外国高等教育史（第二版）［M］．北京：人民教育出版社，2006：38.

主导的学院组织模式，成为教师大学。[①]

在教师大学中，教师对学生拥有个人和学术权威，教师行会构成了学院，教师选举出来的院长、校长管理着大学的诸多事务。当时北欧的大学，如英格兰、苏格兰、瑞典、丹麦等地的大学多属此类。后来，教师大学模式发展成为大学的主导模式。

（三）学院

中世纪大学最初往往是由某一位教师和他的学生们所构成。随着大学的发展，从事同一个学科教学的教师逐渐从一个人发展到几个人甚至数十人，于是这些相同学科的教师们就联合起来，组成自己的教师组织——教师行会，这个组织发展到后来就成为大学中的学院。

中世纪大学是应城市经济发展而生的，它们基本的办学目的是为城市提供受过专门训练的管理者、文书、律师、医生和牧师等人才。因此，在中世纪大学中最早发展起来的学院主要有文学院、法学院、医学院和神学院。在这四个学院中，文学院是教授基础课程的学院，因此地位不高，被视为“低级”学院。法学院、医学院、神学院是专业学院，学生只有在修完文学院的课程之后，才能选择三者中的一个学院学习。例如，大约在 1241 年前后，神圣罗马帝国皇帝腓特烈二世颁布了攻读医科的正规课程表，规定在攻读五年制的医科之前，必须先学习三年的逻辑。[②] 因此，专业学院被视为“高级”学院。

中世纪大学在发展之初，均为单科大学（学院），例如博洛尼亚大学是法学院，萨莱洛大学是医学院，巴黎大学是神学院，学习这些学科，要以七艺（包括文法、修辞、逻辑、音乐、算数、几何和天文）为基础。发展到一定程度之后，很多单科大学都发展成为拥有文、法、医、神四个学院中的全部或若干个的综合性大学。例如，博洛尼亚大学在法学院的基础上，于 1316 年增设了医学院，1360 年增设了神学院。[③]

需要说明的是，中世纪大学里的学院还有另一种含义——为学生提供住宿的场所。这类学院最初是作为由私人捐赠的、为贫穷学生提供住宿和膳食的慈善机构而出现的，后来逐渐成为生活和教学的正式中心，例如，1180 年设立于巴黎的迪克斯 - 惠特学院就是为 18 名贫穷的学生提供住处而成立的。[④]

后来，随着国王、贵族、教会等成为学院的主要捐赠者，这类学院获得了充足的资源，能够建设宽敞舒适、设备完善的教学与住宿场所，能够提供较高的薪资和丰厚的奖学金以吸引优秀的教师和学生，从而促使这类学院真正成为一个教学机构。与此同时，学习者也从贫穷学生转变为贵族子弟和僧侣等，学院则以严格的纪律和特定的生活方式

---

① 刘海峰，史静寰．高等教育史［M］．北京：高等教育出版社，2010：274 - 276.

② 艾伦·B. 科班．周常明，王晓宇，译．中世纪大学：发展与组织［M］．济南：山东教育出版社，2013：54.

③ 贺国庆．欧洲中世纪大学起源探微［J］．河北大学学报（哲学社会科学版），2007（6）：21 - 28.

④ 贺国庆，王保星，朱文富．外国高等教育史（第二版）［M］．北京：人民教育出版社，2006：46.

来规训学生，由此，这类学院逐渐演化成为精英化的教育机构。这种学院的发展模式以英国的牛津大学和剑桥大学最为典型。

（四）课程

在13世纪前，不同大学或同一所大学不同时期的课程都不太相同。到了13世纪，大学课程逐渐由大学规程或教皇敕令而固定下来。① 具体来看，中世纪大学的课程由文学课程（基础课程）和专业课程构成。

文学课程由文学院开设，主要是七艺和亚里士多德的逻辑学，后来又加上哲学，包括道德哲学、自然哲学和形而上学三大哲学。② 这些课程主要使用权威学者的著作作为教材，例如，修辞学教材使用多纳图斯的《原始语法学》、西塞罗的《论题篇》和亚里士多德的《修辞学》，逻辑学教材使用亚里士多德的《工具论》、波尔菲里的《亚里士多德范畴篇导论》，算数教材是尼科马霍斯的《算数引论》，几何学教材是欧几里得的《几何原本》，天文学教材是托勒密的《至大论》，音乐教材是波伊乌的《论音乐》。③

文学课程具有高深性和通用性等特点，持续4～6年甚至7年，这些课程目的在于培养学生系统地掌握当时最为高深的通用性知识，引导学生形成独立的人格，并为学生进一步学习专业课程打下坚实的基础。

专业课主要包括法学课程、医学课程和神学课程，由相应的专业学院即法学院、医学院和神学院开设。法学课程以博洛尼亚大学最为著名，其法学课程包括教会法和民法，教会法的教材是格拉蒂安的《教令集》，民法的教材的是查士丁尼皇帝下令编写的《民法大全》以及各种注释版本。④医学院课程以萨莱洛大学为代表，使用的教材包括罗马传统的医学教材和经过阿拉伯人传播来的东方医学著作等。萨莱洛大学的医学课程不仅教授理论知识，还教授实际操作，此外还开设生理、病理等课程。⑤神学课程以巴黎大学最为有名，使用的教材包括《圣经》和研究《圣经》的作品汇编《格言大全》。⑥

中世纪大学的专业课程具有高深性和专业性等特点，目的是把学生培养成某一领域的高级专门性人才，如律师、法官、主教、牧师、医生等。

（五）教学⑦

在中世纪大学中，由于学生往往来自不同国家，因此采用统一的语言——拉丁文进行教学。大学采用的教学方法也是相同的，有两种基本形式：讲授和辩论。讲授包括普通讲授（一般由有经验的年长教授主讲）、特别讲授（多由青年教师主持）和粗略讲授

---

① 贺国庆，王保星，朱文富．外国高等教育史（第二版）[M]．北京：人民教育出版社，2006：43.

②④⑤ 毛钧瑶．欧洲中世纪大学的课程设置 [J]．黑龙江科学，2019（11）：15－17.

③ E. P. 克伯雷．任宝祥，任钟印，译．外国教育史料 [M]．上海：华东师范大学出版社，1991.

⑥ 潘后杰，李锐．欧洲中世纪大学兴起的原因、特点及其意义 [J]．四川师范大学学报（社会科学版），1993（3）：100－108.

⑦ 宋文红．欧洲中世纪大学：历史描述与分析 [D]．武汉：华中科技大学，2005：159.

（由学士或年长的学生主讲）。中世纪大学的讲授与现在的讲授有较大区别，基本形式是由教师诵读教科书原文和对原文进行注释（当时主要使用权威人物的著作作为教材，内容不够通俗易懂，因而会有大量的注释）和评论，学生一字一句地记录下来，记录和整理下来的授课内容称为“注释集”。

辩论最初只是一种口头训练，后来演变为一种正式的教学方法。在教师诵读学生记录的讲授之后，就是辩论。辩论分为问题辩论和自由辩论两种。问题辩论在课堂上进行，由教师提出一个论点，由两名学生或两组学生进行对辩，由教师主持和裁定胜负。例如，围绕某个权威人物的某个观点，有人站在支持一方，有人站在反对一方，双方进行辩论。自由辩论一般在公开场所进行，自由论辩的规模很大，并且不局限于学术问题，任何问题都可提交讨论，教师、学生以及其他相关人员都可以参加。辩论的题目最后经整理、汇编为“辩论集”。辩论使得中世纪大学具有生机活力，充满着论证和思辨的精神。

（六）考试

中世纪大学的考试也是学生在校学习的重要一环，是毕业的一道程序，且难度较大。关于考试，每所大学都有自己的惯例和规定，并随着时间的推移而有所变动。[①]

巴黎大学的学士从事学习和教学两年之后，就有希望结束自己的学业，获得在大学教学的许可证和硕士学位。这个考试分几个不同的阶段，最重要的是作出一系列评注和回答教师委员会的提问，通过的毕业候选人在几天后的隆重庆典上，将由大学总监授予许可证，此时候选人要发表一篇报告，不过，这只是一种形式。约半年之后，毕业候选人在“试讲”过程中正式成为硕士：“试讲”前一天晚上，要参加一个隆重的讨论；试讲当天，要在学院全体人员出席情况下，进行第一次讲课，并得到硕士学位荣誉证书。[②]

博洛尼亚大学的博士学位需要经过两次考试——个别考试和公开考试（答辩）。个别考试是真正的资格考试，非常严格，而公开考试则是一种仪式。个别考试由副主教或其代理人与四名教师主持，考试的形式是发表演讲或对准备好的两篇文章进行讲解评注，考官可以提出问题要求候选人作答。考试之前，考生要宣誓遵守考试规则，不能作弊，考官要严格按规定主持考试，考生完成之后，考官要对考试结果进行秘密投票，这个投票最终决定考生能否获得教学许可证和博士学位。通过个别考试之后，就可以参加公开考试，考生在大教堂发表演说、宣读论文并回答提问之后，即可获得博士学位，再经过一定的仪式之后，就可以成为一名正式的大学教师。[③]

---

① 宋文红．欧洲中世纪大学：历史描述与分析［D］．武汉：华中科技大学，2005：163.

② 雅克·勒戈夫．张弘，译．中世纪的知识分子［M］．北京：商务印书馆，1996：72.

③ 孙益．欧洲中世纪大学的学位［J］．清华大学教育研究，2003（6）：73－78.

（七）学位

学位最初的含义是教学能力的证明，即教学许可证书。当时，欧洲城市里的各个阶层出于维护自身利益的考虑，纷纷成立行会，每个行会对会员都有资格要求。大学最早就是教师（学者）的行会，要想成为大学教师，当然也需要有资格，这个资格就是硕士或博士学位。

中世纪大学的学生完成了文学院规定的课程并通过考试之后，就可以获得学士学位。获得学士学位是在大学第一阶段学习结束的标志，这表明他具备了成为教师学徒的资格，能协助大学教师开展辅助性的教学工作。

获得学士学位后，如果又完成了某一个专业学院的课程并通过考试，就能获得硕士或博士学位。“早期的硕士和博士学位，甚至教授职务并没有什么程度上的差别，差别只是在于：硕士考试不公开，合格者发给许可证书，取得教学资格，并被接纳到教师行会中。博士考试则公开举行，有隆重仪式。通过考试者，到主教所辖的地区，由副主教颁给学位。凡取得硕士或博士学位者，统称为教授。而博士或教授仅仅是一种荣誉称号。”① 后来，硕士博士逐渐出现差别：巴黎大学通过考试的文学院学生，获得硕士称号；法学院、医学院和神学院考试合格的学生，获得博士称号。由于文学院是“低级”学院，专业学院是“高级”学院，所以硕士与博士慢慢地成为高低不同的两个等级，博士是高等级称号，硕士是低等级称号。到了公元 15 世纪时，博士成为“高级”学院教师的专用头衔，硕士则成为“低级”学院教师的专用头衔，原来可以互用的两者，成为有高低之分的两个不同学位级别。②

此后，随着大学的不断发展与变化，学士学位的教师学徒证书功能和硕士、博士学位的教学证书功能逐渐淡化直至消失，最终演变成现代大学里普遍实行的学士、硕士、博士三级学位制度。

第三节　大学的发展

一、“洪堡理念”与研究型大学的发展

中世纪大学产生之后，一直专注于教学，即通过传授知识来培养人才。因此，当时的大学“是一个传授普遍知识的地方，是学者、教师和学生共同追求真理的社区”③。

---

① 宋文红．欧洲中世纪大学：历史描述与分析［D］．武汉：华中科技大学，2005：165.

② 孙益．欧洲中世纪大学的学位［J］．清华大学教育研究，2003（6）：73－78.

③ 袁振国．培养人才始终是大学的第一使命：大学变革的历史轨迹与启示之一［J］．中国高等教育（z2）：57－60.

这种情况在工业革命发生之后产生了重大变化，工业革命在促进社会生产快速发展的同时，也催生了越来越多、越来越复杂的生产技术难题，因而社会发展对于从事科学研究的专门人才和对于科学理论与技术方法的需求越来越强烈。这催生了研究型大学的产生与发展。

（一）“洪堡理念”的提出与实践

研究型大学的办学模式起始于德国的柏林大学。柏林大学的创办还有一个重要的社会历史条件，当时普鲁士军队在耶拿城外被拿破仑的法国军队击败，德意志民族和国家处于割地赔款的窘境。

在此背景下，德国人威廉·冯·洪堡（1767～1835 年）于 1809 年 12 月担任普鲁士内政部文化和公共教育厅厅长，负责筹建柏林大学，他提出了著名的“洪堡大学三原则”：大学自治，学术自由，教学与科研相统一。① 他认为，教育就是使个人获得全面和谐的发展，就是使人的个性、特性获得一种整体发展。教育是人的自身目的，也是人的最高价值体现，大学要实现这个目的就要通过研究进行教学。大学作为最高学府应该是“知识的总和”，即大学不仅要传播知识，还要生产知识，因此，大学应同时进行教学与研究。洪堡对于柏林大学都寄予厚望，他说：“大学是一种最高级的手段，通过它，普鲁士才能为自己赢得在德意志以及全世界的尊重，从而取得在启蒙与教育上真正的世界领先地位！”②

柏林大学于 1810 年正式建立。此时，洪堡已调任驻维也纳大使，费希特成为第一任校长。柏林大学在办学过程中坚持四条原则③：第一，重视哲学院的地位，废除了中世纪大学中各学院之间的等级差别，自由教育成为教育的核心。第二，教学与科研相统一，大学的任务并不只有教师教和学生学，而在于研究，教师要成为一位优秀的研究者，学生也要开展研究性学习。第三，学术自由，包括教师的教学自由和学生的学习自由。第四，大学自治，普鲁士政府接受了洪堡等人关于学术自由的思想，给了大学很大的自治权，大学既相对独立于政府系统，也相对独立于社会经济生活，当时的大学教授“远离政治生活，甘于寂寞，学术通常成为其重要的生活内容”。

正是这样，柏林大学逐步探索和建立了一套与现代科学研究相关的大学科研制度，包括科学实验室、科学规范、科研队伍、科研管理办法等，从而开创了研究型大学的办学模式。

（二）研究型大学办学模式的传播

以柏林大学为代表的教学与科研结合的研究型大学办学模式，推动了德国高等教育

---

① 李工真．现代化大学的由来［J］．国家教育行政学院学报，2013（9）：3－7．
② 李工真．“柏林大学模式”及其发展［J］．人文论丛，2000：264－271．
③ 沙苗苗．柏林大学模式研究［D］．武汉：华中师范大学，2008：17－21．

和科学的发展。19 世纪初到 20 世纪初德国成为世界科学的中心，第二次世界大战前，德国共产生了 40 多位诺贝尔奖获得者，占此期间世界诺贝尔奖总数的近 25%。其中，柏林大学先后产生过 29 位化学、医学、物理和文学等领域的诺贝尔奖得主，物理学家爱因斯坦、普朗克，哲学家费希特、谢林、黑格尔、叔本华，神学家施莱马赫，法学家萨维尼都曾在此任教。可以这么说，“德国的大学为这个民族赢得了世界性的辉煌。从 1810 年到 1933 年间，世界上还没有哪个民族像德意志那样，为人类造就出如此之多的饮誉世界的思想家和科学家”①。

柏林大学的成功，促使研究型大学的办学模式逐渐传至欧美各国，成为许多大学仿效的对象，其中以美国的约翰斯·霍普金斯大学为代表，该大学不但成功地将德国大学注重科学研究的功能引入美国，还创造性地设立了研究生院，从而在制度上将教学与研究有机结合在一起，极大地提高了大学的知识生产能力，从而开创了一条有美国特色的研究型大学办学之路。

二、“威斯康星思想”与大学社会服务职能的发展

（一）《莫里尔法案》与赠地学院

1862 年，美国颁布《莫里尔法案》，该法案规定，各州凡有国会议员 1 人，联邦政府便拨给土地 3 万英亩，可用其收入作为建立农业和机械工程学院的基金，培养发展地方工农业所需要的专门人才，这就是美国高等教育发展历史上著名的赠地学院的来源。《莫里尔法案》有力推动了实用技术如农业、机械、矿业、军工等学科的发展，促使美国的大学能更有效地为经济建设服务。这一法案并没有要求赠地学院直接为社会服务，但直接为社会服务却成为一些赠地学院的目标。

（二）“威斯康星思想”的提出与实践

“威斯康星思想”是对美国威斯康星大学 20 世纪初办学理念和经验的总称。② 1904 年，范·海斯出任威斯康星大学校长，在就职典礼上，他提出威斯康星大学应该为实现威斯康星州的改革目标服务，成为全州所有人的大学。正如他自己在 1905 年所说的，“在大学对本州的每个家庭都产生有利影响之前，我永远不会满足。”

基于服务社会的思想，范·海斯把大学的任务具体化为三项：第一，把学生培养成有知识、能工作的公民；第二，进行科学研究，发展创造新知识、新文化；第三，把知识传播给广大的人民，使他们能够运用这些知识解决经济生产、社会政治生活等方面的问题。③

---

① 李工真．德国大学的现代化［J］．经济社会史评论，2010（1）：5－15.

② 刘宝存．威斯康星理念与大学的社会服务职能［J］．理工高教研究，2003（5）：17－18.

③ 杨艳蕾．大学服务社会——“威斯康星理念”研究［D］．北京：北京师范大学，2011：35.

范·海斯推动威斯康星大学向社会推广技术和知识，为政府部门提供专家咨询服务，使得该大学与威斯康星州的政府部门、企业和社区之间建立了互利共赢的合作与服务关系，推动了威斯康星州的发展，同时也实现了威斯康星大学自身的发展，迅速从一所普通的州立大学成长为美国最有影响的大学之一。

（三）“威斯康星思想”的传播

“威斯康星思想”在威斯康星大学取得成功之后，这种办学理念迅速在美国其他州立大学甚至私立大学传播开来，这些大学不仅向社会传播农业和科技知识，还提供许多有关卫生、经济、管理和教育等问题的咨询和服务，成为地方政府的智囊和企业、社区等发展的“动力站”。在这一过程中，大学的社会服务功能逐渐得到了公认，成为大学的三大职能之一。

有人称赞道：“美国对高等教育的贡献是拆除了大学校园的围墙。当威斯康星大学的范·海斯校长说校园的边界是州的边界时，他是在用语言来表达大学演变过程中的一个罕见的改革创举。历史已经证明这是一次正确的改革，其他国家现在已开始效仿这种美国模式。”① 后来，这一办学理念不仅在美国广泛传播与应用，还跨过大洋，传播到欧洲、亚洲和世界其他地方，成为一种具有世界影响的大学理念。

第四节　大学的职能

目前，大学公认的职能有三：教学、科学研究、社会服务。其中，教学指的是培养人才，是大学的基本职能；科学研究指的是发展科学，是大学的重要职能；社会服务指的是大学面向社会开展的各种形式的直接服务，也是大学的重要职能。②

一、大学的教学职能

（一）大学人才培养的目标

从大学的产生与发展过程来看，不论是中世纪的大学，还是后来研究型大学的发展，乃至大学社会服务功能的拓展，大学的基本职能始终是教学，即通过传授知识为社会培养人才。

那么，社会需要各个层次和各种类别的人才，是不是都由大学来培养呢？答案是否定的。从中世纪大学开始至今，大学一直致力于培养的是高级专门人才，例如，中世纪

---

① 德里克·博克．徐小洲，陈军，译．走出象牙塔［M］．杭州：浙江教育出版社，2001：73．

② 潘懋元，等．新编高等教育学［M］．北京：北京师范大学出版社，2009：36－38．

大学培养的高级专门人才包括政府官员、法官、主教、牧师和律师、医生等，现代大学更是突出了人才培养的专门性，学生都是分专业（学科）进行培养的，在经过几年的专业教育之后，成为某方面的高级专门人才。

（二）大学人才培养的类型

大学的人才培养是服务于社会和个人发展需要的，因而其培养的高级专门人才的规格与质量是随着社会发展、科技进步以及个人需要而不断变化的。当今社会需要的人才多种多样，大致包括学术型人才和应用型人才两大类别。

学术型人才也称科学型人才、理论型人才或研究型人才，是发现和研究客观规律的人才，如科学家、哲学家、研究机构中的研究员等。应用型人才是应用客观规律为社会谋取直接利益的人才，具体包括工程型人才、技术型人才和技能型人才三个小类[①]（见表1－1）。其中，工程型（设计型、规划型、决策型）人才主要从事设计、规划、决策以及新技术的研究与开发工作，技术型（工艺型、执行型、中间型）人才主要从事技术应用和现场实施工作，技能型人才则是在生产岗位上直接从事操作的人员。

表1－1　应用型人才的分类

人才类型	职务内涵	典型代表
学术型（科学型、理论型）	主要从事发现和研究客观规律的工作	科学家、哲学家、研究员等
工程型（设计型、规划型、决策型）	主要从事设计、规划、决策以及新技术的研究与开发工作	企业的设计开发人员，完成由科技成果向设计图纸的转化任务；企业决策层、管理层中进行全面决策、规划和整体管理的人员
技术型（工艺型、执行型、中间型）	主要从事技术应用和现场实施工作	企业中从事生产、建造、安装、设备维修的技术人员，完成由设计图纸转化为物质形态产品和装备过程中的技术管理和指导工作；企业管理层中负责某一部门或综合部门的实际管理人员和操作层中的高层次实务型人才
技能型（技艺型、操作型）	在生产岗位上直接从事操作的人员	在生产、建设、管理和服务一线，从事具体设备操作或承担具体任务的工作人员

与此相对应，现代大学主要培养学术型人才、工程型人才、技术型人才和技能型人才，但不同类型大学培养的侧重点各不相同。一些著名的精英大学，如美国的哈佛大学、耶鲁大学，英国的牛津大学、剑桥大学，我国的北京大学、清华大学等，主要培养研究型人才和工程型人才。一些非精英大学，如我国分布于各地的工业大学、理工大学、财经大学、农林大学、水利大学（学院）等，则以应用型人才中的工程型人才和技术型人才培养为主。

① 严雪怡．试论人才分类的若干问题［J］．职教通讯，2000（8）：9－12；严雪怡．再论人才分类与教育分类［J］．职业技术教育（教科版），2003（1）：14－16．

高等职业院校主要培养技术型和技能型人才。自 2022 年 5 月 1 日起正式施行的《中华人民共和国职业教育法》明确，（高等）职业教育的目标是培养高素质技术技能人才，通过教学，使受教育者具备从事某种职业或者实现职业发展所需要的职业道德、科学文化与专业知识、技术技能等职业综合素质和行动能力等。

二、大学的科学研究职能

（一）大学具备开展科学研究的有利条件

“洪堡理念”促成了研究型大学的产生与发展，科学研究成为大学的第二职能。那么，大学作为专门培养人才的机构，何以能开展科学研究呢？答案是大学具备了从事科学研究所必需的人才设备等资源、学术交流活动和校园文化。具体包括四个方面：

第一，大学里集中了许多在某些方面或领域学有专长的科学家、大师、专家、学者、教授、研究员等，他们掌握了丰富和精深的科学文化知识和技术技能方法，既能指导学生开展科学研究，也能自己亲身开展科学研究。

第二，大学一般都配备了比较先进的科学仪器设备、丰富的书籍文献资料等，这些为师生开展科学研究活动提供了良好的支撑与保障。

第三，大学里学科专业门类齐全，不同学科专业之间可以取长补短、互通有无。此外，大学还经常性地开展校内或者跨国家、跨区域、跨学校的，专业性或者跨学科、跨专业的综合性学术研讨与交流活动，这为师生开展科学研究提供了灵感来源、智力支撑与信息素材。

第四，大学拥有相对宽松、平等、自由和稳定的校园环境和文化氛围，这为大学开展科学研究，尤其是开展基础理论研究提供了良好的环境与土壤。正是因为上述四个方面的因素，使得科学研究能够成为大学的第二职能。

（二）大学成为科学研究的重要阵地

当前，大学已经成为世界各国开展科学研究的重要阵地，我国也不例外。许多大学在科学研究方面取得了突出成果，已经成为我国一支重要的科研力量。例如，2018 年度国家最高科学技术奖的获得者刘永坦院士和钱七虎院士分别来自哈尔滨工业大学和中国人民解放军陆军工程大学，2020 年度国家最高科学技术奖获奖人之一王大中院士也来自清华大学。

根据教育部公布的信息[1]，2020 年度国家科学技术奖一共评出 266 项，其中高校（含附属医院）作为第一完成人所在单位或第一完成单位获奖 165 项，占授奖项目总数

① 教育部．高校创新成果丰硕——2020 年度国家科学技术奖励高校获奖情况［EB/OL］. http://www.moe.gov.cn/jyb_xwfb/gzdt_gzdt/s5987/202111/t20211105_577928.html,2021－11－05.

的62.5%；作为主要完成人所在单位或主要完成单位获奖212项，占授奖项目总数的80.3%。从表1-2来看，2020年度国家自然科学奖46项，其中高校作为第一完成人所在单位获得一等奖1项、二等奖30项，占授奖项目总数的67.4%；国家技术发明奖61项，高校作为第一完成人所在单位获得一等奖2项、二等奖47项，占授奖项目总数的80.3%；国家科学技术进步奖157项，高校作为第一完成单位获得一等奖10项、二等奖75项，占授奖项目总数的54.1%。

表1-2　2020年度高校荣获国家科学技术奖情况

奖项类别	奖项数（项）	高校为第一单位的奖项数（项）	高校为第一单位奖项的占比（%）
国家最高科学技术奖	2	1	50.0
国家自然科学奖	46	31	67.4
国家技术发明奖	61	49	80.3
国家科学技术进步奖	157	85	54.1
合计	266	165	62.5

教育部指出：高校在全国授奖项目中连年保持高比例，充分展示了高校科技工作者追求真理、勇攀高峰的科学精神；充分彰显了高校在我国科技创新体系中的重要地位，在基础研究和重大原始创新中的独特优势；充分体现了高校对实现高水平科技自立自强的有力支撑，对国家安全和经济社会发展作出的重要贡献。

三、大学的社会服务职能

从广义上讲，大学培养人才和开展科学研究，都是为社会服务，但这两大职能都是大学间接而非直接地为社会服务。通常所说的大学社会服务职能，指的是大学直接面向政府部门、企事业单位和社区等开展相关服务，如提供法律、政策、管理和技术等方面的指导与咨询，联合企业或其他机构进行产品或技术的研发，高校教师担任有关单位的顾问，开办各类培训班，为社会承担继续教育的任务等。

大学三大职能是直接还是间接服务社会，具体如图1-4所示。

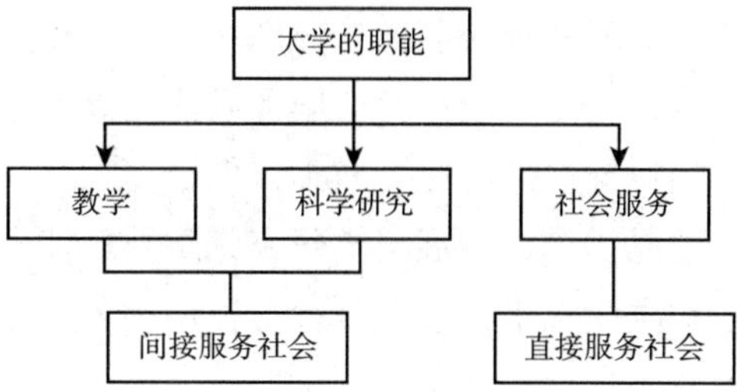

图1-4　大学的直接与间接服务社会职能

大学服务社会不仅是社会的需要，也是大学自身发展的需要。以高职院校为例，通过广泛的社会服务，有利于促进各专业理论联系实际地培养技术技能人才，加强师生的实践训练，促使教师的科研成果转化为企业的产品或服务。大学与社会的双向参与，能够推动师生参加社会实践，了解社会生活与生产实际，从而有利于人才培养质量的提升和科学研究的针对性。

此外，大学还可以通过直接为社会服务获得一定的经济或其他资源回报，从而改善大学的办学条件。例如，根据清华大学网站公布的有关数据，2016～2021 年，清华大学共转化科技成果 679 项，合同金额 37 亿元，涉及专利等知识产权 4057 项。①

【案例 1－1】北京大学南墙的推倒与重建

我国的大学一般都有围墙，墙里面是学校，墙外面是社会，可谓泾渭分明。1992 年，我国实行经济体制改革，从计划经济转向市场经济。在这场大潮中，大学也随之改变，有人提出大学要为社会服务，要为社会主义现代化建设服务。于是，很多大学开始搞经营，一些大学教师和管理干部“下海”开公司办企业，一些大学提出要推倒围墙开发临街商铺。在这个背景下，1993 年 3 月 4 日，北京大学拆除了南墙，改建成一条长约 600 米、总面积约 25000 平方米的商业街。此事在当时引起强烈反响，被视为高校与商业结缘的标志。当时有媒体评论说大学走出了“象牙塔”，开始直接为社会主义现代化建设服务了。当然，也有反对的声音，有教授认为经商损害了北京大学这所有百年历史的大学的学术风格，也有学生说：“从此以后，北京大学不会再有一个纯正的学者。”

2001 年 4 月，北京大学决定重建 8 年前的南墙，经过 4 年开始合围。习惯了没有围墙的北京大学又掀起了一场讨论。有人说，这是北京大学回归教育本位的一个信号，正如当初它的拆除也曾被认为是大学对社会“开放”的一个信号。

资料来源：祁建．北大南墙——“拆”与“建”中的迷茫［J］．中国商界，2001（10）：40－41；程瑛．北大南墙：折射中国高校产业发展取向［J］．经济世界，2001（10）：31－32．

思考：（1）北京大学南墙之推倒与重建，折射出我国大学怎样的社会服务观？（2）你如何看待大学的社会服务职能？

总体来看，教学、科学研究和社会服务三大职能之间是相互联系、互相渗透的。三者当中，教学职能最早产生，科学研究、社会服务职能依次产生，这一顺序某种程度上也是这三大职能对于大学的重要性的排序。教学，即培养人才，是大学的基本职能，离开这一职能，大学就称不上是学校；开展科学研究是重要职能，这在一定程度上决定着现代大学的人才培养质量和办学水平；直接为社会提供服务也是必要的，这既有利于大

---

① 清华大学．技术转移［EB/OL］．https：//www. tsinghua. edu. cn/kxyj/jszy. htm，2023－04－03．

学不脱离社会生活与生产实际，也有利于大学扩大自身影响和获得更多更好的办学资源。综合来看，现代大学应该以教学为中心，围绕这一中心有效开展科学研究和社会服务，并根据自身办学实际妥善处理好三大职能之间的关系。

第五节　我国的大学

一、近代以来我国大学的发展

（一）清末时期大学的发展

我国近代意义上的大学起始于晚清的洋务运动，是以洋务学堂①的兴办为标志的，成立于1862年的京师同文馆是我国第一所近代意义的高等教育机构②，主要培养外语和外交人才，类似于现在的外语专科学校，1901年并入京师大学堂，并改名为译学馆。在这一时期成立的较有影响的高等教育机构还包括福建船政堂（1866年成立）、天津的中西学堂（1895年成立，也称北洋大学堂，现天津大学的前身）、上海的南洋公学（1896年成立，现上海交通大学、西安交通大学等的前身）和京师大学堂（1898年成立，北京大学前身，这是我国高等学校的校名中第一次出现“大学”字样）。

据统计，清末时全国共有官办高等学校3所，分别是京师大学堂、山西大学堂和北洋大学堂；私立大学2所，分别是中国公学和复旦公学。此外，还有高等学堂27所、专门学堂127所。③

（二）民国时期大学的发展

到了民国期间，大学获得了较大发展。1922年11月1日，北洋政府教育部以大总统名义颁布了《学校系统改革案》，被称为“壬戌学制”，也称为“新学制”。这一学制主要参照美国的教育制度，比较适合当时中国的实际，公布后除了一些局部修改之外，一直沿用到新中国成立之前。④

“壬戌学制”的颁行促进了大学的发展，到1928年，全国专科以上学校有74所，其中大学及独立学院49所，专科学校25所。⑤ 抗日战争期间，大学不但没有萎缩，反而得到了进一步发展，至1947年，全国共有各类大学及独立学院129所，其中大学55所（国

---

① 从教育层次来看，洋务运动时期创办的洋务学堂多是跨层次办学，兼具中等教育和高等教育的特征。参见刘海峰，史静寰. 高等教育史［M］. 北京：高等教育出版社，2010：107－108.

② 王运来. 试谈我国高教史研究的现状和走势［J］. 高教研究与探索（哲社版），1994（4）：77－83.

③ 郑登云. 中国高等教育史（上册）［M］. 上海：华东师范大学出版社，1994：87.

④ 张伶俐. 中国近代高等教育模式的演变［D］. 湘潭：湘潭大学，2006：31.

⑤ 霍益萍. 近代中国的高等教育［M］. 上海：华东师范大学出版社，1999：285.

立31所，私立24所），在校学生达到9.34万人；独立学院75所，在校学生4.23万人。①

民国期间涌现出了一批学风严谨、师资队伍优良、有很高声誉的大学，如北京大学、中央大学、复旦大学、南开大学、厦门大学、四川大学、浙江大学、清华大学等；也产生了很多非常有名的大学校长与教师，大学校长如严复、蔡元培、张伯苓、梅贻琦等，大学教师如王国维、辜鸿铭、刘半农、闻一多、鲁迅、华罗庚等。

【案例1-2】北京大学是世界上最古老的大学吗?

1936年9月，胡适作为北京大学、南开大学和“中研院”的代表前往美国，参加哈佛大学三百周年校庆。当时各国共有五百多所高等教育机构派代表出席了这一盛典。校庆活动的项目之一是所有代表嘉宾按其所代表机构的年龄为序排队游行，在这个队伍里，胡适所代表的北京大学排在第419位、南开大学排在454位、“中研院”排在499位（倒数第7位）。

这对胡适来说是一个不小的刺激，令他感到很“惭愧”：“我们中国已具五千多年历史文化最早的古国，反屈居于最末的次序。”他的问题接着也就冒出来了：欧美大学为什么能够长久延续，最高龄的已有九百多岁，连建国才一个半世纪的美国居然也有了三百岁的哈佛，而有着五千年历史的中国为什么“竟没有成立五十年的大学”？他问道：“为什么在有五千年文化的古国，大学的历史却会这样短?”

他后来又说：“北京大学是历代的‘太学’的正式继承者，如北大真想用年岁来压倒人，他可以追溯‘太学’起于汉武帝元朔五年（西历纪元前124年）公孙弘奏请为博士设弟子员五十人。那是历史上可信的‘太学’的起源，到今年是2072年了。这就比世界上任何大学都年高了！”

资料来源：周川．“胡适之问”：我们何以没有一所“像样的大学”[J]．北京大学教育评论，2016（1）：169-180；胡适．北京大学五十周年[EB/OL]．北京大学新闻网，https://news.pku.edu.cn/ztrd/bdzjs/4437-270695.htm，2013-05-02.

思考：（1）北京大学是世界上最古老的大学吗?（2）我国古代的高等教育机构如国子监、书院等，与现代意义上的大学有何异同?

二、新中国成立以来大学的发展

（一）新中国成立以来大学发展的三个阶段

新中国的成立揭开了我国大学发展的新篇章。新中国成立以来的大学发展，经历了1949~1966年的探索发展、1967~1976年的遭受重大挫折和1977年以来的快速发展三个阶段。

---

① 国民政府教育部教育年鉴编撰委员会．第二次中国教育年鉴[M]．上海：商务印书馆，1948：1000.

新中国成立之初，急需大批专门人才，在高等教育方面主要是学习苏联经验，从1952年开展大学院系调整，重点是“发展专门学院和专科学校，整顿和加强综合性大学”①。院系调整的结果是初步构建了社会主义高等工科教育体系，综合性大学大幅减少，专业性大学如机械、电子、土木、化工、水利、矿冶，以及农、林、师范等类型的大学大量增加。工科和专业性大学发展较快，而人文和综合性大学发展相对缓慢。

1966年“文化大革命”爆发以后，高等教育发展几乎陷入停滞，全国统一高考制度于1966年被废除，大学一度停止招生六年。

“文化大革命”结束之后，国家在高等教育领域进行了拨乱反正，并恢复了高考招生，大学开始步入正轨并加速发展。2019年，我国高等教育毛入学率达到51.6%，首次进入普及化发展阶段，2021年继续提高到57.8%。截至2021年底，全国共有大学3012所（含256所成人高等学校），其中普通本科学校1238所、本科层次职业学院32所、高职（专科）院校1486所，在校大学生4430万人。②

20世纪90年代以来，国家先后实施了多个一流大学和高水平大学建设工程。1993年启动“211”工程，先后共有112所大学进入这一工程。1998年启动“985”工程，支持北大、清华等39所高校结合国家创新体系进行重点建设。③ 2015年启动“双一流”建设，共立项一流大学建设大学42所、一流学科建设大学95所，④ 2022年第二轮“双一流”建设名单不再区分一流大学建设高校和一流学科建设高校，入选的大学在第一轮的基础上有所增加，达到147所。⑤

（二）当前我国大学发展的特点

当前，我国大学的发展呈现三个特点：第一，办学规模最大。现有在校大学生4000多万人，位居世界第一；现有各类高校3000多所，位居世界第二；高等教育毛入学率接近58%，高于世界平均水平。⑥

第二，办学实力较强。“通过‘211’工程、‘985’工程和‘双一流’建设计划，一批大学和学科跻身世界先进水平，中国高等教育整体水平进入世界第一方阵”⑦，一

---

① 中国教育年鉴编辑部．中国教育年鉴（1949－1981）［M］．北京：中国大百科全书出版社，1984：233.

② 教育部．2019年全国教育事业发展统计公报［EB/OL］．http：//www.moe.gov.cn/jyb_sjzl/sjzl_fztjgb/202005/t20200520_456751.html，2020－05－20；教育部．2021年全国教育事业发展统计公报［EB/OL］．http：//www.moe.gov.cn/jyb_sjzl/sjzl_fztjgb/202209/t20220914_660850.html，2022－09－04.

③ 新华社．“211工程”与“985工程”［EB/OL］．http：//www.moe.gov.cn/jyb_xwfb/xw_zt/moe_357/jyzt_2015nztzl/2015_zt15/15zt15_mtbd/201511/t20151106_217950.html，2015－11－06.

④ 教育部，财政部，国家发展改革委．关于公布世界一流大学和一流学科建设高校及建设学科名单的通知［EB/OL］．http：//www.moe.gov.cn/srcsite/A22/moe_843/201709/t20170921_314942.html，2017－09－20.

⑤ 教育部，财政部，国家发展改革委．关于公布第二轮“双一流”建设高校及建设学科名单的通知［EB/OL］．http：//www.moe.gov.cn/srcsite/A22/s7065/202202/t20220211_598710.html，2022－02－09.

⑥ 教育部高等教育司．历史性成就，格局性变化——高等教育十年改革发展成效［EB/OL］．http：//www.moe.gov.cn/fbh/live/2022/54453/sfcl/202205/t20220517_627973.html，2022－05－17.

⑦ 教育部高等教育司．历史性成就，格局性变化——高等教育十年改革发展成效［EB/OL］．http：//www.moe.gov.cn/fbh/live/2022/54453/sfcl/202205/t20220517_627973.html，2022－05－17.

些重点建设大学，如北京大学、清华大学等，在全球范围内的知名度和影响力快速提升。教育部指出："高校获得了60%以上的国家科技三大奖励，全国60%以上的基础研究、80%以上的国家自然科学基金项目由高校承担，高校为高铁、核电、生物育种、疫苗研发、国防军工等重点领域提供了关键技术，参与研制了超级计算机、北斗卫星导航系统、神舟系列等国家利器，支持引领文化强国、人才强国、体育强国、健康中国、美丽中国、平安中国建设。"①

第三，"客户评价"口碑较高。总体上看，全国高校学生的院校满意度分值为4.09分（满分5分）。对579所普通高校的抽样结果显示，学生对教师教学水平总体认可，高校学生评教的"优占比"达70%以上。大学普遍坚持以用户需求为导向，社会用人单位对毕业生综合素质和专业能力表示认可，对大学提供的就业服务质量满意度较高。②

【知识链接】高等教育大众化

高等教育大众化指一个国家或地区高等教育参与机会所达到的一种程度，一般是以接受高等教育人数与18～22岁适龄青年人数之间的比率，即高等教育毛入学率为指标。通常认为，高等教育毛入学率低于15%为精英教育阶段，在15%～50%之间为大众化教育阶段，超过50%为普及化教育阶段。2002年，我国高等教育毛入学率达到15%，进入大众化阶段，2019年末达到51.6%，首次迈入普及化阶段，2021年末达到了57.8%。

从全球来看，2016年高等教育进入普及化阶段的国家和地区有61个（当年有数据的国家为147个），表1－3列出了这61个国家和地区的具体情况，具体是：

表1－3　　2016年高等教育普及化的国家和地区

毛入学率	数量（个）	国家和地区
90%以上	8	澳大利亚、希腊、土耳其、韩国、格林纳达、西班牙、智利、白俄罗斯
80%～90%	15	芬兰、美国、阿根廷、波多黎各、新加坡、爱尔兰、奥地利、乌克兰、丹麦、斯洛文尼亚、俄罗斯、新西兰、冰岛、荷兰、挪威
70%～80%	7	中国澳门、比利时、爱沙尼亚、中国香港、伊朗、保加利亚、阿尔巴尼亚
60%～70%	19	秘鲁、蒙古国、立陶宛、波兰、拉脱维亚、克罗地亚、加拿大、沙特阿拉伯、德国、以色列、捷克、法国、葡萄牙、意大利、日本、瑞典、塞尔维亚、乌拉圭、塞浦路斯
50%～60%	12	哥伦比亚、瑞士、英国、黑山、哥斯达黎加、多米尼加共和国、斯洛伐克、匈牙利、格鲁吉亚、亚美尼亚、巴西、泰国

① 教育部高等教育司．历史性成就，格局性变化——高等教育十年改革发展成效［EB/OL］．http：//www.moe.gov.cn/fbh/live/2022/54453/sfcl/202205/t20220517_627973.html，2022－05－17.

② 柴葳，万玉凤．首份高等教育质量"国家报告"出炉［EB/OL］．教育部网站，http：//www.moe.gov.cn/jyb_xwfb/s5147/201604/t20160408_237162.html，2016－04－18.

第一，22 个属于传统发达国家，在传统发达国家中，只有卢森堡未进入大众化阶段。

第二，14 个属于经济或者人口大国，包括俄罗斯、巴西、智利、捷克、土耳其、韩国、阿根廷、乌克兰、伊朗、秘鲁、波兰、沙特阿拉伯、哥伦比亚和泰国。

第三，7 个属于人均 GDP 高的国家和地区，包括波多黎各、新加坡、斯洛文尼亚、中国澳门、中国香港、以色列和塞浦路斯。

第四，13 个属于东欧国家，包括白俄罗斯、爱沙尼亚、保加利亚、阿尔巴尼亚、立陶宛、拉脱维亚、克罗地亚、塞尔维亚、黑山、斯洛伐克、匈牙利、格鲁吉亚、亚美尼亚。

第五，5 个为其他国家，包括格林纳达、哥斯达黎加、多米尼加共和国、乌拉圭和蒙古国。

资料来源：岳昌君．改革开放 40 年高等教育与经济发展的国际比较［J］．教育与经济，2018（6）：11－19.

（三）我国大学的类型

教育部关于《“十三五”时期高等学校设置工作的意见》，以人才培养定位为基础，把我国的高校（大学）总体上分为研究型、应用型和职业技能型三种类型。研究型大学主要以培养学术研究的创新型人才为主，开展理论研究与创新，学位授予层次覆盖学士、硕士和博士，且研究生培养占较大比重。应用型大学主要从事服务经济社会发展的本科及以上层次的应用型人才培养，并从事社会发展与科技应用等方面的研究。职业技能型高校主要从事生产管理服务一线的本专科层次的技术技能型人才培养，并积极开展或参与技术服务及技能应用型改革与创新。

2019 年开始，国家开始探索将高等职业教育从专科层次向本科层次延伸，主要有两条路径：

第一，高职院校独立升格为本科层次的职业学校或部分专业升级为本科层次的专业。在 2019 年和 2020 年，教育部共批准了 22 所举办本科层次职业教育的高职院校的更名申请，其中，泉州职业技术大学等 12 所更名为××职业技术大学，南昌职业大学等 9 所更名为××职业大学，湖南软件职业学院在原名称后面加上了“（本科）”字样（该校官网显示，2021 年 5 月，经教育部批复同意，该校更名为湖南软件职业大学）。表 1－4 列出了 2019 年教育部批准的首批 6 所本科层次试点高职院校的名单。

表 1－4　首批本科层次职业教育试点学校（6 所）

序号	学校	省份	办学性质
1	辽宁理工职业大学	辽宁	民办
2	运城职业技术大学	山西	民办
3	浙江广厦建设职业技术大学	浙江	民办

续表

序号	学校	省份	办学性质
4	南京工业职业技术大学	江苏	公办
5	新疆天山职业技术大学	新疆	民办
6	上海中侨职业技术大学	上海	民办

2022 年初，教育部进一步提出“完善职业本科学校设置标准和专业设置办法，支持符合条件的国家‘双高计划’建设单位独立升格为职业本科学校”，“支持符合产教深度融合、办学特色鲜明、培养质量较高的专科层次高等职业学校，升级部分专科专业，试办职业本科教育”①。

第二，独立学院转设。2020 年 5 月，教育部印发《关于加快推进独立学院转设工作的实施方案》，其中提到了“合并转设”路径，指的就是独立学院整合优质的高职学校或高等专科学校，成为本科层次职业学校。

通过上述两条路径，截至 2021 年底，全国“共有本科层次职业学校 32 所，职业本科招生 4.14 万人，职业本科在校生 12.93 万人”②。根据中共中央办公厅、国务院办公厅于 2021 年 10 月印发的《关于推动现代职业教育高质量发展的意见》，“到 2025 年，职业本科教育招生规模不低于高等职业教育招生规模的 10%，职业教育吸引力和培养质量显著提高。”

（四）我国大学内部的组织结构

从内部结构来看，我国大学多数采取校、院二级组织管理体制，即大学下设若干个学院，学院是相对独立的办学实体，每个学院下设若干个学系（研究所），表 1 -5 列出了某综合性大学的部分院系设置情况。

表 1 -5　　某综合性大学（部分）院系设置情况

二级学院	系（部）
商学院	国际经济与贸易系，金融系，经济系，工商管理系，会计系
法学院	法律系，公共管理系
马克思主义学院	
体育学院	体育学系，运动系，公共体育部，竞赛训练部
人文与传媒学院	中文系，历史系，传播系
外国语学院	英语系，日语系，大学英语教学部，德语系

① 教育部职业教育与成人教育司．关于 2022 年职业教育重点工作介绍［EB/OL］．http：//www.moe.gov.cn/fbh/live/2022/53982/sfcl/202202/t20220223_601491.html，2022 -02 -23.

② 彭诗韵，欧媚．本科层次职业教育如何稳中有进——代表委员热议职业本科教育［N］．中国教育报，2022 -03 -07.

续表

二级学院	系（部）
材料科学与化学工程学院	高分子科学与工程系，化学系，应用化学系
机械工程与力学学院	力学与工程科学系，机械工程系，工业工程系，车辆工程系
土木与环境工程学院	土木工程系，城市科学系，环境工程系
食品与药学学院	生物技术系，水产养殖系，海洋资源与环境系
海洋学院	食品科学系，海洋药学系
……	……

还有少数大学下设学部，学部下设学院，学院下设系、部（研究所），形成学校、学部、学院三级组织管理体制。

高职院校多为两级组织结构，学院下设若干个二级学院（系、部），每个二级学院（系、部）下设若干个专业（公共课教研室）。图1－5展示了某国家“双高”计划高职院校的二级学院与专业设置情况。

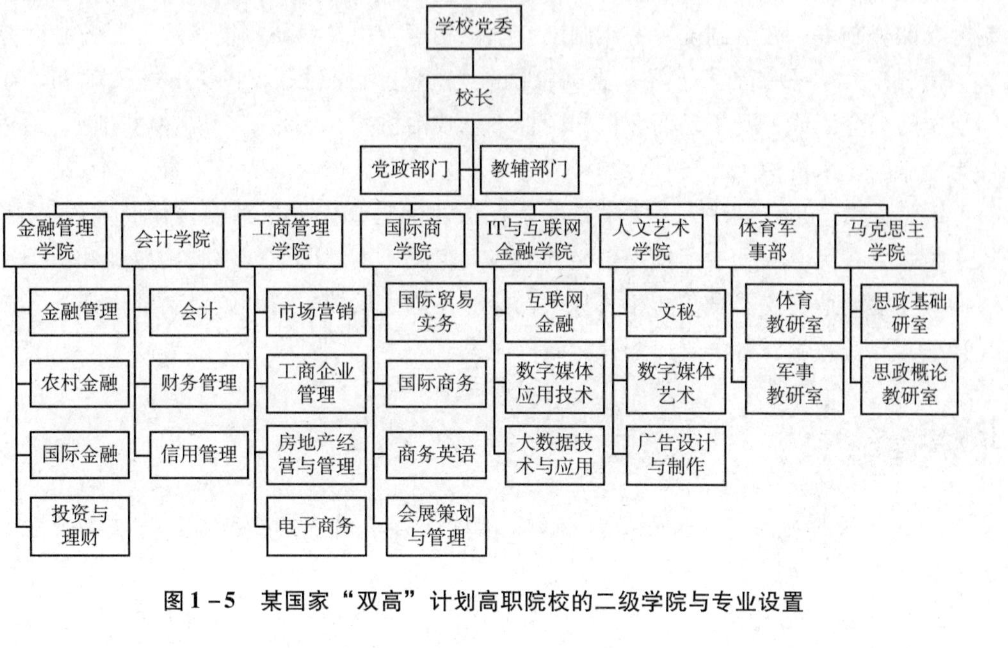

图1－5　某国家“双高”计划高职院校的二级学院与专业设置

我国大学内部通常设有三类机构：第一，党政管理机构，这些机构承担了大学的某方面管理职能，如党委组织部、党委宣传部、教务处、科研处、学生处、人事处、保卫处等。第二，教学科研机构（学院、系、部、所），这些机构是大学的业务机构，具体承担某一个（类）或几个（类）学科专业的教学、科学研究与社会服务工作。第三，教辅机构，这些机构是大学开展教学、科学研究和社会服务工作的辅助机构，如图书馆、档案馆、信息技术中心、心理咨询中心、后勤服务中心等。

此外，我国大学绝大多数实行寄宿制，成千上万的大学生生活在同一个校园中，围绕大学生的学习和生活需要，大学配备了相当数量的教师、管理人员、后勤服务人员等，这些人共同构成了大学社区。具体来看，大学社区又由学生宿舍、食堂、体育场所、图书馆、实验实训室、教师办公楼等一个个分社区构成。大学社区就是大学师生之间、同学之间共同的学习与生活空间，与校园外的社区相比，大学社区的学习氛围和文化氛围更浓，既有利于促进大学生学习，也能在一定程度上帮助大学生提前适应社会生活。

第六节　大学的内涵

综合大学的发展历史与现状，可以对大学的内涵进行如下界定，具体包括三个方面：

第一，大学是一套传播、生产和应用知识的制度体系。大学的逻辑起点是知识，围绕知识生存与发展，在传播、生产和应用知识的过程中履行教学、科学研究和社会服务职能。大学的三大职能把大学与其他学校如中小学区别开来，其他学校通常只有教学职能，而大学不但传播知识，还生产知识和应用知识。具体来看，大学制度体系包括院系制度、课程制度、教学制度、考试制度、学位制度，以及科研制度、社会服务制度等。

第二，大学是一种学（习）者的社团。大学是由探讨知识的人——教师和学生共同组成的社会团体，既不是商业机构，也不是政治机构，而是一个以探讨知识、追求真理为使命的学术机构。

第三，大学是一个法人。大学是一个在法律上具有民事权利能力和民事行为能力，依法独立享有民事权利和承担民事义务的法人组织。大学因此能够聘用教师和员工，能够拥有办学场地、仪器设备与相关资产，能够在国家法律规章和政策制度框架下实施自我管理，履行教学、科学研究和社会服务三大职能。

【本章小结】

1. 我国古代形成了包括官学、私学、书院、科举制度等多种形式的水平较高的高等教育体系。

2. 欧洲中世纪大学经历了漫长的发展历程，形成了大学自治传统和学院、课程、教学、考试、学位等制度。

3. “洪堡理念”推动了研究型大学办学模式的发展，“威斯康星思想”促进了大学社会服务职能的发展。

4. 大学有教学、科学研究和社会服务三大职能。其中，教学是核心职能，科学研究与社会服务服务于教学，是大学的两个重要职能。

5. 大学主要培养高级专门人才，包括学术型人才、工程型人才、技术型人才和技能型人才等不同类型，不同大学的人才培养定位各有侧重。

6. 当前我国大学包括研究型大学、应用型大学和职业技能型大学等不同类型，总体办学规模大、办学水平较高、学生和用人单位评价较好。

7. 当前我国大学多采用校院两级组织管理体制，内设机构包括党政管理机构、教学科研机构和教辅机构等。

8. 大学是一套传播、生产和应用知识的制度体系，是一种学（习）者的社团，是一个法人。

【知识结构】

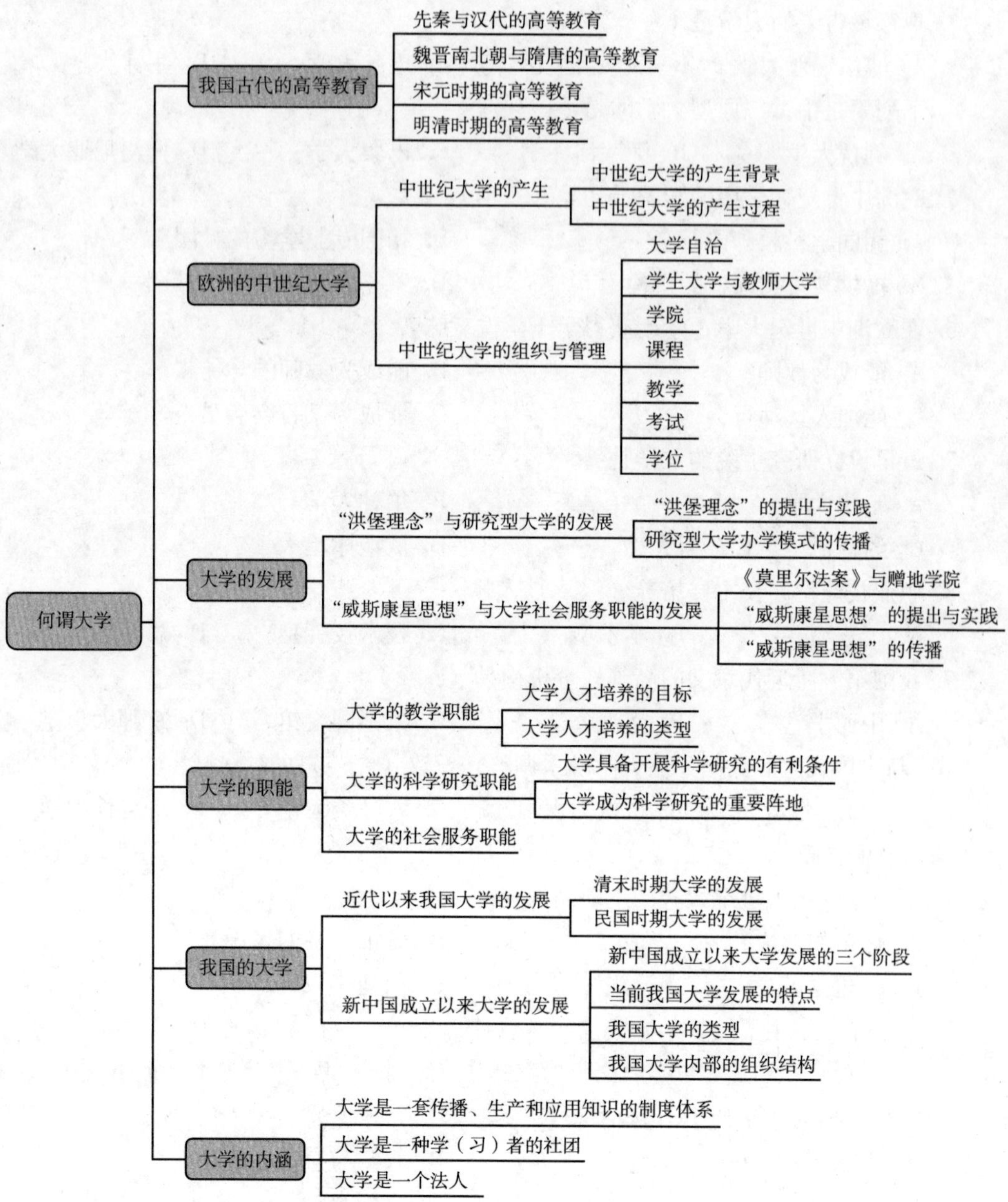

【课后练习】

一、单项选择

1. 我国古代的“太学”设立于（　　）。

A. 汉代　　B. 南北朝时期　　C. 隋代　　D. 唐代

2. 下列古代教育机构属于私学的是（　　）。

A. 国子监　　B. 辟雍　　C. 太学　　D. 书院

3. 现存最古老的大学是（　　）。

A. 博洛尼亚大学　　B. 萨莱洛大学　　C. 巴黎大学　　D. 牛津大学

4. 下列不是中世纪原型大学的是（　　）。

A. 剑桥大学　　B. 萨莱洛大学　　C. 巴黎大学　　D. 博洛尼亚大学

5. 欧洲中世纪大学中的学院最初是（　　）。

A. 相同学科教师的行会　　B. 相同专业学生的社团

C. 提供某一类课程的机构　　D. 某一学院毕业生的社团

6. 在欧洲中世纪大学，学生获得学士学位意味着（　　）。

A. 能成为教师　　B. 能成为教师的学徒

C. 能加入教师行会　　D. 能成为某行会会员

7. 最早设立研究生院的大学是（　　）。

A. 哈佛大学　　B. 柏林大学

C. 约翰斯·霍普金斯大学　　D. 威斯康星大学

8. 职业技能型高校主要培养（　　）人才。

A. 工程型　　B. 学术型　　C. 技术技能型　　D. 思考型

9. 我国第一所近代意义的高等教育机构是（　　）。

A. 中西学堂　　B. 南洋公学　　C. 京师同文馆　　D. 京师大学堂

10. 新中国成立后我国开展大学院系调整，导致（　　）的数量减少。

A. 师范类大学　　B. 机械类大学　　C. 农林类大学　　D. 综合性大学

二、多项选择

1. 下列是欧洲中世纪大学产生动因的有（　　）。

A. 城市的形成　　B. 城市经济的发展

C. 文艺复兴　　D. 封建王权瓦解

2. 中世纪大学主要的教学方式包括（　　）。

A. 讲授　　B. 辩论　　C. 讨论　　D. 练习

3. 洪堡提出的“三原则”包括（　　）。

A. 大学要发展科学　　B. 教学与科研相统一

C. 学术自由　　D. 大学自治

4. 大学的三大职能是（　　）。

A. 国际交流　　B. 教学　　C. 社会服务　　D. 科学研究

5. 20世纪90年代以来，我国实施的一流大学和高水平大学建设工程包括（　　）。

A. “211”工程　　B. “985”工程

C. “双一流”建设　　D. 示范校建设

三、判断正误

1. 科举考试制度最早产生于唐代。（　　）

2. “稷下学宫”是春秋时期齐国著名的高等教育机构。（　　）

3. 欧洲中世纪大学争取自治主要是反对教会、封建统治者等通过各种形式对大学的控制，获得管理学校内部事务的权利。（　　）

4. 欧洲中世纪大学的学生大学模式指由学生主管校务的大学，以巴黎大学为代表。（　　）

5. 中世纪大学的课程主要包括基础课、专业课和拓展课三类。（　　）

6. 大学的教学职能指的是培养人才。（　　）

7. 大学里学科门类齐全，又经常性地开展学术交流活动，这些非常有利于大学师生开展科学研究。（　　）

8. “威斯康星思想”倡导大学要通过培养人才和开展科学研究为社会间接服务。（　　）

9. 一个国家高等教育毛入学率达到45%，处于精英教育阶段。（　　）

10. 我国第一所近代意义的高等教育机构是京师大学堂。（　　）

四、简答

1. 大学有哪些职能？其内涵是什么？

2. 我国大学内部通常设置哪些机构？

3. 大学的内涵是什么？

五、思考

有人说上大学要提升自我，有人说上大学要享受生活，还有人说上大学就是混文凭……对此，你怎么看？

六、撰写学习心得体会

对照本章教学目标，从以下四个方面撰写心得体会：一是知识学习情况；二是能力提升情况；三是情感、态度和价值观改进情况；四是自身不足与努力方向。要求不少于1000字。

七、学习效果自评

1. 学习本章之后，我的总体收获（　　）。

A. 非常大　　B. 比较大　　C. 一般　　D. 比较小　　E. 非常小

2. 学习本章之后，我（　　）了解大学发展简史。

A. 非常　　B. 比较　　C. 一般　　D. 比较不　　E. 非常不

3. 学习本章之后，我（　　）熟悉我国大学发展现状。
A. 非常　B. 比较　C. 一般　D. 比较不　E. 非常不
4. 学习本章之后，我（　　）理解大学的职能。
A. 非常　B. 比较　C. 一般　D. 比较不　E. 非常不
5. 学习本章之后，我（　　）理解大学的内涵。
A. 非常　B. 比较　C. 一般　D. 比较不　E. 非常不
6. 学习本章之后，我能（　　）准确地阐述高职院校人才培养的类型。
A. 非常　B. 比较　C. 一般　D. 比较不　E. 非常不
7. 学习本章之后，我（　　）明显地树立了自信自立人格的修养。
A. 非常　B. 比较　C. 一般　D. 比较不　E. 非常不
8. 学习本章之后，我（　　）明显地树立了好学力行的进取精神。
A. 非常　B. 比较　C. 一般　D. 比较不　E. 非常不
9. 学习本章之后，我（　　）明显地树立了服务社会的责任使命。
A. 非常　B. 比较　C. 一般　D. 比较不　E. 非常不

自评结果统计：

自评等级	A	B	C	D	E
各等级数量					
自评得分					

注：A、B、C、D、E 分别计 10 分、8 分、6 分、4 分、2 分，满分 90 分，54 分为及格线。

▶▶ 第二章 人为何要学习

【学习目标】

知识目标

- 了解影响人的发展的主要因素
- 熟悉教育引领个人发展的机制
- 理解人力资本理论的主要观点
- 理解筛选理论的基本主张

能力目标

- 能从教育学、人力资本理论、信号传递理论等不同角度阐述人为何要学习

素质目标

- 强化自信自立的人格修养、好学力行的进取精神
- 树立人力资本投资的成本、收益、风险意识
- 形成信号传递的意识
- 建构对家庭、国家等大学投资者的感恩意识和回报意识

【本章主题】

本章聚焦“人为何要学习”。教育学认为，教育对个体发展起引领作用，个人通过学习进行自我设计和自我奋斗，进而实现个人发展。人力资本理论认为，教育是人力资本投资，个人通过学习提高人力资本（生产能力），进而提高对生产的贡献并因此获得高收入。筛选理论认为，教育的副产品文凭是一种人才筛选和信号传递的工具，外界（雇主）通过文凭筛选人才，个人通过文凭向外界（雇主）传递信号，文凭高的人易于获得好职位和高收入。学习本章之后，大学生应深入思考“我为何要学习”，增强学习的主动性与责任感，通过学习来指导自我设计和激励自我奋斗，引领自己从“遗传的我”“环境的我”走向素质好、能力强、形象佳的“我自己”，在获得好职位、高收入、美生活的同时更好地回报社会。

关于为什么要学习，不同的人有不同的回答。1483 年，11 岁的王阳明在与老师的对话时说“读书做圣贤耳”，在这位明朝杰出的思想家、教育家、军事家看来，读书学习争做孔子、孟子那样的圣贤是人生“第一等事”。[①] 1910 年，17 岁的毛泽东在留给父亲的信中说“孩儿立志出乡关，学不成名誓不还”，1911 年，14 岁的周恩来在回答老师的提问时说“为中华之崛起而读书”，在这两位世纪伟人看来，年轻人要通过学习增长才干，为实现民族复兴和国家崛起做好准备。

上面是几位伟人在青少年时期关于“人为何要学习”这一问题的理解。那么，从理论层面来说，人为何要学习呢？围绕这个问题，不同的学科和理论给出了不同的解释。本章着重从教育学和经济学两个视角来阐述这一问题，教育学视角主要介绍影响个体发展的主要因素及其影响机制，经济学视角主要介绍人力资本理论和信号传递理论。

第一节　影响人的发展的主要因素

人的发展是多种因素相互作用的结果，其中最主要的影响因素包括遗传、环境、教育和个体活动四个方面。四者当中，遗传是人的发展的生理前提，为个体身心发展提供了内部的条件，对个人发展有着重要的影响；环境为人的发展提供了外部条件，对个体发展有着重要的促进或制约作用；教育对人的发展起着引领作用，在现代社会中，其对个体的发展的影响越来越大；个体活动是人与环境、人与教育等外部因素互相影响与作用的中介，是人的发展的决定因素。[②]

一、遗传因素

（一）遗传是人的发展的物质前提

遗传是指人从上代继承下来的生命机体及其解剖学上的特点，如机体的结构、形态、感官和神经系统的特点及本能、天赋倾向等，这些特点也叫遗传素质。每个人都有遗传素质，如身高、体质等，这是人的发展的生理前提，为人的发展提供了一个内部条件。一个人只要拥有了正常的遗传素质，就能在后天的环境和教育的影响下，学习复杂的科学文化知识，发展自身的智慧与能力，从而能够正常的生活与生产。相反，如果一个孩子具有某方面的先天不足如智商有限，那么他的大脑思维能力就比较有限，学习语言和科学文化知识等方面的效果就会比常人差，因而也就无法获得和常人同样的发展。

---

① 董平．王阳明的生活世界：通往圣人之路（修订版）［M］．北京：商务印书馆，2018：4.

② 王道俊，郭文安．教育学［M］．北京：人民教育出版社，2016：33－50；袁振国．当代教育学［M］．北京：教育科学出版社，2010：57－69.

（二）成熟机制对人的发展有制约作用

遗传素质本身有一个发展与成熟的过程，主要表现为人的身体的各种器官的形态、结构及其机能的发展变化与完善的过程。例如，小孩子多大了会走路、会说话、会使用筷子等，对于诸如此类的人体机能，人的自身发展有一个内在的安排，这个内在的安排被称为成熟机制。人的发展在一定程度上可以说是由成熟（生理的发展）与学习（心理的发展）所构成的，成熟机制是指发展上的、解剖学上的、生理学上的变化，这些变化建立在遗传素质的基础上，随着时间的推移而产生和发展，这有点类似于由遗传事先预定好了方案，到了某个时间某一项生理机能成熟了，到了另一个时间另一项生理机能又成熟了，等等。这些内在的发展顺序和形式一般不受外部力量影响。①

成熟机制对人的发展过程及年龄特征有很大的制约作用。美国心理学家格塞尔曾经做一个经典的“双生子爬梯”实验。② 实验人员选择了一对同卵的双胞胎，在实验中，先安排其中的一个孩子 A 从第 46 周起每天做 10 分钟爬楼梯训练，连续 8 周。到了第 54 周，孩子 A 能够熟练地爬上五级楼梯。在这期间，另一个孩子 B 不做爬楼梯训练，而是从第 53 周才开始进行爬楼梯训练，两周以后，孩子 B 也不用别人帮忙，可以自己爬上 5 级楼梯，与孩子 A 的熟练程度相差无几。

这个实验表明，人的一些身体机能尤其是动作机能的发展受到了成熟机制的制约，后天教育或训练的作用是有限的。同样的道理，人的知识学习也要遵循成熟机制的要求，安排一个孩子学习其智力尚不能及的知识，例如，要求智力正常的小学生学习高等数学，也是不恰当的和徒劳无功的。

（三）遗传对人的发展的影响不能绝对化

现实中，有一些人往往在某些方面表现出了天赋，例如，有些篮球运动员从同样为篮球运动员的父母处继承了身高和运动天赋，这些对于其从事篮球职业和获得成功的帮助是明显的。

需要说明的是，遗传素质的差异性对个体的发展会产生重要影响，但不能把这种影响绝对化。有一种观点叫“遗传决定论”，认为龙生龙，凤生凤，父亲英雄儿好汉等。对此，应该一分为二地看待：一方面，这种观点中有合理成分，即遗传素质对人的发展有重要影响；另一方面，这种观点将遗传素质对人的发展的作用绝对化了，否定了其他因素如个体活动、教育和环境等对人的发展的作用，这既不科学，也不符合实际情况，大量的事实和科学研究成果表明，人的发展非常复杂，绝不仅仅是由遗传素质所决定的。

---

① 施良方．学习论［M］．北京：人民教育出版社，2001：4.

② 成云，韦油亮．高等职业教育心理学［M］．成都：西南财经大学出版社，2021：25－26.

二、环境因素

【案例2－1】孟母三迁

汉・刘向《列女传・母仪》载：孟子年幼时，住家靠近墓地，玩的时候“为墓间之事”，孟母就把家搬到街市附近，孟子又学“为贾人衒卖之事”，孟母就又把家搬到学宫旁，“乃设俎豆揖让进退。孟母曰：‘真可以居吾子矣。’遂居之”。

资料来源：向光忠，李行健，刘松筠．中华成语大辞典［M］．长春：吉林文史出版社，1999：485.

思考：（1）这一典故阐明了何种因素对个人发展的重要影响？（2）这一典故对于大学生有何启示？

“孟母三迁”的典故在中国历史上非常有名，古人用此故事来告诉人们一个常识，那就是人要接近好的环境，以便学好。这也从一个侧面说明，环境对人的发展有着重要影响。具体来看，有三个方面：

（一）环境为人的发展提供外部条件

环境泛指个体生存于其中，在个体的活动和交往中，与个体相互作用并影响个体发展的外部世界。人的生存与发展环境的构成十分复杂，根据不同标准可以进行不同的划分，如自然环境与社会环境、现实环境与虚拟环境、小环境与大环境、逆境与顺境等。

就影响人的发展的活动对象来说，大致有两类环境：一类是自然环境，即个体所处的地理位置、自然条件，以及经过人的劳动改造形成的人化自然等；另一类是社会环境，即个体所处的人际关系、制度体系、组织机构（家庭、学校、企事业单位、社会团体、社区、民族和国家等）和精神世界（科学、文化、艺术、道德、宗教）等。广义的环境因素包括教育因素在内。由于后面将专门讨论教育因素对人的发展的影响，因此，以下讨论的环境因素指的是狭义的环境，不包括教育因素在内。

人总是生活在特定的环境中，与自然环境和社会环境进行交往与沟通，参与各种活动与事件，接触、适应并学会运用生活与生产所需的产品器具、行为规则、传统习俗、科学文化、媒体信息等，从而受到自然环境和社会环境的深刻影响。人们在环境的影响下，身心得到发展，语言、知识和能力得到提升，进而形成自我的思想意识、价值观念、行动准则和行为习惯。

生活在不同时期、地域、社会阶层、民族和国家中的人们，他们的思想意识、道德品质、知识能力和行为习惯等都有着明显的差别，其中一个重要原因在于环境差异。例如，在当代中国，由于国家大力推进了义务教育，教育的发展达到了一个很高的水平，几乎人人都能读书认字，一个中学生掌握的知识量可以与伟大先贤孔子掌握的知识量相比肩，而在古代，只有少数人才有机会读书认字，大多数人都是目不识丁的文盲。可见，环境是个人得以发展的外部条件，一个人能否得到发展，能发展到什么程度，都与他所处的环境有很大关系。

（二）个体发展的外部环境是给定的

个人发展所处的环境具有给定性的特点。环境的给定性，指的是由自然、社会、历史，以及他人等为个体所创设的生存环境，是客观的、先在的和给定的。人不能选择父母、兄弟姐妹和家庭，总是生活在一定的群体、社区、阶层、地域、民族和国家当中，个体只能适应、参与和继承来自外部的自然环境和社会环境。

例如，中国人自古以来逢年过节都要回家与家人团聚，这是一个优良的历史传统，蕴含着满满的中国情、中国味，由此甚至产生了世界上最大规模的人口移动——春运。在此环境下成长起来的孩子，长大以后自然而然地会重视家庭天伦之乐。而西方有些国家的文化倡导个人独立，孩子长大以后一般都会离开父母独立生活，在此环境下成长起来的孩子，长大以后往往更向往独立生活，对家庭亲情的重视程度相对不高。这些表明，个人只能在客观的、先在的、给定的环境中生活，而不能摆脱或拒绝环境的影响与限制，只有适应环境的个体，才能获得自身的生存与发展。

（三）个体能够对环境进行能动的选择

环境的给定性并不意味着个体不能主宰自己的发展与命运。事实上，面对自身所处的外部环境，个人有很大的选择空间和可能性，因为“环境包括促成或阻碍、刺激或抵制生物的特有的活动的各种条件”①。环境对人的发展起多大作用、怎么起作用，关键还要看人对环境的能动活动。正因为这样，即使是同样的环境，对有的人来说是发展的障碍和限制，而对另一些人来说则是发展的刺激、挑战、希望和可能。人们经常看到的情况是：有的人在顺境中如鱼得水，有的人却在顺境中虚度光阴；有的人在逆境中奋发有为，有的人在逆境中却意志消沉。

大学同班同学也是同样的，刚开始大家都差不多，大学生活也差异不大，但等到了毕业时回头再看，同学之间就会出现分化，有的差异可能还会很大。例如，有的同学专业知识扎实、技能过硬，成为企业青睐的高技能人才；有的同学积累了足够的知识与经验，开始创业；有的同学专升本成功，继续深造；而有的同学可能只是获得了一张文凭，有的同学甚至可能连毕业证书也没有拿到，大学期间知识技能素质的实际“增值”不大，找工作都很困难，等等。这些差异是如何造成的呢？一个重要原因就是每位同学对于环境的态度不一样，有些同学把环境视为障碍和限制，无法与校园环境形成良性互动，而另外一些同学则把环境看作刺激、挑战、希望与可能，在与校园环境的良性互动中获得了持续的发展。

---

① 约翰·杜威．王承绪，译．民主主义与教育［M］．北京：人民教育出版社，2001：17.

【案例2－2】中所展示的毛泽东在青年时代自主求学的经历，就很好地体现了个人在环境面前的主动性、选择性和创造性。总之，尽管个人发展的环境是给定的，个人仍然可以主动选择与所处环境中的哪些因素互动和如何互动，从而实现自身独特的、与他人不一样的发展。

【案例2－2】毛泽东青年时代的自主求学

青年毛泽东离开家乡到长沙求学以后，先是在1912年初考进了一所商业学校就读，结果只读了一个月就觉得不适合自己而退学了。后来又以第一名的成绩考进了当时的湖南省公立高等中学，学了六个月以后，因对学校的课程、校规不满意而退学。

退学以后，毛泽东开始在湖南省立图书馆自学，每天早上图书馆一开门就进去，除了中午花去买两个米饼吃的时间，就一直在图书馆里读到闭馆。这样的自学持续了半年，其间毛泽东阅读了大量的“西学”著作，包括世界地理、世界历史，以及政治学、经济学、生物学等方面的书籍，极大地开阔了眼界、增长了见识。

在此过程中，毛泽东思来想去，觉得自己更适合教书，并且考虑到当时的师范学校不收学膳费，便在1913年春天考入了湖南公立第四师范（后并入湖南第一师范），开始了五年半的师范学习生涯。

毛泽东后来对自己在湖南第一师范的学习经历评价很高，他说：“我没有正式进过大学，也没有在外国留过学，我的知识，我的学问，是在一师打下了基础。一师是个好学校。”

资料来源：彭腾．青年毛泽东的求学方式及其现实启迪［J］．湖南第一师范学院学报，2013（6）：6－8；陈英．毛泽东求学经历与个性形成对当今精英教育的启迪［J］．常州工学院学报（社科版），2010（6）：88－92.

思考：青年毛泽东自主求学的经历对大学生有何启示？

此外，与“遗传决定论”类似，关于环境对人的发展的影响方面，也有一种“环境决定论”的观点，这一观点认为人的发展是环境作用的结果。这种观点有一定合理性，其看到了环境对人的发展的重要影响。但是，把人的发展看作只是环境影响的结果是片面的、不科学的，与人的发展的实际情况不相符合。从实际来看，人在面对所处的外部环境时，不仅有随波逐流，更有主动性、选择性和创造性。

总体来看，环境为人的发展提供了外部条件，对个人发展有重要的促进或制约作用。

三、教育因素

从广义上来看，教育也属于环境因素。但教育因素和非教育的环境因素对人的发展的影响是不同的，教育是有意识地对人施加影响的过程，而非教育的环境因素对人的影响是无意识的。因此，在讨论影响人的发展的因素时，通常把教育因素从环境因素中分离出来，作为一个单独的因素进行讨论（见图2-1）。

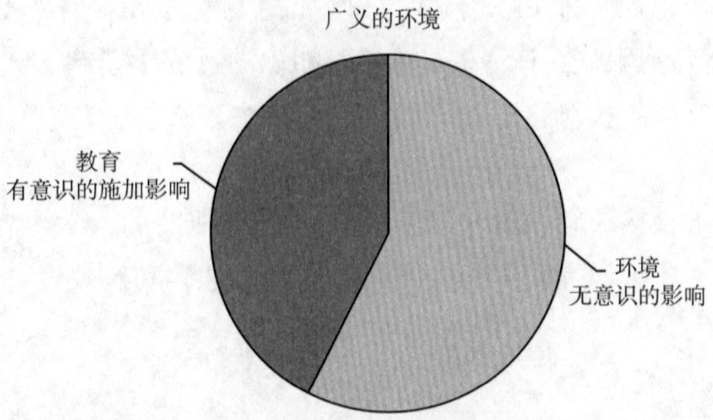

图2-1　教育与环境的关系

（一）教育引领人的发展

教育是一种有目的、有计划、有组织地培养人的社会活动，它引导受教育者能动地学习与自我教育，以促进身心发展。人在教育之外也有发展，这种发展可视作为一种自然状态的发展。而在教育活动中，人的发展是一种在他人有目的地参与和干预之下所发生变化的过程，学习者的身心发展是包括其自身主观能动性在内的，有意识地学习、培养、锻炼和建构的成果。与环境因素相比，教育对于个人发展的影响是有方向性的、是有组织的，其结果是全面、系统、科学和深刻的。

教育也有广义与狭义之分，广义的教育既包括家庭教育、社会教育，也包括学校教育；狭义的教育仅指学校教育。以学校教育为例，教育者通过精心地选择、设计和营造有教育价值的环境，对年轻一代的学习、生活、交往与实践等活动进行正确地教导、示范与帮助，并尊重他们的主体性，努力激发和引导他们的内在学习动能，从而有意识地引领年轻一代从生物意义上的人发展成为社会意义上的人，在为社会培养所需人才的同时，也传承和发展了人类的科学文化知识。

（二）教育主要通过知识的传承来培养人

教育主要通过传授科学文化知识来培养人。科学文化知识是滋养人的成长和发展的最重要的社会因素与资源，蕴含着有利于人的发展的多方面价值（见图2-2），具体包括以下四个方面：

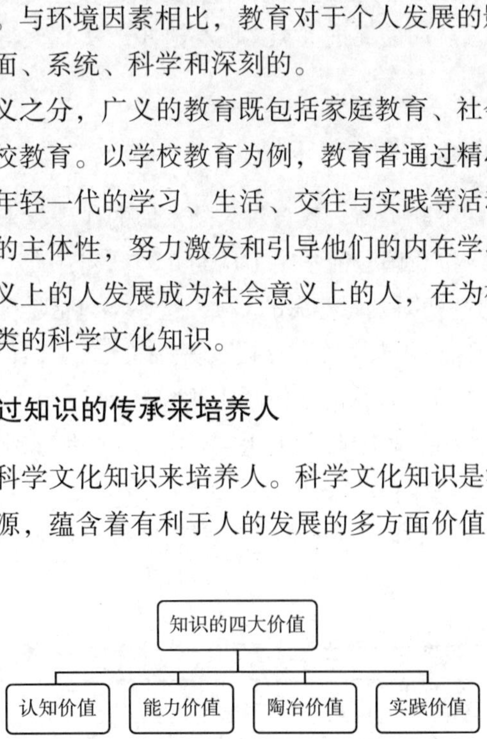

图2-2　知识的四大价值

1. 认知价值

知识能帮助学习者提高对世界的认识水平，包括对自然世界、社会世界和自身在内，古人说“秀才不出门，能知天下事”，例如诸葛亮未出隆中，即能作出“三分天下”的规划设计，其原因就在于读书人在学习知识的过程中了解、认识和掌握了外部世界的有关情况，能够作出相对科学和正确的判断与决策。

2. 能力价值

大多数知识对于直接或间接解决现实问题都是有帮助的，学习者掌握了这些知识，也即意味着其增长了才干、提高了能力，使他们可以从容和有效应对自己和他人面临的实际问题。

3. 陶冶价值

知识是人类文明发展的成果，其中蕴含着非常丰富的科学精神和人文精神。科学精神主要是实事求是、求真务实、严谨规范、开拓创新的理性精神。人文精神则是一种普遍的人类自我关怀，表现为对人的尊严、价值、生命的维护、追求和关切。学习和掌握知识，有利于学习者陶冶自身的品格和情操，养成科学精神和人文精神，从而能过一个有意义、有价值的人生。

4. 实践价值

人类掌握了知识并适当地加以应用，能够解决有关社会生产和生活中的实践问题。实践证明，人类只有在遵循自然和社会规律的前提下，才有可能根据自身生存与发展的需要来改造与设计世界，从而能促进人类文明与进步，实现人与自然的和谐共生。这是知识的实践价值之所在。

（三）教育对人的发展的影响越来越大

随着教育发展水平的不断提高，教育对人的发展的作用越来越大。一方面，个人接受教育的时限越来越长。按我国目前学制，从幼儿园算起，直至大学毕业，个人的正规学习年限接近20年，超过我国人均寿命的1/4，这还不包括接受研究生教育的时间和参加工作以后接受的各种形式的继续教育在内。另一方面，教育覆盖的人口比率越来越大。2020年末，我国各个阶段教育的在校学生规模达到2.89亿人，约占全国总人口的20%，幼儿园、小学、初中、高中阶段的毛（净）入学率分别达到85.2%、99.96%、102.5%和91.2%（见表2-1），这表明，我国绝大多数适龄青少年儿童都在相应阶段学校学习。这么长的教育时限和这么高的入学率，使得教育对于个人发展的影响越来越广泛和深远。

表2-1　　2020年我国各级教育毛（净）入学率*一览

教育阶段	在校生（万人）	毛（净）入学率（%）
幼儿园	4818.26	85.2
小学	10725.35	99.96

续表

教育阶段	在校生（万人）	毛（净）入学率（%）
初中	4914.09	102.5
高中	4163.02	91.2
大学	4183.00	54.4

注：* 毛入学率是指某一级教育不分年龄的在校学生总数占该级教育国家规定年龄组人口数的百分比。由于包含非正规年龄组（低龄或超龄）学生，毛入学率可能会超过100%。本表中幼儿园、初中、高中和大学的入学率均为毛入学率。小学入学率为净入学率，净入学率指小学教育在校学龄人口数占小学教育国家规定年龄组人口总数的百分比，是按各地不同入学年龄和学制分别计算的。

资料来源：2020 年全国教育事业发展统计公报［EB/OL］. 教育部网站，http：//www.moe.gov.cn/jyb_sjzl/sjzl_fztjgb/202108/t20210827_555004.html.

总体来看，教育在人的发展中起着引领作用，其对于人的发展的影响越来越大。

四、个体活动因素

遗传、环境和教育是人的发展的内部条件与外部条件，没有这些内部条件和外部条件，就不可能有人的发展。但是遗传因素也好，环境和教育因素也好，都不能直接复制或简单粘贴到个体素质上，使人得到发展。同样，遗传、环境和教育要影响人的发展，或者人要影响与改变环境和教育，都只能以“个体活动”为中介，才能引起与推动人与环境和教育的互动来促进人的发展。可以这么说，个体活动是个人基于自身的遗传素质，与环境、与教育互动的中介，在人的发展中起着决定作用。

那么，个体活动是如何影响人的发展的呢？具体来看，有以下两个方面：

（一）个体活动决定人对环境和教育的选择和作用方式

人是社会历史活动的主体，人在社会实践的基础上逐步形成了人所特有的能动性。人的能动性包括两个方面内容：一是人们在社会实践的基础上能动地认识世界；二是人们在认识的指导下，通过实践能动地改造世界。如果仅有认识，而不把认识转变为改造世界的行动，人的能动作用无从体现；如果缺乏认识的指导，仅凭借自发的或盲目的实践，也难以达到改造世界的目的。只有把对世界的认识和改造活动结合起来，才能充分表现出人所特有的能动性。

人们认识和改造世界的过程可以借用“S—O—R”，即“刺激—内在机制—反应”的公式来概括，这里的 O 是人自身对外界刺激（包括环境和教育）进行加工处理的能力，被称作个人的内在机制。以学习为例，每个人的内在机制是不同的，由此导致有的人是多教多学，有的人是多教少学或多教不学，还有的人是少教多学或不教自学。

例如，三国时期吴国的吕蒙本是武将出身，受到吴国领导人孙权的影响而读书，军事和政治才能因此大大提高，成长为吴国重要的军事将领，当时吴国的军事统帅鲁肃在与其交谈之后发出了“士别三日，当刮目相待”的感慨，在鲁肃去世之后，吕蒙接任成为吴国的军事统帅。对于吕蒙来说，孙权是他的领导，因而是他重要的外部环境，他对孙权的劝告可以选择听从，也可以选择不听。当然，如果他选择不听从，或者考虑到不听领导的劝告可能会影响个人职业发展而走走形式、装装样子，随便读点书，作为一名武将，也无可厚非，但如果是这样的话，就没有后来的文武全才的吕蒙了。内在机制对于个人发展的重要性，由此可见一斑。

（二）个人通过能动选择实现自我构建与发展

个人可以对自己今后的发展方向加以选择，为自己的发展确立一个目标、树立一个理想，并为自己的目标和理想而奋斗。通常所说的“成为我自己”，指的就是这个意思。人的自我设计和自我奋斗主要表现在两个方面：一方面，人在认识自己和周围环境与教育的现实关系的前提下，不断地为自己的发展创造条件，而不是消极地期待客观环境与教育的成熟和改善；另一方面，人勾勒自己的未来前景、设计自己的发展目标、策划实现该目标的行动方案，并在实践中不断反思与调整个人的奋斗目标与行动举措，不断克服困难和干扰。

明代著名思想家、军事家和教育家王阳明，12 岁时曾问老师什么是人生头等大事，老师回答说“读书做官”是人生头等大事，就像他父亲一样（王阳明的父亲王华曾考中状元并成为朝廷高官），但王阳明不以为然，他说：“恐未是，当读书做圣贤耳。”从那以后，无论是在考中进士、进入官场的顺境中，还是在上书朝廷言事被廷杖、受牢狱之灾、进而被贬官为贵州龙场驿丞的逆境中，无论是在广收门徒、大力传播心学的教学活动中，还是在指挥赣南剿匪、平定宁王朱宸濠武装叛乱、平定两广匪患的战争过程中，他始终把做圣贤作为自己人生的最高追求，最终成为一代立德、立功、立言的“三不朽”圣人，由他所集大成的心学产生了广泛、持续和深远的影响。

王阳明的经历表明，人的自我设计和自我奋斗，实际上是谋划个体人生发展的活动，赋予了人在一定条件下主宰自己未来和命运的可能。可见，人不仅是遗传、环境和教育相互作用的产物，更是自我设计和自我奋斗的结果。

第二节　人力资本理论

第一节内容表明，在教育学看来，人之所以要学习或者说接受教育，是因为教育能够引领个人的发展，个人通过学习或接受教育，再结合自身实际，通过自我设计和自我奋斗实现个人发展。除了教育学以外，经济学中也有相关理论涉及“人为何要学习”的问题，其中以人力资本理论与筛选理论为代表，这两个理论影响较大并受到广泛认同，本节介绍人力资本理论。

一、人力资本理论概述

现代人力资本理论产生于20世纪50年代末60年代初，是当代经济学理论的重要构成部分，是关于人力资本的形成、作用和收益的理论①，其代表人物包括经济学家舒尔茨、贝克尔和明瑟尔等。

现代人力资本理论认为，人的能力是多种因素相互复杂作用和综合影响的结果，其中，后天因素影响要比先天因素重要得多。因此，人的能力不单纯是外生性的生产要素，而是主要在后天的教育学习、生产实践、社会环境、收入水平与经济发展等多种因素影响下逐步形成的，因而是内生性的生产要素。也就是说，人的能力是经济活动过程的一种结果。

现代人力资本理论同时认为，人的能力不是均质的，而是有个体差异的，因而每个人对于生产的贡献是不相同的，能力越强的人，在生产中的贡献越大，获得的收入也就越高，反之也成立。②

【知识链接2-1】内生性与外生性生产要素

经济学将人们在生产中投入的要素划分为劳动、资本、土地（泛指生产中投入的一切自然资源）和企业家才能四类。有时为了简便，又将企业家才能并入劳动要素，将土地并入资本要素，这样，生产要素就只有劳动（人力要素）和资本（物力要素）两类了。

根据生产要素来源的不同，可以分为外生性生产要素和内生性生产要素两类。外生性生产要素，指的是在经济活动之外产出的（即自然形成的）、可以投入生产中的生产要素。与之相对的是内生性生产要素，指的是经济活动所产出的、可以投入生产中的生产要素。

在劳动、资本、土地和企业家才能四种生产要素中，土地是典型的外生性生产要素，资本是典型的内生性生产要素，劳动和企业家才能是以遗传为基础，在后天的教育、生活、生产中逐渐形成的，是以外生性为主、兼具内生性和外生性的生产要素。

资料来源：厉以宁．西方经济学［M］．北京：高等教育出版社，2000：444-447.

基于上述观点，在现代人力资本理论看来，教育是人力资本投资，社会和接受教育的个体通过举办教育和接受教育来提高知识、技能和品德，也即是提高受教育者的人力资本，受教育者的劳动生产率得以提高，整个社会的总产出规模因此扩大，再通过市场

① 顾明远．教育大辞典（增订合编本）［M］．上海：上海教育出版社，1998：1271.
② 黄捷扬．筛选理论视角下的高考改革趋势研究［J］．教育理论与实践，2019（20）16-18.

机制和分配机制，社会和个人的收入得以增加，从而补偿了社会和受教育者个人的教育成本，实现了教育“投资－收益”的均衡。这表明，教育与劳动生产率、工资和国内生产总值（GDP）之间存在着递进关系。具体如图 2－3 所示。

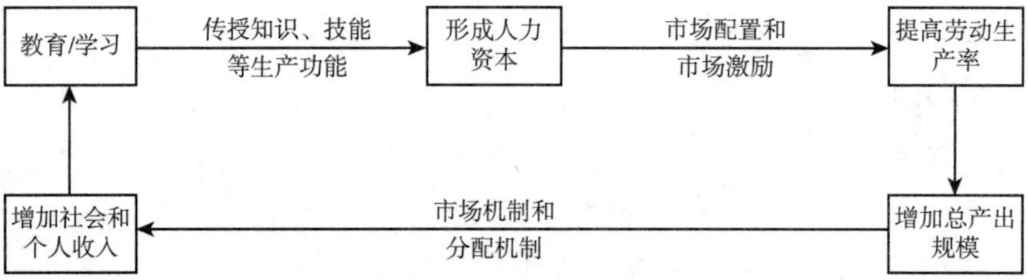

图 2－3　人力资本理论的教育投资－收益模型

资料来源：肖昊．教育经济学［M］．武汉：武汉大学出版社，2010：44.

二、资本及其分类

资本是由经济活动所产出的生产要素，可以定义为由经济体系生产出来，并被用作生产的投入要素，以便进一步生产更多的产品和劳务的物品。①

根据美国经济学家弗里德曼的划分，资本就其形态而言，可分为物质资本和人力资本，前者指的是物质形态的资本，如企业生产所用的厂房建筑、机器设备、原料燃料、货币证券等；后者指的是蕴藏于个人身体之中的资本——生产能力，如个人拥有的管理能力、生产技能等。就资本的功能而言，可分为生产性资本和非生产性资本，前者指的是用于生产、能创造更多经济价值的资本，如企业生产所用的电脑、经营所用的汽车、产品生产线等；后者指的是用于非生产领域、能改善生活质量的资本，如家用的电视机、吸尘器、洗碗机等。具体如表 2－2 所示。

表 2－2　个人拥有资本的类型

资本	生产性资本	非生产性资本
物质资本	生产机床、办公电脑	电视机、餐桌
人力资本	计算机编程技能	音乐欣赏能力

三、迂回生产

资本体现的“用产品生产产品”的理念，经济学称为迂回生产，即不断地将一部分可以用来当期消费的经济资源节省下来，进行投资，以制造生产工具等物质资本品，再借助这些新的物质资本品，生产更多的消费品（包括产品和劳务）供人们消费，从

① 高鸿业．西方经济学（微观部门·第六版）［M］．北京：中国人民大学出版社，2015：244.

而提高人的生活质量和幸福水平。可以说，现代社会化大生产最显著的特征就是大量地制造和使用物质资本品。与直接生产相比，迂回生产的成本更低、效率更高，是现代化社会的基本生产方式。下面通过一个案例来说明什么是迂回生产和为什么要进行迂回生产。

【案例2-3】武松打虎

那个大虫又饥又渴，把两只爪在地上略按一按，和身望上一扑，从半空里撺将下来。武松被那一惊，酒都做冷汗出了。说时迟，那时快，武松见大虫扑来，只一闪，闪在大虫背后。那大虫背后看人最难，便把前爪搭在地下，把腰胯一掀，掀将起来。武松只一躲，躲在一边。大虫见掀他不着，吼一声，却似半天里起个霹雳，振得那山冈也动；把这铁棒也似虎尾倒竖起来，只一剪，武松却又闪在一边。原来那大虫拿人，只是一扑，一掀，一剪，三般提不着时，气性先自没了一半。那大虫又剪不着，再吼了一声，一兜兜将回来。武松见那大虫复翻身回来，双手轮起梢棒，尽平生气力，只一棒，从半空劈将下来。只听得一声响，簌簌地将那树连枝带叶劈脸打将下来。定睛看时，一棒劈不着大虫。原来慌了，正打在枯树上，把那条梢棒折做两截，只拿得一半在手里。那大虫咆哮，性发起来，翻身又只一扑，扑将来。武松又只一跳，却退了十步远，那大虫却好把两只前爪搭在武松面前。武松将半截棒丢在一边，两只手就势把大虫顶花皮肐膳地揪住，一按按将下来。那只大虫急要挣扎，早没了气力，被武松尽气力纳定，那里肯放半点儿松宽。武松把只脚望大虫面门上、眼睛里只顾乱踢。那大虫咆哮起来，把身底下扒起两堆黄泥，做了一个土坑。武松把那大虫嘴直按下黄泥坑里去，那大虫吃武松奈何得没了些气力。武松把左手紧紧地揪住顶花皮，偷出右手来，提起铁锤般大小拳头，尽平生之力，只顾打。打得五七十拳，那大虫眼里、口里、鼻子里、耳朵里都迸出鲜血来……

那大虫动弹不得，使得口里兀自气喘。武松放了手，来松树边寻那打折的棒橛，拿在手里，只怕大虫不死，把棒橛又打了一回。那大虫气都没了。

资料来源：施耐庵，罗贯中．水浒传［M］．北京：人民文学出版社，1997：294-296.

思考：上大学是不是个人及其家庭、国家等的迂回生产？为什么？

上面这个案例是古典文学名著《水浒传》中的景阳冈武松打虎片段。抛却武松是个大英雄不谈，如果将其打虎过程视为一个生产过程，武松的生产工具可谓简陋至极，仅有一根梢棒，并且由于过度紧张，一不小心还将梢棒打到树上给折断了，因此他的生产过程基本上是一个没有任何生产工具的直接生产过程，由此导致他的打虎过程险象环生，他拼尽全力才最终把老虎打死。如果换作一个普通人，按武松这种方式打老虎，其结果肯定是九死一生。

从经济学的角度来看，武松打虎式的生产方式，是一种没有利用生产工具进行生产的直接生产方式，风险大，成本高，并且产量极不稳定。相比而言，猎人们通过制造弓箭、织网、挖陷阱等方式来诱捕老虎，就是一种迂回生产方式，这种方式遭遇武松那样的危险境地的可能性较小，生产的安全性、经济性和稳定性相对更高。

四、人力资本的内涵

现代人力资本理论认为，人的能力有先天遗传因素的影响，但主要是后天学习和实践的结果，学习和实践是需要耗费资源的，而这些资源如果不用于学习和实践，是可以用于当期的消费，进而提高人们的生活质量。例如，不上大学，就可以把学习的费用用于旅游、购物等，从而提高当前消费水平。可见，人力资本的形成过程与物质资本的形成过程有相似之处，如果人要不断提高自己的能力，就必须把当前可用于消费的一部分经济资源节省下来，用于接受教育培训等，这是关于人的能力的迂回生产，也是一种投资，经济学称为人力资本投资。

当然，人的能力既包括生产性能力，如农民的耕种技能、捕鱼技能，工人的生产技能等，也包括消费性能力，如欣赏音乐、欣赏电影、欣赏艺术作品的能力。人力资本主要强调的是人的生产性能力，即创造财富的能力。据此，可以给人力资本下一个简单的定义，所谓人力资本是指通过教育、培训等人力资本投资，开发形成的人的各种（生产）能力的总和，这些能力可以在经济活动中给行为主体及其所属企业或单位、社会带来收益。人力资本大致包括三个方面：一是体能或身体素质，表现为体力、耐力，以及生命、健康等；二是智能或科学文化素质，表现为知识水平、技术能力、创新能力等；三是德行或道德素质，表现为道德水准、意志品格、生活态度等。具体如图 2－4 所示。

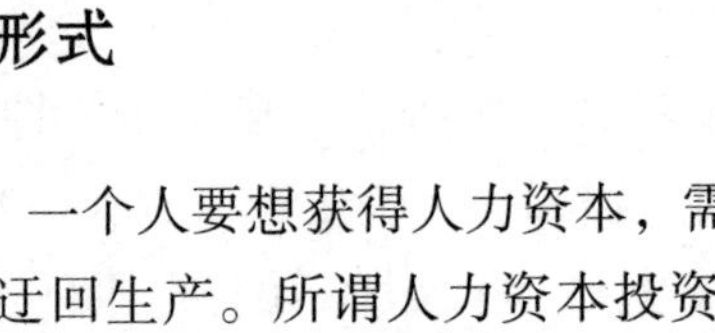

图 2－4　人力资本的主要构成

五、人力资本的投资形式

从人力资本的定义可知，一个人要想获得人力资本，需要进行人力资本投资，也即是进行人的（生产）能力的迂回生产。所谓人力资本投资，指的是为了提高劳动者的人力资本而进行的相关投资。对于人类社会来说，人的资源是一切资源中最重要的资源，提高人的素质、提高劳动力的质量，无论是对社会经济的增长还是对于劳动者个人收入的提高，都非常有益。正如人力资本理论的开拓者舒尔茨所强调的，空间、能源和耕地并不能决定人类的前途，人类的前途将由人类的才智进步来决定。人力资本投资的重要性可见一斑。

人力资本投资的形式有很多，主要有五种形式，具体如下：

（一）保健投资

保健投资指通过对医疗、卫生、营养、保健、体育锻炼等相关服务进行投资，来恢复维持或改善提高人的健康水平，进而提高人的生产能力。人力资本是附着在个体身上的具有经济价值的能力，如果个体没有一个健康的身体，其所拥有的智能、德行等的生产价值将会降低甚至消失。因此，从个体提高人力资本的角度来看，个人要高度重视身体健康。

这对于大学生来说也有重要的启示，即大学生应该积极参与体育锻炼，养成良好的运动习惯与生活规律，保持身体强健和心理健康，为自身人力资本提升和维持在一个较高水平上奠定扎实的生理基础。

（二）教育投资

教育投资指以一定的成本支出为代价，获得在各种正规学校里系统地接受初等、中等和高等科学文化知识教育机会的一种智力投资活动。从人力资本投资的角度来看，教育是最为全面、系统和深入的人力资本投资，也是人力资本投资中最核心的组成部分。在现代教育体系下，人们从幼儿园开始，先后经历小学、中学和大学教育，德智体美劳诸方面均受到了比较全面系统的教育、指导与锻炼，从而形成了具有个性化和专业化特点的人力资本。

就属性而言，教育既有消费属性，又有投资属性。从投资角度来看，教育的投资者主要包括受教育者个人（及其家庭）和政府，以及教育捐赠者等。学生（及其家庭）支付学费获得教育服务，这是消费行为。同时，学生通过接受教育提升了自身的各方面能力尤其是生产能力，人力资本因此得到提高，这是人力资本投资行为。从政府来看，一方面，其向学校等教育机构拨付财政经费和提供办学场所与基础设施等，而教育机构本身不产生利润，没有直接经济回报，这体现了政府教育投资的消费性；另一方面，学校尤其是高等学校等为社会培养了大量的（高级专门）人才，产出了大量的新知识与新技术，促进了经济、科技与社会的发展，这体现了政府教育投资的生产性。

教育改善和提高个人的人力资本有四个途径：第一，人工效应。教育能使学习者的知识技能得到增进和改善，完成工作任务会比学习前做得更快更好。第二，配置效应。教育能使学习者的认知能力与判断能力得到改善，从而在面对各种可供选择的机会时能作出更加科学、更有效率的选择（决策）。第三，创新效应。教育能使学习者具有更强的发明创造意识与能力。第四，道德效应。教育通过传承知识来培养人，知识作为人类文明的结晶，其中蕴含的丰富的精神价值有助于学习者形成更好的道德品格。综合来看，教育越发达，民众的科学文化素质、技术技能水平和道德水准越高，其所蕴含的生产能力也就越强。具体如图 2－5 所示。

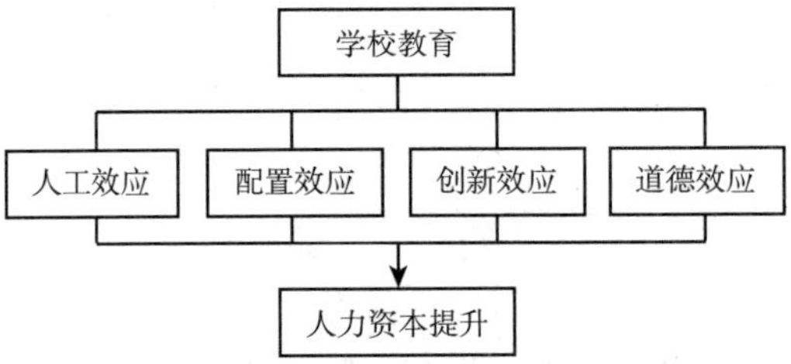

图2-5 教育提升人力资本的四条途径

（三）职业培训

职业培训又叫非正规教育投资，指正规学校教育以外的、由企业或其他社会培训机构为在职员工或求职人员提高生产技术、学习和掌握新知识、新技能，而举办和提供的教育与培训，典型的如技术技能培训班等。企业的职业培训是一种企业与所属员工共同进行的非常重要的人力资本投资，员工通过职业培训提升人力资本，以期获得更好的职位和更高的收入，企业通过职业培训增加人力资本积累进而提高企业整体竞争力，目的在于获得更高水平的盈利和更可持续的发展。

对于高职院校的学生来说，参与企业与院校联合开展的现代学徒制，其在企业的学习与实践也属于职业培训的范畴。

（四）人力迁移投资

人力迁移投资指通过花费一定的成本支出，实现人口与劳动力在地域间或产业间的迁移与流动，以便更好地满足人们自身的偏好，创造更高的收入。个体的人力资本具有个性化和专业性特点，在环境合适、专业对口的地域、行业、企业或其他类型用人单位，其生产能力会得到更为充分的发挥，相反，环境不合适、专业不对口的企业或其他类型用人单位，其生产能力的发挥可能会受到限制。因此，很多人会从一个不合适不对口的环境或用人单位迁移到心仪的环境或用人单位，以提高自身人力资本的经济价值，个体为此而支付的迁移成本就是人力迁移投资。

例如，一位技能大师从原属企业“跳槽”到现属企业就业，其在原属企业工作期间，根据安排去某高校带薪进修了一年，双方签有进修结束后为企业服务一定年限的进修协议，在其“跳槽”时服务期未满，这位技能大师根据进修协议规定，须向原属企业支付约定的赔偿金，这个赔偿金就是其人力资本迁移投资的一个部分。

（五）信息投资

信息投资指通过花费一定的成本来获取有关商品价格、就业机会等市场经济活动中的信息，以实现投资主体经济决策最优化的一种行为。在人力资本投资中，员工为了使得自身人力资本更具经济价值，要支付一定的信息成本以发现合适自己的就业环境与用人单位，进而决定是否去应聘，这就是在进行信息投资。

六、人力资本与个人收入的关系

现代人力资本理论认为，人的能力主要来自后天的教育、培训与实践活动，因而可以通过人力资本投资来改善和提高个人的人力资本，进而提高人的收入水平。大量的经济社会发展实践与理论研究表明，人力资本投资的收益率远高于物质资本收益率。表2-3列出了全球范围内高、中、低收入国家的初等教育、中等教育和高等教育的收益率，平均都在15%以上，这与近年来我国5%以下的银行存款利率相比，是很高的。

表2-3　　教育的个人收益率　　单位：%

国家类别	初等教育	中等教育	高等教育
低收入国家	25.4	18.7	26.8
中等收入国家	24.5	17.7	20.2
高收入国家	28.4	13.2	12.8
世界平均	25.4	15.1	15.8

资料来源：Psacharopoulos G., Patrinos H. A. Return to Investment in Education: A Decennial Review of the Global Literature [J]. *Educations Economics*, 2018, 26 (5): 445-458. 转引自闵维方，马莉萍. 教育经济学 [M]. 北京：北京大学出版社，2020：73-74.

在人力资本投资诸多形式中，教育是最基本、最主要的人力资本投资形式。教育具有提高人力资本也即是提高人的能力的作用，进而提高个人对生产的贡献，因而能提高个人的收入，教育程度或者说人力资本与个人收入水平总体呈同向变动关系。

表2-4为浙江省人力资源和社会保障厅公布的2020年度浙江省八市的分学历平均工资指导价位，表2-5为宁波市人力资源和社会保障局公布的2021年度宁波市分岗位等级企业从业人员工资价位。从表2-4来看，学历与工资之间存在同向变动关系，即学历越高、工资水平也越高，反之也成立；从表2-5来看，人力资本（在表中的具体表现为管理能力、职称等级、技能等级等）与工资之间存在同向变动关系，即人力资本越高、工资水平也越高，反之也成立。

表2-4　　2020年度浙江省八市分学历平均工资指导价位　　单位：元/年

学历层次	杭州	宁波	温州	绍兴	金华	湖州	嘉兴	丽水
研究生	217474	236211	188974	107843	121269	193020	114352	99955
大学本科	149936	145167	137731	102269	85769	84823	86154	87722
大学专科	94162	95838	81216	83976	65444	73367	75501	69146
高中、中专或技校	75025	77547	60945	66955	61029	62999	66500	55190
初中及以下	62786	63699	52831	58648	53023	54976	59366	47000

资料来源：浙江省人力资源和社会保障厅. 浙江省人力资源市场部分职位工资指导价位 [EB/OL]. 浙江省人力资源和社会保障厅网站，http://rlsbt.zj.gov.cn/art/2020/12/4/art_1389547_58920095.html，2020-12-04.

表 2－5　　　　2021 年度宁波市分岗位等级企业从业人员工资价位　　　　单位：元/年

序号	岗位等级	分位值				
		10%	25%	50%	75%	90%
1	高层管理岗	62010	107159	161588	302129	479315
2	中层管理岗	60410	83283	120815	202415	347291
3	基层管理岗	44893	66840	102626	156538	219256
4	管理类员工岗	40610	55009	72162	98708	126253
5	高级职称	63029	95880	158597	210533	328201
6	中级职称	61603	82069	126159	179188	273004
7	初级职称	50066	62400	93958	122464	179152
8	没有取得专业技术职称	47400	59700	87326	107297	155222
9	高级技师	62579	96529	150077	175598	230344
10	技师	55989	86528	145394	166056	196270
11	高级技能	52791	75406	115989	155808	190860
12	中级技能	49706	62185	75688	116338	152418
13	初级技能	42538	55529	66126	101858	132140
14	没有取得资格证书	39067	50736	63724	81950	102811

资料来源：宁波市人力资源和社会保障局办公室．关于发布宁波市 2021 年度人力资源市场部分职位工资价位及 2020 年度行业人工成本信息的通知［EB/OL］．宁波市人社局网站，http：//rsj. ningbo. gov. cn/art/2021/12/6/art_1229116195_58924772. html，2021－10－25.

七、上大学与人力资本投资

人力资本理论为人们看待高等教育提供了投资视角。所谓投资，指的是为了获得不确定的未来值而作出的确定的现值牺牲。投资有四个基本要素：一是成本，投资要作出现值牺牲，也即是当前要支付一定的成本，而这些成本如果不用于投资，则可以用于改善投资者当前的消费水平和生活质量；二是收益，投资的目的是获得未来值，也即是在将来获得投资回报，实现了投资回报，意味着投资者将来的消费水平和生活质量可以得到改善；三是风险，投资都是有风险的，也即是未来的投资回报存在不确定性，可能会实现，也可能不会实现；四是时间，指的是投资回报的实现需要一个时间跨度。

根据人力资本理论，上大学就是在进行人力资本投资。作为大学生，站在投资的视角来认识和理解大学，需要了解大学的投资者、大学的成本、大学的收益、大学投资的风险等，有关这些方面的知识是本书后面的重要内容，此处只作简单说明。

（一）大学的投资者与成本

上大学并不仅仅是学生及其家庭的人力资本投资，国家（民办学校举办者）[①] 和教

① 国家是公办学校的举办者和投资者，民办学校举办者是民办学校的举办者和投资者。

育捐赠者也是大学的重要投资者，其中，学生及其家庭是可以视为内部投资者，国家和教育捐赠者则是外部投资者。学生及其家庭以支付包括学费在内的教育费用的形式进行投资，国家以向高校拨付财政经费、提供办学场所和基础设施等形式进行投资，教育捐赠者则以捐赠货币资金、实物资产等形式对特定的大学或大学生进行投资。当然，这里提到的学生及其家庭、国家等支付的成本只是直接成本，事实上这些大学的投资者还承担着间接成本，本书第三章将进行更为详细和全面的介绍。

（二）大学的收益与回报

大学的收益也即是大学投资者所要追求的投资回报。学生及其家庭进行大学投资的主要目的是提高知识、技能和道德水平，也即是提升人力资本，从而提高学生对生产的贡献，并据此获得更高的收入以及更好的职业进步和人生发展。国家进行大学投资的主要目的在于提高劳动者的素质，提升全社会的人力资本积累，促进充分就业、经济发展和社会稳定。教育捐赠者进行大学投资一般出于公益目的，通过无偿资助特定大学或大学生发展的形式来为经济社会发展贡献自身的力量。

这里需要说明两点：第一，不少大学生都有一个根深蒂固的观念，即上大学主要来是学知识和练技能的，忽略了其他方面尤其是体能与德行的发展。从人力资本理论的角度来看，这个观念是失之偏颇的，按此方式形成的人力资本也是不健全的。事实上，知识技能只是一个人智能的体现，而人力资本除了智能以外，还包括体能与德行，是三者在一个人身上的综合体现。因此，对于大学生来说，在大学期间提升人力资本，要努力让自己在德智体美劳诸方面得到全面的和协调的发展。

第二，对于大学生来说，上大学应追求两个层面的回报。一是对大学内部投资者，也即是对自己与家庭的回报，学生和家庭不仅为上大学支付了经济上的成本，还付出了时间、精力、情感等非经济成本，大学生理应在将来从经济、亲情等方面来回报自己与家庭。二是对大学外部投资者，也即是国家和教育捐赠者等的回报，对于这些大学的外部投资者，大学生理应感恩和回报。但是，回报大学外部投资者与回报大学内部投资者的方式有所不同，大学生并不需要将自己未来的收入（依法纳税的除外）交给国家和教育捐赠者，而是要做一个爱国守法，积极为民族复兴和国家崛起贡献最大力量的社会主义事业的建设者和接班人。

（三）大学投资的风险

所谓风险，指的是预期收益的不确定性，也即是投资遭受损失的可能性。从大学生个人及其家庭角度来看，大学投资的风险主要包括六个方面：

1. 消极学习风险

消极学习风险指大学生主观上学习意愿不强或努力程度不够，而导致毕业时知识、技能与德行水平达不到预期目标的一种风险。毕业时人力资本水平低于预期目标，意味着大学生在劳动力市场上缺乏竞争力，找不到工作或找不到心仪的工作，也就无法获得预期的收入水平和理想的职业发展。

2. 预期收益风险

预期收益风险指学生及其家庭在学生接受教育后取得的收益低于预期水平的风险。一般来说，导致教育投资的收益低于预期水平有主观和客观两个方面的原因，主观方面的原因包括学习不努力或学习能力不强等，客观方面的原因包括人才市场供求关系变化或市场平均工资水平变化等。

3. 专业选择风险

专业选择风险指大学所学专业与劳动力市场需求不匹配。这是一种人力资本投资的结构性风险，类似于一位求职者在学校学习了马车驾驶技能，等到他毕业时用人单位需要招聘的是汽车驾驶员。了解了这一人力资本投资风险，对于大学生专业选择具有启示意义——大学生不能一味地追求所谓的热门专业，因为热门往往是一种短暂的流行，当前热门并不意味着几年或更长时间以后还是热门。比较理性的是将自身兴趣和经济与产业发展趋势结合起来选择专业，以避免此类风险。

【知识链接 2－2】大学的专业和学科

专业是大学办学的基本单位，也是大学提供给学生的基本“产品”。专业与社会分工联系紧密，大学根据社会劳动分工，面向胜任某一岗位（群）工作任务的知识与技能需求，将一系列具有内在逻辑关系的学科（课程）组合成为一个专业，提供给学生。因此，大学的专业可视为一系列具有内在逻辑关系的学科知识的集合。

学科与科学紧密联系，是科学和学术的范畴。一方面，学科是构成专业的要素，一个专业通常包括许多学科，例如某个高职院校的电子商务专业，面向电商企业的运营、美工、营销、客服、文案等岗位，开设了思想政治理论课、体育、大学生心理健康等公共课，以及经济学基础、市场营销、电子商务数据分析、网络营销实践、网店运营、电子商务直播、美术设计、短视频制作等专业课，这些课程包含的学科知识共同构成了该专业的专业知识。另一方面，一门学科的知识往往被多个专业公用，例如高等数学，可以是高职大数据与会计、财富管理、模具设计与制造、应用电子技术等多个专业的构成部分。

4. 就业风险

就业风险指大学生所面临的就业市场波动、就业政策变化以及就业环境的优劣等原因，使得毕业生不能获得理想工作的风险。

5. 教育过度风险

教育过度风险指学生及其家庭所接受的教育超过了实际需要，所获得的知识、技能超过了工作中所要求的水平。例如，当前有不少博士毕业生应聘中学教师岗位，某种程度上就是一种学历高消费现象，对于这些应聘的博士而言，即是教育过度风险变成了现实。

6. 人身风险

人身风险指大学生因身体健康或不幸去世等原因，而导致人力资本下降或丧失的风险。

当然，大学的投资者还包括国家（民办学校举办者）和教育捐赠者等外部经济主体，他们对大学进行投资也同样面临着风险。总体来看，大学外部投资者面临的风险与学生及其家庭面临的风险类似，此处不再赘述。

综合大学生及其家庭面临的六个方面的投资风险来看，在不考虑国家政策、劳动力市场需求、个人身体健康等外部因素和客观因素的前提下，大学生个人及其家庭能否实现大学投资回报，主要取决于大学生的方向选择和努力程度两个因素。结合第二章所提到的教育引领个人发展的相关内容来看，所谓方向选择指的就是大学生关于自身发展的目标方向与行动措施的自我设计，而努力程度则指的是大学生依据自我设计进行的自我奋斗。由此可见，虽然不同学科、不同理论的观点表述有所不同，但其对于大学生上好大学（避免大学投资风险、实现大学投资回报）的启示是相同的，即“科学的自我设计+有效的自我奋斗”是大学生上好大学的关键。具体如图2-6所示。

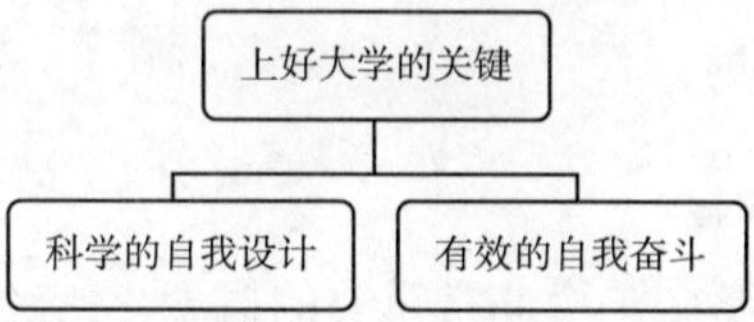

图2-6　大学生上好大学的关键

第三节　筛选理论

一、筛选理论概述

在现代经济学中，关于教育还有一种与人力资本理论观点相左的理论，称为筛选理论，也称为信号理论或“文凭主义”。这一理论产生于20世纪70年代，代表人物有经济学家斯宾塞、阿罗、斯蒂格利茨等。

筛选理论认为，人的能力主要由先天遗传因素所决定，是外生性生产要素，这意味着教育并不能提高人的能力。教育虽然不能提高人的能力，但能帮助外界（雇主）筛选出能力强和能力弱的人，能帮助学习者向外界（雇主）传递自己能力是强还是弱的信号，也就是说，教育具有筛选和信号功能。

对于个人来说，其能力与自身的教育成本呈负相关关系，即能力强的人达到同等教育程度的成本低于能力弱的人，或者说能力强的人支付相同的成本所达到的教育程度要高于能力弱的人。在劳动力市场上，雇主与求职者之间存在信息不对称，雇主不知道求职者的能力强弱情况而求职者自己知道。此种情况下，代表教育程度的文凭就成为雇用者筛选人才和求职者传递信号的工具，文凭高的人易于获得好职位和高收入，文凭低的人往往只能获得差职位和低收入，文凭高低总体上与个人收入呈同向变动关系。

从整个社会来说，教育是筛选人才的工具，并通过其副产品——文凭来为劳动市场提供信号，使得劳动力配置效率得以提高（例如，将能力强的人配置到重要的岗位上，实现人岗相适），社会的总产出也因此得以增加，再通过市场机制和分配机制，将增加的社会总产出转化为社会和个人的劳动力配置收益，以补偿社会和个人的教育成本，从而实现教育投资与收益的均衡。具体如图 2 –7 所示。

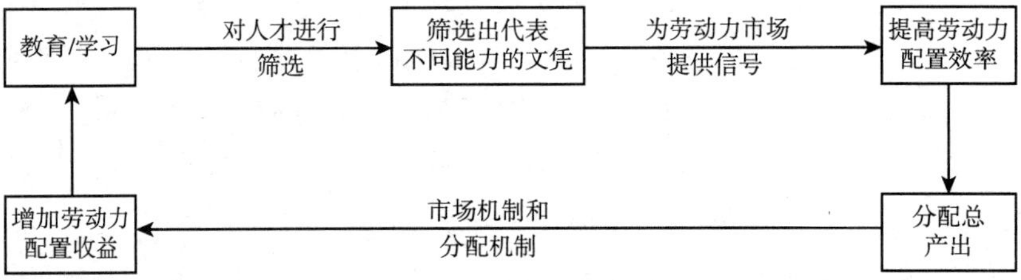

图 2 –7　筛选理论的教育投资 – 收益模型

二、信息不对称

信息不对称是现代经济学中一个非常重要的概念，指经济交易双方当中，一方持有的另一方所不知道的信息（或知识），尤其是另一方无法验证的信息（或知识）。这种信息也称私人信息，“无法验证”包括因验证成本昂贵而使验证在经济上不现实或不合算的情况在内。信息不对称是经济活动中普遍存在的情况，会导致交易前的逆向选择问题和交易后的道德风险问题。

（一）逆向选择问题

信息不对称会导致逆向选择问题。经济学家阿克洛夫在 1970 年提出了著名的二手车市场（也称柠檬市场）模型。在二手车市场上，逆向选择问题来自买方和卖方有关车的质量的信息不对称。卖方知道车的真实质量，但买方不知道车是好还是差，买方能够知道的是车的平均质量，因而只愿意根据二手车的平均质量支付价格，这样一来，质量高于平均水平的二手车卖方就会退出交易，只有质量低的二手车卖方愿意进入市场。

结果是，二手车市场上出售的二手车的质量下降，买方愿意支付的价格进一步下降，更多的较高质量的二手车退出市场。如此持续下去，人们虽然很希望在二手车市场上买到好车，但实际上只能买到差车，这即是所谓的逆向选择——想买到好的商品但往往实际只买到了差的商品。①

① 张维迎．博弈论与信息经济学［M］．上海：上海三联书店，上海人民出版社，1996：554.

（二）道德风险问题

信息不对称还会导致道德风险问题。经济学家经常用道德风险概括人们在经济活动中的“偷懒”“搭便车”等机会主义行为。在汽车保险中，车主为自己的汽车买了保险，车丢失或损坏将由保险公司赔偿，车主因此爱护汽车的积极性会降低，采取的保护措施会弱化，例如不愿意花高价安装汽车防盗设备，或者是在开车时不会特别小心等。由此导致的结果是车比没有保险时更容易丢失或损坏，保险公司因此需要支付更多的赔偿金，其利益因此受到损害。

在劳动力市场上，也存在相同情况。有些见习员工为了能获得用人单位的劳动合同，会努力让自己表现得勤勉和高效，而在成功地获得劳动合同之后，则可能会出现精神懈怠和工作低效等行为，这也是道德风险问题。再来看用人单位，有些用人单位为吸引人才，往往在招聘广告中大力宣传自身薪酬高、不加班、环境好等，等招聘到员工之后，用人单位则会找各种理由、采取各种措施来要求员工加班，或支付较低薪酬，或降低工作保障水平等，这同样是道德风险问题。

日常生活中也存在道德风险。例如，在恋爱与婚姻中，双方在恋爱期间，一方为了追求另一方，往往掩盖自身的不良秉性，而努力让自己表现得积极、勤奋、负责、担当、细心、有爱等，但当双方确立关系或结婚之后，原来努力隐藏的那些不良好秉性会自然暴露。此时，另一方虽然对此感受不适，但考虑到自己已经投入的大量情感和经济成本，多数情况下会选择隐忍，而不会轻易提出分手或离婚。

三、教育的筛选和信号功能

（一）信息不对称的解决方法

信息不对称的普遍存在，使得经济活动经常面临逆向选择问题和道德风险问题，那么，如何解决信息不对称的问题呢？解决的思路是清晰的，即在经济活动中，交易双方中拥有私人信息的一方要想方设法向另一方传递信息，而另一方则要千方百计获得对方的私人信息，目的是使交易双方掌握的信息尽可能地对称起来，只有这样，交易双方的交易决策才有可能科学和有效。例如，针对恋爱与婚姻中的道德风险问题，传统的解决方法——“日久见人心”是非常有效的，这就是说，两个人只有通过足够长时间的相处和相互观察，才能获得对方品行及其他方面的真实信息，进而作出正确的恋爱选择与婚姻决策。从这个角度来看，“闪婚”的风险较大，不够理性。

（二）劳动力市场的人才筛选与信号传递

在劳动力市场中，雇主和求职者之间存在着信息不对称，雇主不知道求职者的能力如何，即使是雇用之后也很难在短期准确掌握员工的生产能力。为了避免逆向选择和道德风险问题，雇主就需要根据求职者身上某些易于观察到的特征来对其能力强弱作出判断，并作出是否雇用的决策。

求职者容易被观察到的个体特征有两类：一类是先天的、无法改变的特征，如性别、民族等，这类特征被称为标识；另一类是后天可以改变的特征，如教育程度，这类特征被称为信号。求职者了解自身的能力状况，为了让自己从众多求职者中脱颖而出，获得雇用合同，也需要通过某种途径向雇主传递信号。

求职者发现，在自身的个体特征中，标识不能改变，信号可以改变，但改变信号需要支付成本。通常情况下，信号成本与个人能力负相关，也即是获得同样的信号，能力强的人支付的成本低而能力弱的人支付的成本高，或者支付同样的成本，能力强的人获得信号要好于能力弱的人获得的信号。①

（三）文凭是人才筛选与信号传递工具

在信息不对称的劳动力市场中，雇主和求职者都观察到了一个现象，那就是：教育程度与收入水平呈同向变动关系，学历越高的人，职位越高、收入越高；反之也成立。而在市场经济中，个人收入主要根据个人在生产中的贡献大小进行分配，一个人对于生产贡献的大小，主要取决于其能力，这就是说，能力强的人收入水平高、能力弱的人收入水平低。

据此可以得出一个基本结论——能力强的教育程度高、能力弱的人教育程度低，教育程度高低成为区分能力强弱的标准（见图2－7）。基于这一基本结论，雇主通过反映教育程度的文凭来筛选人才和作出雇用决策，求职者则努力获得更高更好的文凭来向雇主发出自身能力的信号。在这里，教育的主要功能被定位为筛选（能力）而不是生产（能力）。

前面提到过，信号成本与个人能力负相关，教育作为求职者个体特征中非常重要的信号，也不例外。也就是说，能力强的人获得同等文凭的成本要低于能力弱的人，或者说付出相同成本而获得的文凭等级要高于能力弱的人。因此，能力强的人会选择获得高文凭来向外界传递自己能力强的信号。在这里，文凭实际上是一种有关能力的信号，雇主雇用文凭较高的人并支付较高的工资，是在信息不对称的劳动力市场上对于信号的一种理性“反应”。

四、上大学与信号传递

尽管筛选理论的有些观点还存在争议，例如人的能力究竟是先天因素影响大还是后天因素影响大，抛开这些不谈，对于大学生来说，学习筛选理论是很有启示意义的，主要表现在以下三个方面：

（一）重视文凭获取

文凭是大学生向外界传递信号和用人单位筛选人才的工具。对此，我们不能一味责

---

① 刘泽云．筛选理论的经验研究述评［J］．经济学动态，2008（7）：118－122.

怪社会或用人单位“以文凭取人”，上面的分析表明，“以文凭取人”是社会尤其是用人单位在信息不对称情况下的理性选择。文凭虽然未必能与个人的能力划等号，但却是外界尤其是用人单位判断一个人能力强弱的基本依据，因而是大学生未来求职必不可少的资格条件。大学生应该仔细了解和对照所学专业的毕业要求，认真学习规定的课程并获得学分，努力考取规定的资格证书，踊跃参加规定的课外活动和社会实践，确保让自己顺利毕业并获得文凭。

（二）重视其他信号工具获取

除了文凭之外，大学生还有很多向外界传递积极信号的工具可以选择，比如各类奖项、创新创业经历、志愿服务经历、社会实践经历、学生干部经历等，这些工具的信号功能虽然不及文凭强大，但同样也能向外界尤其是用人单位传递自身能力状况的信号，对于大学生在就业竞争中赢得有利地位有一定帮助。

从更广泛意义上来看，一个人的精神状态、言行举止、穿着打扮等都能够向外界传递信号。大学生应该本着对自我的准确认知，努力提高自身的内在素质与外在表现，向社会外界传递积极向上、奋发进取的正能量信号。

（三）破除“唯文凭”思维

重视文凭和其他信号工具的获取，并不意味着要“唯文凭”或陷入文凭主义。从长期来看，一个人能否获得外界认可，能否为家庭、用人单位、社会和国家作出贡献，主要取决于个人的品行与才能。因此，大学生不能仅出于功利之心去追求这些信号传递工具，而应该在促进自身德智体美劳诸方面全面发展的过程中，依靠自身的艰苦努力和不懈付出，通过合理合法的手段去获取。

五、筛选理论与人力资本理论比较

筛选理论对于人为何要接受教育，也即是人为何要学习的解释与人力资本理论有较大的不同，这两种理论的观点差异主要体现在三个方面（见表 2 -6）。

表 2 -6　　筛选理论与人力资本理论主要观点比较

项目	筛选理论	人力资本理论
人的能力的决定因素	能力主要由先天因素决定	能力主要由后天因素决定
教育的功能	教育的功能是筛选（能力）。雇主通过文凭筛选人才并作出雇用决策，求职者通过文凭向雇主传递自身能力的信号	教育的功能生产（能力）。教育通过人工效应、配置效应、创新效应与道德效应等提高个人的人力资本
教育与收入的关系	教育程度与收入水平同向变动。内在逻辑是：能力强→文凭高→职位好→收入高；反之也成立	教育程度与收入水平同向变动。内在逻辑是：教育程度高→人力资本高→生产贡献大→收入高；反之也成立

（一）关于人的能力的决定因素

筛选理论认为人的能力主要由先天因素决定，是外生性生产要素。人力资本理论认为人的能力主要由后天因素（其中包括教育因素在内）决定，是内生性生产要素。

需要说明的是，筛选理论关于人的能力主要由先天因素决定的观点，受到了很多质疑，即使在筛选理论的代表人物之间，对于这一观点也有不同意见。因此，也有人将筛选理论称为筛选假说。从实践来看，虽然先天因素对人的能力有重要影响，但人的能力主要还是在后天的教育、培训、生产和生活中逐渐得到锻炼、积累与提升的，这一点符合绝大多数人的实践体验与主观感受。

（二）关于教育的功能

筛选理论认为教育不能提高人的能力，但能够筛选能力，即教育能够将能力强和能力弱的人区分开来，因而教育的主要功能是筛选。人力资本理论认为教育有人工效应、配置效应、创新效应和道德效应，因而能够提高人的体能、智能和德行，也即是教育能够提高人力资本，因而教育的主要功能是生产。

如果用一句话来概括这两种理论关于教育与能力关系的不同观点，那就是：人力资本理论认为教育生产能力，而筛选理论认为教育筛选能力。①

（三）关于教育与收入的关系

这两个理论都认为，总体来看教育程度与收入水平同向变动②，即教育程度高的人收入水平高、教育程度低的人收入水平低，反之也成立。但是，在这一现象背后的内在逻辑方面，这两个理论是不同的。筛选理论认为，教育通过文凭将能力强和能力弱的人区分开来，能力强的人文凭高，并因为文凭高而获得雇主的青睐，能够获得好职位与高收入；反之也成立。人力资本理论认为，教育提升了个人的人力资本，教育程度高的人人力资本高，对于生产的贡献大，因而获得高收入；反之也成立。

六、人为何要学习的教育学与经济学解释

关于人为何要学习的问题，有很多不同观点，本章主要阐述了教育学和经济学中的人力资本理论、筛选理论关于这个问题的解释。

（一）个人通过学习引领自我发展

教育学认为，影响个人发展的主要因素包括遗传、环境、教育和个体活动。其中，教

① 李文利．高等教育之于学生发展：能力提升还是能力筛选［J］．北京大学教育评论，2010（1）：1－16.

② 在现实当中，有少数个体教育程度较高但收入水平较低或教育程度较低但收入水平较高的现象存在，但这并不能从总体上改变教育程度与收入水平同向变动的事实。

育是有目的、有计划、有组织地培养人的社会活动，主要通过传承知识来培养人，对于个人而言，知识具有认知价值、能力价值、陶冶价值和实践价值，学习知识能够引导自我设计和激发自我奋斗，教育因此在传承知识也即是在培养人的过程中发挥了引领个人发展的作用。

（二）个人通过学习进行人力资本投资

人力资本理论认为，人的能力尤其是生产能力主要是通过后天的教育、培训、生产、生活中逐步形成的。对于个人而言，接受教育是一种生产和积累人力资本的方式，学习会产生人工效应（做得更好更快）、配置效应（选择更有效率）、创新效应（更善于发明创造）和道德效应（改进个人品行），因而能提高个人的包括体能、智能和德行在内的人力资本，使得个人能够为生产作出更大的贡献并因此而获得更高的收入。

（三）个人通过学习获得文凭向外界传递信号

筛选理论认为，劳动力市场中存在着信息不对称：雇主不了解求职者的能力（强弱）状况，难以作出雇用决策。在这种情况下，雇主要借助某种工具以筛选出能力强的人并作出雇用决策，求职者要通过某种工具向雇主传递自己能力（强）的信号，以获得好职位和高收入。而教育的副产品——文凭恰好具备了这两种功能，这使得教育虽然不能提高人的能力，但却可以作为一种人才筛选和信号传递的工具，有效破解劳动力市场的信息不对称问题。因此，学习有助于个人获得更高更好的文凭，进而获得好职位和高收入。

上述三种关于人为何要学习的理论阐释虽然观点有所不同，但均存在某种程度的合理性。作为大学生来说，应树立正确的学习观，永远保持一颗好奇和上进的心，活到老，学到老，发展到老。

【本章小结】

1. 人的发展主要受到遗传、环境、教育和个体活动等因素的影响。

2. 在影响人的发展的因素中，遗传和环境为人的发展提供了内部和外部条件；个体活动是人的发展的决定因素；教育通过传承知识引领个人自我设计和自我奋斗，进而实现个人发展。

3. 人力资本是通过保健投资、教育投资、职业培训等开发形成的人的各种能力（主要是生产能力）的总和，大致包括体能、智能和德行。

4. 人力资本理论认为，教育是最基本和最主要的人力资本投资形式，教育程度与个人收入水平总体呈同向变动关系。

5. 人力资本理论认为，教育通过人工效应、配置效应、创新效应和道德效应提高个人的人力资本和对生产的贡献，进而提高个人收入。

6. 信息不对称指的是经济交易双方中一方持有另一方所不知道信息（或知识）的情况，现代经济活动中普遍存在信息不对称的情况。

7. 筛选理论认为，在信息不对称的劳动力市场，教育（文凭）具有筛选人才和传递信号的功能，教育程度（文凭高低）与个人收入水平总体呈同向变动关系。

8. 筛选理论认为，教育虽然不能提高学习者的能力，但有助于个人获得更高更好的文凭，进而获得好职位和高收入。

【知识结构】

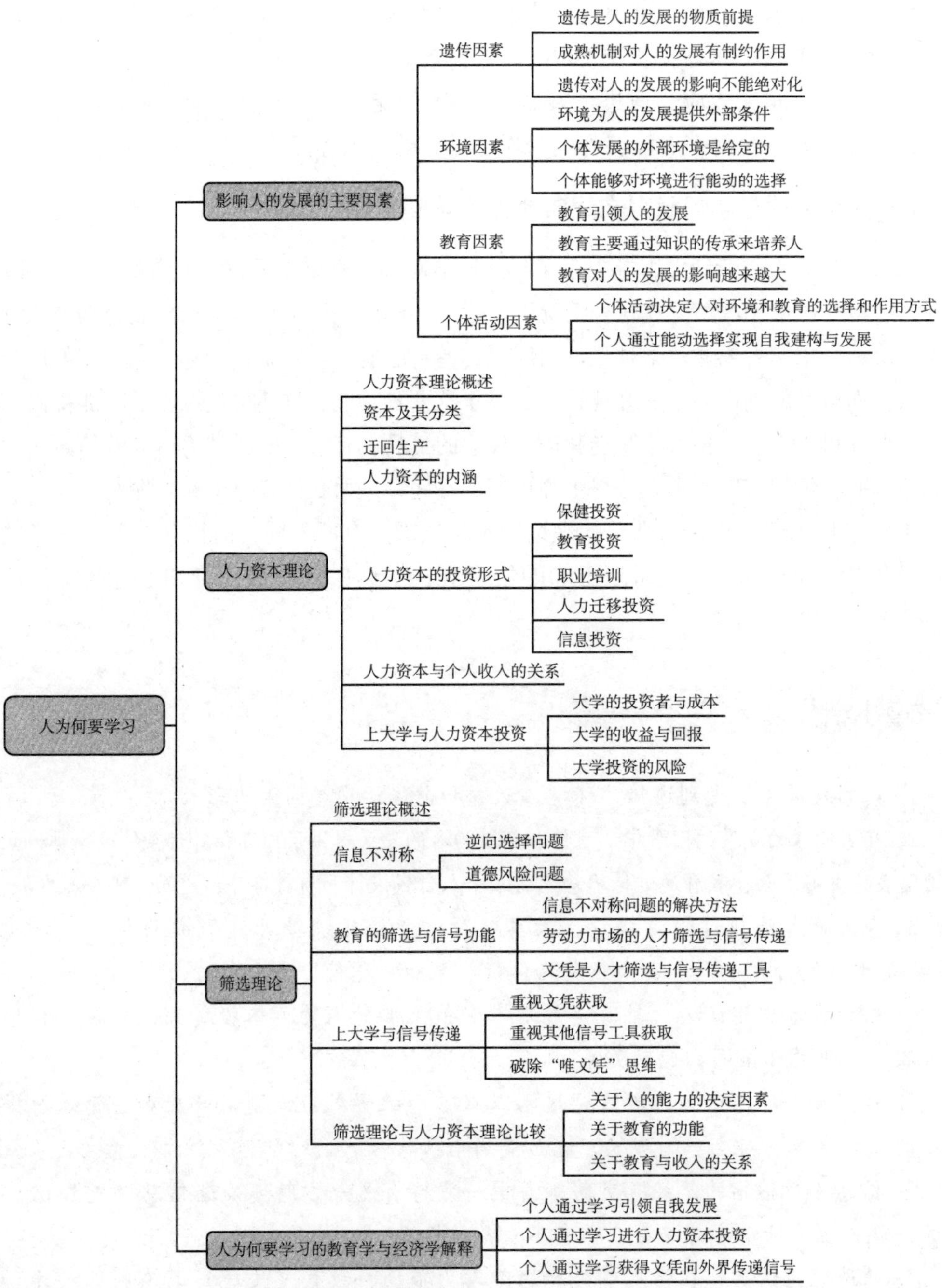

【课后练习】

一、单项选择

1. 遗传因素是人的发展的（　　）。
   A. 外部条件　B. 内部条件　C. 决定因素　D. 心理条件
2. 俗话说婴儿“三翻六坐九爬”，这是（　　）在起作用。
   A. 环境因素　B. 遗传因素　C. 成熟机制　D. 教育因素
3. 环境是人的发展的（　　）。
   A. 决定因素　B. 外部条件　C. 内部条件　D. 次要影响因素
4. 环境的给定性指（　　）。
   A. 个人不能选择环境
   B. 人是环境的产物
   C. 人可以主动选择合适自己的环境
   D. 个人的生存环境是客观的、先在的和给定的
5. 个体能够选择环境指的是（　　）。
   A. 个人必须适应环境　B. 个人能够随意改变环境
   C. 个人对环境的能动活动　D. 个人能够根据自己的意愿创造环境
6. 教育对人的发展起（　　）。
   A. 主导作用　B. 核心作用　C. 引领作用　D. 制约作用
7. 教育主要通过（　　）来培养人。
   A. 知识的传承　B. 思想品德的养成
   C. 技能的训练　D. 思维的训练
8. （　　）是人的发展的决定因素。
   A. 教育　B. 环境　C. 个体活动　D. 遗传
9. 通过制造生产工具来生产消费品的生产方式叫（　　）。
   A. 社会生产　B. 迂回生产　C. 直接生产　D. 社会化大生产
10. 个人的人力资本主要靠（　　）形成。
   A. 先天遗传　B. 节省消费　C. 人力资本投资　D. 生活实践

二、多项选择

1. 影响个体发展的因素主要有（　　）。
   A. 遗传　B. 环境　C. 教育　D. 个体活动
2. 影响人的发展环境包括（　　）。
   A. 自然环境　B. 社会环境　C. 心理环境　D. 制度环境
3. 投资的基本要素有（　　）。
   A. 成本　B. 收益　C. 风险　D. 时间

4. 个人的人力资本主要包括（　　）。

A. 体能　　B. 智能　　C. 选择能力　　D. 德行

5. 信息不对称会导致（　　）问题。

A. 道德风险　　B. 逆向选择　　C. 交易失灵　　D. 规则失灵

三、判断正误

1. 筛选理论认为，教育具有提升人力资本的功能。（　　）

2. 知识能够提升学习者解决问题的能力，这是知识的陶冶价值。（　　）

3. 消极学习风险是大学生个人及其家庭进行大学投资的风险之一。（　　）

4. 除了大学生及其家庭之外，国家（民办学校举办者）和教育捐赠者也是大学的重要投资者。（　　）

5. 配置效应指的是教育能使学习者的知识技能得到增进与改善，完成工作任务会比学习前做得更快更好。（　　）

6. 人们在市场上想买到好的商品但往往实际只买到了差的商品，这是道德风险问题。（　　）

7. 求职者在实习期间表现优异，但在获得劳动合同后开始偷懒与懈怠，这是逆向选择问题。（　　）

8. 人力资本理论认为，教育能够提高人力资本，因而教育的主要功能是生产(能力)。（　　）

9. 文凭具有筛选人才和传递信号的功能。（　　）

10. 教育是最基本、最主要的人力资本投资形式。（　　）

四、简答

1. 人的发展的影响因素有哪些？其各自的影响机制如何？

2. 人力资本理论的主要观点是什么？

3. 筛选理论的基本主张是什么？

五、思考

教育学认为学习可以引领个人发展，人力资本理论认为学习能提高人力资本进而提高收入，筛选理论认为学习能获得文凭进而外界传递信号。你如何看待这些观点？

六、撰写学习心得体会

对照本章教学目标，从以下四个方面撰写心得体会：一是知识学习情况；二是能力提升情况；三是情感、态度和价值观改进情况；四是自身不足与努力方向。要求不少于1000 字。

七、学习效果自评

1. 学习本章之后，我的总体收获（　　）。

A. 非常大　　B. 比较大　　C. 一般　　D. 比较小　　E. 非常小

2. 学习本章之后，我（　　）了解影响人的发展的主要因素。

A. 非常　　B. 比较　　C. 一般　　D. 比较不　　E. 非常不

3. 学习本章之后，我（　　）熟悉教育引领个人发展的机制。

A. 非常　B. 比较　C. 一般　D. 比较不　E. 非常不

4. 学习本章之后，我（　　）理解人力资本理论的主要观点。

A. 非常　B. 比较　C. 一般　D. 比较不　E. 非常不

5. 学习本章之后，我（　　）理解筛选理论的基本主张。

A. 非常　B. 比较　C. 一般　D. 比较不　E. 非常不

6. 学习本章之后，我能从教育学、人力资本理论、筛选理论等不同角度（　　）准确地阐述人为何要学习。

A. 非常　B. 比较　C. 一般　D. 比较不　E. 非常不

7. 学习本章之后，我（　　）明显地强化了自信自立人格的修养。

A. 非常　B. 比较　C. 一般　D. 比较不　E. 非常不

8. 学习本章之后，我（　　）明显地强化了好学力行的进取精神。

A. 非常　B. 比较　C. 一般　D. 比较不　E. 非常不

9. 学习本章之后，我（　　）明显地树立了人力资本投资的成本、收益、风险意识。

A. 非常　B. 比较　C. 一般　D. 比较不　E. 非常不

10. 学习本章之后，我（　　）明显地形成了信号传递意识。

A. 非常　B. 比较　C. 一般　D. 比较不　E. 非常不

11. 学习本章之后，我（　　）明显地建构了对家庭、国家等大学投资者的感恩意识和回报意识。

A. 非常　B. 比较　C. 一般　D. 比较不　E. 非常不

自评结果统计：

自评等级	A	B	C	D	E
各等级数量					
自评得分					

注：A、B、C、D、E 分别计 10 分、8 分、6 分、4 分、2 分，满分 110 分，66 分为及格线。

第三章 上大学有何成本

【学习目标】

知识目标

- 了解成本的内涵
- 熟悉主要的成本概念及相互关系
- 理解教育成本的内涵与分类
- 理解上大学的成本类型和主要内容

能力目标

- 能列举出上大学的全部成本

素质目标

- 形成上大学是人力资本投资的意识
- 增强对家庭、国家等大学投资者的感恩意识和回报意识
- 强化好学力行的进取精神和服务社会的责任使命

【本章主题】

本章聚焦“上大学有何成本”。人们通常关注的上大学的成本多为学（杂）费、生活（差距）费、住宿费、交通费等。事实上，这些仅属于上大学的私人直接成本。此外，大学生及其家庭还要承担私人间接成本，国家、教育捐赠者等还要承担外部直接成本和外部间接成本。从经济价值来看，后面三类成本远超大学生及其家庭承担的私人直接成本。作为一名大学生，对上大学的成本应有准确、全面的理解与把握，形成上大学是个人与家庭、国家等共同的人力资本投资的意识，强化人力资本投资的成本意识和回报意识，树立对家庭、国家等大学投资者的感恩意识，激励自己好学力行，学有所成，未来更好地回报自己、家庭和国家等大学投资者。

第一节　成本及其类型

一、成本概述

经济学上的成本，也称费用，泛指人们通过一定的活动获得经济物品（产品或劳务），或取得某种经济利益所需付出的代价。① 在经济活动中，成本指的是厂商在生产经营活动中所投入的各种生产要素的市场价值，即各种生产要素的数量与其市场价格的乘积之和。厂商为了获得最大化的利润，就必须对其生产经营活动所产生的成本与收益进行对比，以作出科学和有效的生产经营决策。因此，成本是厂商在决策时必须要考虑的一个重要因素。

【案例 3-1】小李赚钱了吗?

小李用自家的商铺（如出租每年可获 2 万元租金）经营水果店生意，小李的爸爸（原为物业公司保洁员，年收入 4 万元）做杂务，小李（原为快递员，年收入 6 万元）自己负责批发和零售水果。当年经营下来，批发水果支出 14 万元，各项杂费支出 2 万元，零售水果收入 26 万元。

思考：小李当年赚钱了吗?

关于【案例 3-1】中小李当年是否赚钱的问题，从不同成本视角来看，其结论是不同的。

第一，从实际发生的货币资金流动的视角来看。当年小李的全部货币收入为 26 万元，全部货币支出为 16 万元，其利润等于收入减去支出，为 10 万元，具体如下：

利润 $= 26 - (14 + 2) = 10$（万元）

第二，从实际投入的生产要素市场价值的视角来看。当年小李的经营投入，除了 14 万元购买水果支出和 2 万元杂费支出之外，还包括他自家的商铺和他们父子俩的劳动，虽然这些生产要素的投入没有发生实际的货币资金流动，但是这些生产要素确实有 12 万元的市场价值（自家商铺年租金 2 万元，爸爸原做保洁可获 4 万元年收入，小李原做快递员可获 6 万元年收入），在计算小李的成本时，理应将其计入。这样，小李全年的实际支出就变成了 28 万元，而其全年实际收入为 26 万元，因而当年亏损 2 万元，具体如下：

---

① 金祥荣，叶航．经济学原理［M］．杭州：浙江大学出版社，2004：109-110.

利润 $=26-(14+2)-(2+4+6)=-2$(万元)

可见，看待成本的视角不同，利润也因此不同。在经济学中，小李的 14 万元货币资金支出属于显性成本，另外 12 万元非货币资金支出属于隐性成本。下面介绍显性成本与隐性成本的内涵。

二、显性成本与隐性成本

(一) 显性成本与隐性成本的概念

【案例 3－1】表明，厂商①在生产中投入的生产要素有两个来源：一个来源是购买或租用他人的生产要素，另一个来源是厂商自有的生产要素。根据生产要素来源的不同，可以将厂商的成本划分为显性成本和隐性成本两类。

1. 显性成本

显性成本指厂商在生产要素市场上购买或租用他人拥有的生产要素的实际支出。这类成本伴随着厂商在生产要素市场上购买或租用行为，有对应的货币资金流动，可以记入厂商的会计账簿，称为显性成本或会计成本。显性成本是会计学意义上的成本，比较常见，容易被人们理解，企业为了组织生产经营，通常要雇用员工，建造、购买或租赁厂房、机器设备、原材料和能源，支付财务费用、销售费用和管理费用等，这些都是显性成本。

在【案例 3－1】中，小李支付的 14 万元购买水果和 2 万元杂费支出就是显性成本。

【知识链接 3－1】产品市场和要素市场

经济学将市场经济体系划分为产品市场和生产要素市场（简称要素市场）。其中，产品市场是企业生产或提供的供人们直接消费的有形产品和服务的交易场所，现实当中的商业综合体、百货公司、超市、便利店、农贸市场、菜市场、网络购物平台、网店等都属于这类市场。

要素市场是资本、劳动、土地（泛指自然资源）和企业家才能等生产要素交易的场所，现实当中的人才市场、劳动力市场、金融市场、土地市场等都属于这类市场。

企业通常在要素市场购买或租用生产要素，进而组织生产形成产品或服务，再到产品市场上去销售，取得销售收入并最终获得利润。

资料来源：高鸿业．西方经济学（微观部分·第六版）［M］．北京：中国人民大学出版社，2014：154.

---

① 经济学将能够作出统一的生产经营决策的单个经济单位称为厂商或企业。从这个角度来看，小到一个农户或一个个体工商户，大到一家跨国公司，都是经济学意义上的厂商或企业。

2. 隐性成本

隐性成本指厂商在生产中使用的自有生产要素的总价格。由于这类成本没有相应的生产要素市场购买或租用行为，没有对应的货币资金流动，无法在厂商的会计账簿中得到反应，因此称为隐性成本或隐含成本。

在现实中，很多创业者在企业初创阶段以及后来的生产经营活动中，都使用了诸如自有经营管理才能、自有资金、自有技术、自有建筑等生产要素，这些自有生产要素如不用于企业的生产经营，都可以在生产要素市场获得相应的价格，因而是这些企业的隐性成本。

在【案例3－1】中，小李自家的商铺、小李父子俩的劳动都有市场价格，分别是2万元、6万元和4万元。对于小李来讲，这12万元虽然没有产生相应的货币资金流动，不能在会计账目上得到反映，但确实是小李的隐性支出，因而也是小李经营成本的构成部分。

（二）经济利润与会计利润及其区别

与成本相对应的概念是利润。利润是收入减去成本的差额。由于经济学和会计学关于成本的内涵界定不完全相同，由此导致了经济学意义的利润与会计学意义的利润在内涵上也不完全相同。

通常情况下，经济学意义的厂商成本包括显性成本和隐性成本，而会计学意义的成本则只包括显性成本。下面用图3－1来说明这个问题。

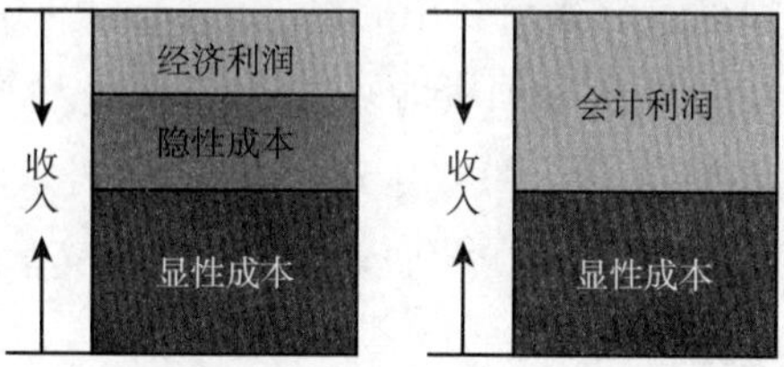

图3－1　经济利润与会计利润

从图3－1中可以看出，经济学意义上厂商的利润，即经济利润，是收入减去经济成本，也即是收入减去显性成本与隐性成本之和的差额；而会计学意义上厂商的利润，是收入减去会计成本，也即是收入减去显性成本的差额。从金额上来看，经济利润要小于会计利润。具体是：

经济利润＝收入－经济成本＝收入－（显性成本＋隐性成本）

会计利润＝收入－会计成本

“成本－收益”分析是经济学的基本分析框架。企业或个人的一项生产经营或投资活动是否应该进行，取决于这项生产经营或投资活动带来的收入是否大于其经济成本（隐性成本与显性成本之和），而不是取决于收入是否大于会计成本。也正是基于这个原则，可以判定【案例3－1】中小李当年的经营是亏损的（其经济利润为－2万元），如果这种状况持续得不到改善，那么他的经营活动就应该停止。

【课堂练习3－1】计算小型餐饮店的成本与利润

李先生夫妻经营了一家小型餐饮店，当年营业收入50万元。夫妻二人租了一处临街店面房，当年租金5万元；聘用了2名服务员，当年的工资及社保等合计支出12万元；当年购买食材、调料等支出16万元；李先生自己是厨师，负责购买和加工菜品，妻子负责餐饮店日常杂务管理，夫妻二人原来在一家中型饭店分别从事厨师与会计工作，年收入分别是13万元和7万元。此外，这家小型餐饮店每年还需支出水、电、气等杂费4万元。

根据上述信息，完成以下练习：

（1）列出这家小型餐饮店当年的各项显性成本与隐性成本。

（2）计算这家小型餐饮店当年的会计利润与经济利润。

三、机会成本

（一）机会成本的概念

人们的欲望是无限的，相对而言，可用于改善人们生活质量的经济资源和经济物品却总是不足的，这种经济资源或经济物品的不足在经济学中被为稀缺性，经济学就是一门研究如何对稀缺资源进行有效配置与利用的科学。

从稀缺性这个前提出发，虽然一项资源可能有多种（生产）用途，但当其被用于某种（生产）用途时，就放弃了其他的（生产）用途。例如，一家汽车企业在生产要素投入和产品规模保持稳定的情况下，准备逐步扩大电动汽车的生产，则该企业可用于投入燃油汽车生产的资源将逐渐减少。

由此可见，将一项资源用于某种产品的生产，是以放弃该项资源用于其他产品生产时所能获得的收入为代价的，这个代价就是经济学意义上的成本。为了便于厂商作出生产经营决策，经济学中使用了机会成本的概念。所谓机会成本，指的是一项资源被用于某种生产用途而放弃的其他生产用途中可能带来的最高收入。下面通过【案例3－2】来说明什么是机会成本：

【案例3－2】小张的机会成本是多少？

小张有20万元资金，可供选择的用途及可能带来的年收入是：第一，开网店，预期年收入2万元；第二，开便利店，预期年收入1.5万元；第三，投资于股票，预期年收入1.4万元；第四，存放银行，预期年收入1万元（见表3－1）。

表 3－1　　小张闲置资金的可选用途　　单位：万元

资金用途	开网店	开便利店	投资股票	银行存款
预期年收入	2	1.5	1.4	1

思考：小张应该选择哪种用途？他的机会成本是多少？

经济学假定人都是“经济人”，总是追求自身利益的最大化。从这个角度来看，小张的理性选择是开网店，这样他每年可能获得最大收益 2 万元。机会成本是一项资源被用于某种用途而放弃的其他用途中可能带来的最高收入。对于【案例 3－2】中的小张来说，将 20 万元用来开网店，放弃的其他三种用途中可能收入最高的是开便利店的 1.5 万元，这 1.5 万元就是小张的机会成本。这意味着在实际当中，小张开网店一年至少应获利 1.5 万元以上，否则他的经营就是不成功的。

【知识链接 3－2】“经济人”假设

“经济人”是经济学的一个基本假设前提，这是对在经济社会中从事经济活动的所有人的基本特征的一个一般性的抽象。“经济人”假设的基本内涵是：每一个从事经济活动的人都是利己的，或者说每一个从事经济活动的人所采取的经济行为，都是力图以自己最小的成本去获得最大的收益。

需要说明的是，在现实生活中，作为一个符合现代社会要求的合格公民，个人在追求自身经济利益或其他方面利益时，必须以合理合法为基本前提，既不得违反社会公德与法律法规，也不能损害他人、集体和社会利益。

【案例 3－2】还表明，机会成本的概念是与稀缺资源的有效配置紧密相关的，人们通过机会成本进行评判，进而作出经济决策。因此，在经济学中，厂商的生产成本指的就是机会成本。

事实上，机会成本是经济学中最重要的概念之一，将这一概念与经济学的“成本－收益”的分析框架相结合，可以用来解释和分析几乎所有的经济问题，有的经济学家称之为机会成本原理——经济主体（包括个人、厂商、政府等）所做的经济决策都是有代价的，衡量一项经济选择代价的正确方法是它的机会成本，即经济主体作出任何经济决策都要使得收益大于或至少等于机会成本。①

（二）机会成本的特点

1. 机会成本是一种观念上的成本或损失

机会成本不同于实际成本，它不是作出某项选择实际支付的成本或损失，而是一种观念上的费用或亏损。虽然机会成本没有实际发生，但确实存在，因而是人们从经济的

① 马克利·伯曼，罗伯特·霍尔．程坦，译．经济学导论［M］．大连：东北财经大学出版社，2003：22.

角度分析或评估一项经济决策（如生产经营活动、投资活动等）是否值得进行的基本依据。在【案例3-2】中，小张选择用20万元闲置资金开网店，他的机会成本是开便利店的1.5万元，尽管1.5万元并未真实发生，但却是判断小张开网店是否成功的基本依据。

2. 机会成本是一项资源的次优收入

"经济人"总是选择能带来最大收益的资源用途，因而机会成本是人们作出一种选择后所放弃的其他若干种选择所产生的收益中最好的一种，也即是资源的次优收入。在【案例3-2】中，小张的理性选择开网店，因为其预期年收入最高，为2万元；小张的机会成本是开便利店的1.5万元，1.5万元的年收入在小张全部的四项用途中排名第二，在小张放弃的三项用途中排名第一，总体来看是20万元闲置资金的次优收入。

3. 机会成本不完全由本人选择所引起

有时候，某个经济主体的选择会给其他经济主体带来机会成本。例如，广场舞爱好者夜晚在广场上跳舞，会使得广场上和周边的人群得不到宁静，这是广场舞爱好者的选择给他人带来的机会成本。当然，经济主体就某项资源用途作出选择时，所考虑的主要是自身的机会成本。通常所说的机会成本也是这种含义。

四、私人成本与外部成本

（一）外部影响及其分类

1. 外部影响的内涵

在实际经济活动中，个人或企业生产经营或投资活动的全部成本或收益往往并不完全由经济活动主体自身全部承担或获得，经济学称这种现象为外部影响。

所谓外部影响，指的是某一经济主体的某项经济行为或活动对其他人的经济福利造成了有利或不利影响，却没有为此获得收益或承担后果。例如，某地一家大型化工企业，其生产中的大量废气排放导致整个城市的空气都受到了污染，为了保障居民身体健康，该市每年需要投入数以亿计的财政经费来治理空气污染，这里的数以亿计的财政经费事实上也是这家化工企业生产成本的构成部分，只不过这部分成本不是由企业而是由市政当局承担而已。

2. 外部影响的分类

外部影响包括外部经济和外部不经济两种情况（见图3-2）。外部经济指的是经济主体的某项经济活动或行为给他人带来了经济福利，而经济主体自身却得不到相应的补偿或收益。外部经济包括生产的外部经济和消费的外部经济。例如，一家企业对员工开展职业培训，员工的生产技能因此得到提升，而这些受训的员工可能会"跳槽"到其他用人单位去工作，这家企业并不能从其他用人单位追索培训费用或其他形式的补偿，因此，这家企业从培训员工中得到的私人收益就小于培训员工所带来的社会收益，这是生产的外部经济。再如，某户村民对自家房屋及其周边环境进行清洁和美化，其邻居也因此得到了好处——看到了更美的景观和享受了更洁净的环境，但却没有因此而付费，这是消费的外部经济。

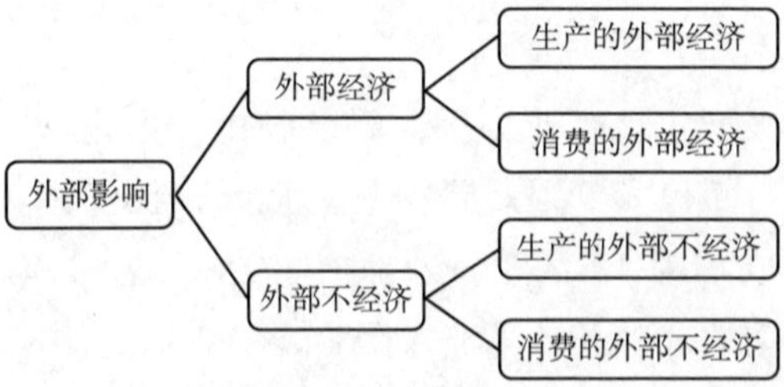

图 3-2　外部影响的分类

外部不经济指的是经济主体的某项经济活动或行为给他人带来损失或危害，但其自身却没有支付相应的成本。外部不经济也包括生产的外部不经济和消费的外部不经济。例如，一家企业违规排放废水废气废渣，导致周边的河流、空气和环境受到污染，进而损害了周边人群的身体健康，这是生产的外部不经济。再如，有抽烟习惯的人在室内吸烟，致使周边人员因吸进二手烟而健康受损，或者有些不讲卫生、不讲文明的人在公共场所随意丢弃瓜皮、果壳等，也会破坏环境进而使得处于这一场所的人的健康受损，这是消费的外部不经济。

外部影响广泛存在于人们的日常生活中。如果经济主体的经济活动或行为带来的都是外部经济的话，那是最好不过了。但从现实来看，经济主体的经济活动或行为带来的外部不经济，对人们的生活所造成的不利影响越来越大。例如，在全球范围内由于经济规模扩大而引起的碳排放增加，导致全球变暖，已经到了几乎危及人类自身生存的地步。再如，现在人们买东西喜欢网购，饮食喜欢点外卖，这是伴随着数字经济发展形成的新的消费习惯，从个体来看，网购也好，外卖也罢，无疑是非常便利的，但是，这种新的消费习惯所存在的过度包装和环境污染等不利影响也是客观存在的，这一点值得包括大学生在内的每个人深刻反思，也值得政府和企业高度警惕，全社会应该通过包括立法在内的各种手段，将这种不利影响控制在有限的范围内，而不能任其发展下去。

总之，大学生在学习了外部经济的概念与内涵之后，以后无论是在个人消费，还是在生产活动中，都应该充分考虑到自身行为可能产生的外部影响尤其是不利的外部影响，努力使自己的行为既利己又利他，千万不能将自身利益建立在损害他人、集体和社会利益基础之上。

（二）私人成本与外部成本的内涵

外部影响的存在使得一项经济活动的成本往往不完全由经济活动主体自身所承担。其中，经济活动主体自身所承担的成本称为私人成本，根据前面介绍的有关内容可知，经济活动主体的私人成本也即是私人的机会成本，具体由显性成本和隐性成本构成。而在一项经济活动中，由经济活动主体以外的其他主体承担的成本叫作外部成本。私人成本和外部成本共同构成了此项经济活动的全部成本，也即是这项经济活动的社会成本。由此可以得到下面的公式：

社会成本 = 私人成本 + 外部成本

以前面提到的那家大型化工企业为例，假设该化工企业每年的成本是 12 亿元，城市当局为治理空气污染每年投入的财政经费是 2 亿元，在没有其他成本发生的情况下，该化工企业每年的私人成本为 12 亿元，外部成本为 2 亿元，社会成本为 14 亿元。当然，在实际中，外部成本的确认和核算非常困难，绝非这个例子这么简单。

【案例 3 - 3】治水倒逼转型 发展“美丽经济”

赵炎森是浙江省浦江县浦阳街道铜桥村主任，1998 年他率先在村里办起水晶加工作坊，两口子搭档，一天能赚上千元。很快，村里的水晶加工作坊日益增多，最多时达 500 多家。村民的腰包鼓了，但粉尘、噪声、污水却让村子变得脏乱不堪，附近的翠湖成了垃圾池和废水池，浦阳江水变得又黑又臭。

2013 年末，浙江省启动了“五水共治”行动，浦江县被列入重点治理地区。5 年来，全县关停“散乱污”水晶作坊 2 万余家，拆除水晶加工设备 9.5 万余台，同时开展了城镇截污纳管、农村生活污水治理和生态修复等工作。全县 4 个水晶产业集聚区拔地而起，经整合提升后的水晶企业搬迁入园。“这几年，做水晶的都搬到了园区，村里环境好了，附近的翠湖也由原来的‘臭湖’变成了旅游目的地。”赵炎森说。浦江县大畈乡建光村村主任陈加祥介绍，目前村里开民宿的有 15 户，环境好了，游客纷至沓来，村民的生意也跟着火了。

在浦江县，与铜桥村、建光村相同，大批村庄河湖在综合整治中迎来新生，成为旅游目的地，一大批村民转变发展思路，积极投身发展旅游经济，享受到了实实在在的生态红利。2018 年上半年，全县共接待国内外游客 686 万人次，实现旅游收入 68 亿元。

资料来源：贾振伟．治水倒逼转型 发展“美丽经济”：浦江环境治理推动高质量发展［N］．金华日报，2018 - 09 - 28.

思考：水晶加工作坊只生产不治污，自己赚了钱却污染了环境，这种行为是否合理合法？如果不合理或不合法，应该如何治理？

在【案例 3 - 3】中，村民开办水晶企业（水晶加工作坊），为了赚取更高利润而不愿意支付成本治理其所排放的废水、废气和废渣等，这是典型的将私人成本外溢为外部成本的行为。结果是水晶企业赚了钱，却将周边环境污染了，水晶企业所在的村镇甚至是整个县的环境都变得不再宜居。这种行为既不合理，也不合法。说其不合理，指的是水晶企业以损害他人、集体和社会利益为代价追求自身利益，这本身是不道德的。说其不合法，指的是这些水晶企业没有按照规定进行排放，其排放行为对于环境的破坏程度较大，违反了国家环保方面的有关法律法规，有的甚至达到了犯罪的程度。

针对这种情况，政府将水晶企业整合提升、迁入园区，并开展城乡环境治理，一方面有利于加强对水晶企业（水晶加工作坊）的监管，要求这些企业规范生产、合法排放，从而将其转嫁给外部社会的外部成本重新变回为私人成本。这样，水晶企业将承担其自身生产所造成的治污成本，其生产行为不再会危及周边环境；另一方面通过政府投入财政经费的方式来治理环境，也即是由政府承担了水晶企业此前生产所造成的外部治污成本，恢复了以往的空气洁净和山清水秀，城乡环境重新变得宜居。此外，政府通过开展五水共治，还催生了“美丽经济”——乡村游、周边游等获得快速发展，繁荣了城乡经济、增加了就业机会、提高了政府财力，这充分印证了“绿水青山就是金山银山”这一生态文明理念的科学性与实用性。

（三）私人收入与外部收入的概念

外部影响的存在同样使得一项经济活动的收益往往不完全由经济活动主体自身所获得。其中，由经济活动主体自身所获得的收入称为私人收入，由经济活动主体以外的其他主体获得的收入叫作外部收入，两者共同构成这项经济活动的社会收入，即：

社会收入 = 私人收入 + 外部收入

例如，一家主题乐园在某市开发和运营了一家主题乐园，每年吸引的游客数以百万计，该主题乐园因此盈利颇丰。与此同时，由于大量游客的到来，带动了主题乐园周边交通、住宿、餐饮、购物等行业的发展，既为当地民众提供了很多的就业机会，也为当地政府上缴了不菲的税收。在这个例子当中，由于这家主题乐园的到来和营业，主题乐园公司自身所获得的盈利是私人收入，而当地的企业、民众、政府等获得的经济收益中有一部分是外部收入，两者共同构成了这家主题乐园经营的社会收入。

需要说明的是，与外部成本的确认、核算非常困难相同，外部收入的确认与核算也很困难。

五、厂商生产的全部成本

由于外部影响的存在，厂商生产活动的全部成本往往并不完全由厂商自身所承担，由此产生了私人成本、外部成本和社会成本的区分。在经济学中，社会成本指的是整个社会为厂商生产活动承担的全部成本。社会成本由私人成本和外部成本构成，两者分类的依据是成本的承担主体不同，私人成本是厂商自身为生产活动所投入的各项成本，外部成本是其他经济主体因为厂商的生产活动而承担的成本。

厂商的私人成本，也即是机会成本，包括显性成本和隐性成本，其分类的依据是投入的生产要素是否为经济活动主体自身所拥有。显性成本是厂商在生产要素市场上购买或租用他人所拥有的生产要素的实际支出，隐性成本指厂商在生产中使用的自有生产要素的总价格，显性成本伴有相应的货币资金流动，可以在厂商会计账簿中得到反映，而隐性成本则没有相应的货币资金流动，无法记入厂商的会计账簿。

上述成本之间的关系如图 3－3 所示。

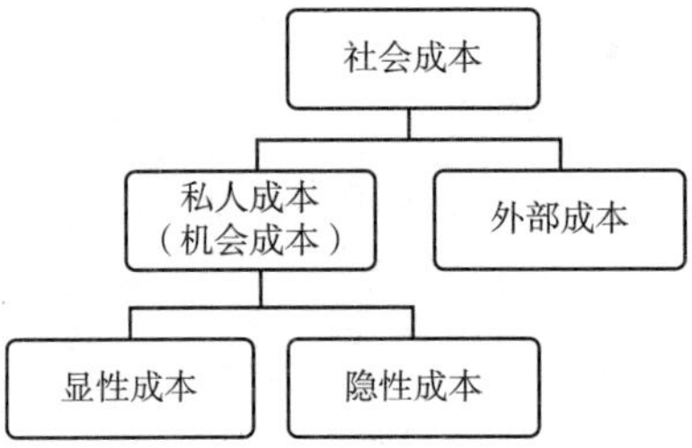

图 3－3　厂商的全部生产成本

第二节　教育成本及其类型

一、教育成本的内涵

（一）教育成本的概念

成本属于经济学、会计学等学科探讨的范畴，教育成本的概念是从这些学科中借鉴过来的。英国学者韦泽于 1958 年出版了《教育成本》一书，第一次提出了教育成本的概念，但并没有给出教育成本的定义。1963 年，美国经济学家舒尔茨出版了《教育的经济价值》，提出了“教育的全要素成本”，具体包括两部分：一是提供教育服务的成本；二是学生上学期间的机会成本。他还指出，教育成本与教育经费是两个不同的概念，教育经费是一个统计指标，其中包含了一些不属于教育成本的东西，又缺少一些重要的教育成本项目。

此后，美国学者科恩将教育成本分为直接成本和间接成本两类，直接成本主要是学校提供教育服务的成本和学生因上学而发生的支出，如额外（与不上学相比）的食宿费、服装费、往返于家庭和学校之间的交通费、书费等学校用品费等；间接成本主要包含学生上学而放弃的工资（或家庭劳务）收入、学校享受的税收减免、用于教育的土地建筑物等资产损失的收入等。

我国一些学者也从不同角度提出了有关教育成本的定义。例如，王善迈将教育成本定义为用于培养学生所耗费的教育资源的价值，或者说是以货币形态表现的，是为了培养学生由社会和受教育者个人或家庭直接或间接支付的全部费用。根据这个定义，教育

成本 = 外部教育成本 + 私人教育成本。[①]勒希斌认为，教育成本指培养每名学生所支付的全部费用，即各级各类学校的在校生在学期间所消耗的直接和间接劳动和物化劳动的总和，用公式表示为：教育成本 = 教育直接成本 + 教育间接成本。[②]

综合来看，目前对于教育成本的内涵有着基本共识，即：教育成本是指培养学生所消耗的社会劳动，包括物化劳动和活劳动，其货币表现为培养学生而由社会和受教育者个人及其家庭直接和间接支付的全部费用。[③]

（二）教育成本与教育经费

教育经费是一个与教育成本密切相关的概念，人们经常将两者等同起来，认为教育经费就是教育成本。但事实上两者之间有一定差别，不能完全等同。

首先，教育经费中有一些构成部分不是教育成本。例如，国家通过学校发放给学生的奖学金、助学金和贫困生补贴等，是一种财政经费对特定学生的转移支付，最终通过学生支付学费、生活（差距）费等的方式被计入教育成本，因而将国家财政性教育经费计入社会教育成本时应将此类经费予以扣除，否则就是双重计量。

其次，教育经费中缺乏一些教育成本的构成部分。典型的如学生及其家庭和外部投资主体承担的间接成本，这些成本是教育的机会成本，并没有发生真实的货币资金流动，无法计入教育经费。此外，学生承担的学杂费、交通费、生活差距费等，虽然是直接教育成本，但也被排除在教育经费统计之外。

最后，教育经费中还有一些构成部分不能完全归入教育成本。例如，高校的科研经费，其中虽然涉及对学生的培养活动，但主要是用于科研活动，因而在计量教育成本时，应该根据实际情况确定计入教育成本的具体比例。

由上可见，不能简单地将教育经费视作教育成本。但考虑到教育经费是统计指标，官方定期进行统计并公开，容易获得，而教育成本需要通过复杂的统计和计算方能得到，有时出于简便的目的，用教育经费近似地替代教育成本也是可以接受的。

（三）我国的教育经费

据每年出版的《中国教育经费统计年鉴》，我国的教育经费指标包括收入指标和支出指标两类。教育经费收入指标根据学校（单位）经费的来源渠道划分为国家财政性教育经费、事业收入等五类指标，具体如图 3 - 4 所示。

1. 国家财政性教育经费

国家财政性教育经费指的是学校（单位）取得的所有属于财政性质的经费，包括一般公共预算安排的教育经费、政府性基金预算安排的教育经费、国有及国有控股企业

---

① 王善迈. 教育投入与产出研究［M］. 石家庄：河北教育出版社，1996：45.
② 勒希斌. 教育经济学（第三版）［M］. 北京：人民教育出版社，2005：242.
③ 闵维方，马莉萍. 教育经济学［M］. 北京：北京大学出版社，2020：163.

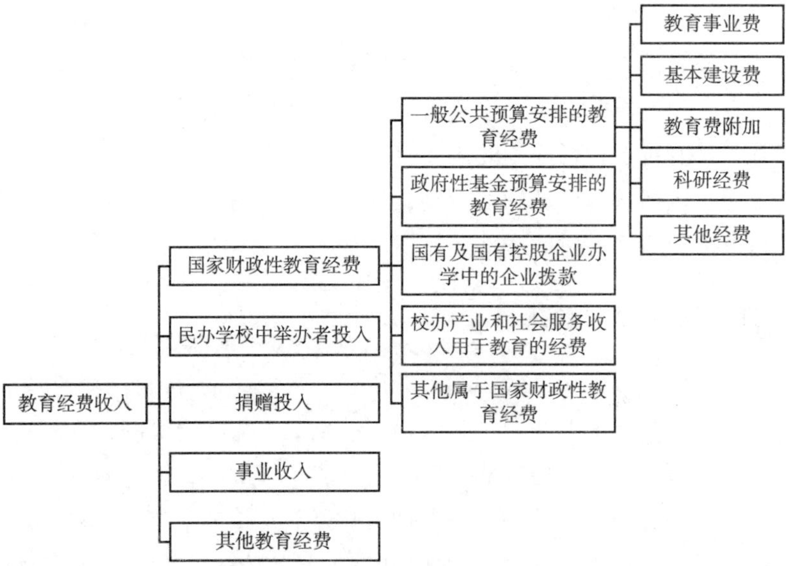

图 3－4　我国教育经费收入指标

资料来源：教育部财务司．中国教育经费统计年鉴（2020）［M］．北京：中国统计出版社，2020.

办学中的企业拨款、校办产业和社会服务收入用于教育的经费和其他属于国家财政性教育经费五个具体类别。

国家财政性教育经费是我国教育经费的主要来源。从图 3－5 来看，2015 年以来，国家财政性教育经费占全国教育经费的比重基本保持在 80% 左右。如果将教育经费近似地视作教育成本，这意味着国家财政承担着我国主要的直接教育成本，换句话说，国家（政府）是我国教育的主要投资者。

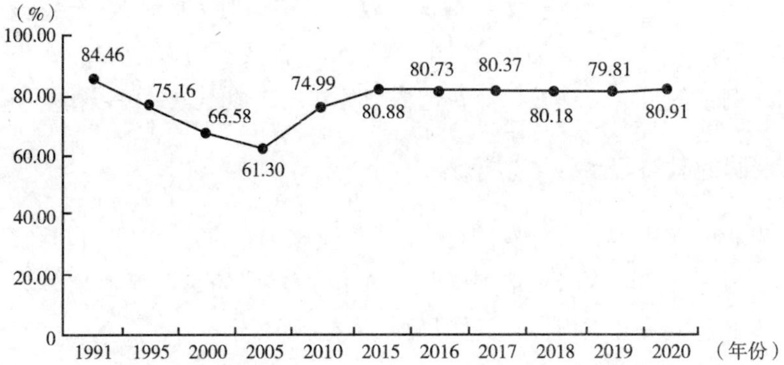

图 3－5　1991～2020 年国家财政性教育经费占比情况

资料来源：教育部财务司．中国教育经费统计年鉴（2020）［M］．北京：中国统计出版社，2020：3；教育部，国家统计局，财政部．关于 2020 年全国教育经费执行情况统计公告［EB/OL］．http：//www.moe.gov.cn/jyb_sjzl/sjzl_jfzxgg/，2021－11－30.

在国家财政性教育经费中，一般公共预算安排的教育经费包括教育事业费、基本建设费、教育费附加、科研经费和其他经费，政府性基金预算安排的教育经费包括城市基础设施配套费收入、彩票公益金收入等安排用于学校（单位）的支出，国有及国有控股企业办学中的企业拨款是在企业营业外资金或自有资金列支并实际拨付所属学校的办学经费，校办产业和社会服务收入用于教育的经费指非民办学校举办的校办产业和各种经营取得的收益及投资收益中用于补充教育经费的部分，其他属于国家财政性教育经费是学校（单位）取得的其他属于财政性质的经费。

2. 民办学校中举办者投入

在我国，大多数学校是公办的，办学经费主要来源于国家财政性教育经费。此外还有一定数量的民办学校，其办学经费主要来源于学校举办者的投入和学校的事业收入，其中，民办学校举办者投入民办学校的办学经费即是民办学校中举办者投入。表3－2显示，2020年，全国民办学校办学经费为229.25亿元，占当年教育经费的比重为0.43%。

表3－2　　2020年全国教育经费来源

来源项目	金额（亿元）	占比（%）
教育经费	53033.87	100.00
国家财政性教育经费	42908.15	80.91
民办学校办学经费	229.25	0.43
社会捐赠经费	117.24	0.22
事业收入	8704.12	16.41
学杂费	6686.30	12.61
其他教育经费	1075.11	2.03

资料来源：国家统计局．中国统计年鉴（2021）［EB/OL］．http://www.stats.gov.cn/tjsj/ndsj/2021/indexch.htm.

3. 捐赠收入

捐赠收入指境内外社会各界及个人对教育的资助和捐赠资金。表3－2显示，2020年，全国社会捐赠经费为117.24亿元，占当年教育经费的比重为0.22%。

4. 事业收入

事业收入指学校（单位）开展教学、科研及辅助活动依法取得的、经财政部门核准留用的资金和从财政专户拨回的资金。具体包括教学收入和科研收入、义务教育阶段学生缴纳的杂费、非义务教育阶段学生缴纳的学费、借读学生缴纳的借读费、住宿学生缴纳的住宿费，以及按照有关规定向学生收取的其他费用等。

事业收入是我国教育经费的第二大来源。2020年，全国教育事业收入为8704.12亿元，占当年教育经费的比重为16.41%。在事业收入中，由学生及其家庭承担的学杂费是主要构成部分，2020年学杂费为6686.30亿元，占当年教育经费、事业收入的比重分别为12.61%和76.82%。

5. 其他教育经费

其他教育经费指学校（单位）取得的除上述各项收入以外的其他收入。表3－2显示，2020 年，我国其他教育经费为 1075.11 亿元，占当年教育经费的比重为 2.03%。

教育经费支出指标根据学校（单位）经费的支出渠道划分为个人部分支出、公用部分支出和基本建设支出三部分（见图 3－6），具体是：（1）个人部分支出，包括学校（单位）对在职教职工和编制外长期聘用人员的工资福利支出、对个人和家庭的补助支出。（2）公用部分支出，包括学校（单位）购买商品和服务的支出、发展与改革部门集中安排用于学校（单位）购置固定资产、土地、无形资产和大型修缮等所发生的资本性支出。（3）基本建设支出，指发展和改革部门集中安排的一般公共预算（不包括政府性基金以及各类拼盘自筹资金等）用于学校（单位）购置固定资产、土地、无形资产和大型修缮所发生的支出。

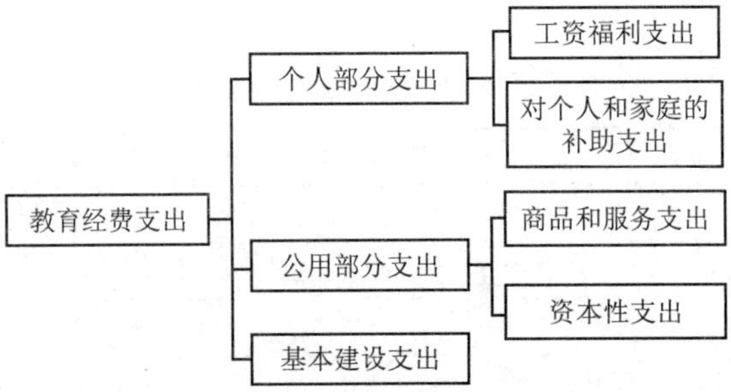

图 3－6　我国教育经费支出指标

二、教育成本的分类

教育成本可以从不同角度进行分类，了解教育成本的分类有利于准确地、完整地把握教育成本的内涵。由于分类依据不同，教育成本的划分有很多种方式，下面择要介绍几种主要的分类方式（见表 3－3）。

表 3－3　教育成本分类一览

序号	分类依据	分类结果
1	承担主体	私人教育成本，外部教育成本
2	支付方式	直接教育成本，间接教育成本
3	计量方式	社会平均教育成本，个别教育成本
4	变化特征	固定教育成本，变动教育成本
5	投入时间长短	资本性教育成本，经常性教育成本

资料来源：范先佐．教育经济学［M］．北京：人民教育出版社，2019：396－401；勒希斌．教育经济学［M］．北京：高等教育出版社，2018：217－222.

第一，私人教育成本与外部教育成本。根据教育成本承担主体的不同，教育成本分为私人教育成本和外部教育成本。私人教育成本指的是受教育者个人及其家庭（亲友）为了接受教育而支付的全部费用，如学杂费、交通费、住宿费、生活（差距）费等。

此外，达到法定劳动年龄的学生因上学而放弃的可能的就业收入等也是私人教育成本的重要构成部分。外部教育成本指的是受教育者及其家庭以外的其他主体，包括政府（民办学校举办者）、教育捐赠者（包括对教育事业或学校进行捐赠的组织和个人）等为了提供教育服务而支付或捐赠的全部费用，包括货币资金和实物资产等。

第二，直接教育成本与间接教育成本。根据教育成本支付方式的不同，教育成本分为直接教育成本和间接教育成本。直接教育成本指受教育者及其家庭和其他主体直接支付的教育费用，如受教育者及其家庭支付的学杂费，政府直接拨付的财政性教育经费，民办学校举办者投入民办学校中的办学经费，教育捐赠者直接捐赠给学校的货币资金或实物资产等。间接教育成本指受教育者及其家庭和其他主体间接支付的教育费用，例如，教育中使用的货币资金、土地、建筑和设备等，如不用于教育，而用于其他方面可能获得的收益，或用于教育而被免除的税收，以及个人因为接受教育而放弃的收入等。

第三，社会平均教育成本与个别教育成本。根据教育成本计量方式的不同，教育成本可以分为社会平均教育成本和个别教育成本。社会平均教育成本指培养一名学生的社会平均费用，是同一时期、同一国家或地区培养每名同级同质学生的社会平均费用。个别教育成本指某一学校培养每名学生的费用。从整个社会来看，相同教育级别的学校是很多的，但不同学校的办学水平、人才培养质量等不尽相同，因而培养每名同质学生的费用也不相同。计量社会平均教育成本和个别教育成本，有助于比较每所学校培养一名同级同质学生的费用，以判断和评价不同时间、不同国家或地区、不同学校教育投资效率的高低。

第四，固定教育成本与变动教育成本。根据教育成本变化特征的不同，教育成本可以分为固定教育成本和变动教育成本。固定教育成本是在一定时间和一定学生数量规模的范围内，费用总额保持相对稳定，不随着学生数量的增减而变化的成本。例如，学校的校舍、教学仪器设备等固定资产及其按照规定计提的折旧费和修理费。人均固定教育成本随着学生规模的扩大而降低，随着学生规模的缩小而提高。变动教育成本是在一定时间范围内，其费用总额随着学生规模的变化而变化，例如高职院校学生的实训耗材费，实训的学生多，耗材费就高，反之则相反。人均变动教育成本随着学生规模的扩大而增加，随着学生规模的缩小而减少。

第五，资本性教育成本与经常性教育成本。根据教育成本支出时间长短的不同，教育成本可以分为资本性教育成本和经常性教育成本。资本性教育成本指的是用于一年及以上的较持久的教育费用支出，如教育中使用的土地、建筑物、设备等费用支出。经常性教育成本指的是日常教育活动中发生的、需要经常更新的消耗品和劳动支出，如购买打印纸、墨盒的费用、水电气费、人员工资等。

在上述教育成本分类方式中，最主要的是私人与外部教育成本、直接与间接教育成本的分类，下面分别对这两类划分方式进行详细介绍。

三、私人教育成本与外部教育成本

（一）私人教育成本

站在学生及其家庭角度来看，需要支付相应费用才能获得接受教育的机会，这是购买教育服务的费用支出。主要包括以下六个方面：

第一，学杂费，包括学费和杂费。其中，学费指学生交给学校的学习费用。目前包括我国在内的很多国家在义务教育阶段免收学费，而对非义务教育则视情况收取相应的学费。杂费指学生支付的与学习有关的书籍资料费、文具费、文体活动费等。学费和杂费合称学杂费。

第二，交通费，指学生因上学而产生的额外交通费用。

第三，住宿费，指学生因上学住宿而支付的住宿费。

第四，生活差距费，指学生因上学而产生的额外生活费用，是学生在学期间的生活费与其正常生活费之间的差额。之所以是生活差距费而不是全部的生活费，是因为学生不论就学与否都需要支出生活费，应当计入私人教育成本的是由于上学而产生的超过正常生活费的那部分生活费，也即是生活差距费。上大学产生生活差距费的原因有很多，例如上大学所在地的物价高于家庭所在地的物价、大学生因独立生活而要重新购置很多日常生活用品等。

第五，学杂费等的投资损失，指学生及其家庭支付的学杂费、交通费、住宿费、生活差距费等因用于教育不能用于投资（如存银行、买债券或股票等），而损失的利息或投资收益。

第六，工资损失或家庭劳务（生产）损失。工资损失指的是已满就业年龄的学生不能去就业而损失的工资收入。家庭劳务（生产）损失指的是未满就业年龄的学生因而不能提供家庭劳务（生产）而造成的经济损失。按我国现行学制，绝大多数大学生都达到了法定劳动年龄，都存在工资损失这一成本。对此，大学生应有明确认识。

在上述六类私人教育成本中，第一、第二、第三、第四项成本是私人直接教育成本，第五、第六项是私人间接教育成本。人们通常在谈论私人教育成本时，往往只看到了私人直接教育成本，而忽略了私人间接教育成本。实际上，对处于法定劳动年龄以上的学生来说，其私人间接教育成本是一个相当大的数额。例如舒尔茨等人对美国20世纪以来的正规教育投资进行了估算，由学生放弃的收入所构成的私人间接教育成本远远超过私人直接教育成本，占到了教育总成本的60%～70%。[①] 下面再通过一个案例来直观地说明这一问题。

---

① 张凤林．人力资本理论及其应用研究［M］．北京：商务印书馆，2006：63－67.

【案例 3-4】小王上大学的私人教育成本

小王来自河南省郑州市，目前是宁波一所高职院校的在校生，他想估算一下自己上大学的成本。为此，他列出了自己上大学一年中的各项开支，具体是：学费 0.7 万元，书籍文具用品费 0.3 万元，住宿费 0.1 万元，交通费 0.4 万元，生活费 2 万元。据此，他得出自己上一年大学的成本是 3.5 万元，具体是：0.7 + 0.3 + 0.1 + 0.4 + 2 = 3.5（万元）。那么，小王对自己上大学成本的估算准确吗？

案例分析：

根据前文对教育成本的分类，小王实际想要估算的是其上一年大学的私人教育成本。从小王的估算来看，既不准确，也不完整。

不准确指的是小王在估算中将全部的 2 万元生活费都计入了上大学的成本，实际上应该计入的是其因为上大学而额外增加的生活费，也即是生活差距费。假定小王原来在家里的年生活费用是 1.5 万元，到宁波上大学后的年生活费用为 2 万元。那么，应该计入小王私人教育成本的生活差距费为 0.5 万元。这样看来，小王上一年大学的私人直接成本是 2 万元而不是 3.5 万元。具体是：

私人直接成本 = 0.7 + 0.3 + 0.1 + 0.4 + 0.5 = 2（万元）

不完整指的是小王忽略了自己上大学的私人间接成本，包括他因上大学不能就业而放弃的工资收入，以及其家庭为其支付学杂费等损失的投资收益等。作为一名高中毕业生，小王已经超过法定劳动年龄，可以胜任很多对专业知识与技能要求不高的岗位的工作，根据浙江省人力资源和社会保障厅公布的有关数据，2020 年度宁波市高中学历就业人员的年平均工资收入为 7.75 万元*（见表 2-4）。假定小王是一个能力中等的人，那么他上一年大学就要损失 7.75 万元的工资收入。此外，小王的家庭为其上学而支付的年直接成本是 2 万元，如果将这 2 万元用于投资，如银行存款、购买国债等，可以获得相应的投资收益。假定无风险投资收益率为 4%，2 万元一年的投资收益为 0.08 万元。这样看来，小王上大学一年的私人间接成本是 7.83 万元。具体是：

私人间接成本 = 7.75 + 2 × 4% = 7.83（万元）

将小王上大学一年的私人直接成本与间接成本汇总，其上一年大学的私人成本为 9.83 万元。其中：私人直接成本 2 万元，约占 20%；私人间接成本 9.83 万元，约占 80%。

注：* 浙江省人力资源和社会保障厅．浙江省人力资源市场部分职位工资指导价位 [EB/OL]．浙江省人力资源和社会保障厅网站，http://rlsbt.zj.gov.cn/art/2020/12/4/art_1389547_58920095.html，2020-12-04.

（二）外部教育成本

站在社会外部的角度来看，为了给适龄儿童和青少年提供教育服务，政府（民办学校举办者）及教育捐赠者需要投入（捐赠）大量的货币资金和实物资产，这些构成了外部教育成本。外部教育成本主要包括以下四个方面①：

第一，国家（民办学校举办者）、教育捐赠者为提供教育服务而投入或捐赠的货币资金与实物资产（如土地、建筑、仪器、设备、工具、材料等）。

第二，国家（民办学校举办者）、教育捐赠者将货币资金与实物资产投入或捐赠于教育而损失的货币资金投资收益和实物资产租金收入。

第三，学校享受的税收减免。学校尤其是高等学校可以通过开展社会服务来获取一定的收入，国家理应对学校的社会服务收入征税，但由于学校是非营利组织，且政府通常鼓励教育事业发展，因此一般会对学校的社会服务收入免于征税。这些被减免的税收也是教育的外部成本之一。

第四，在校生上学不去就业导致政府损失的个人所得税收入。达到法定劳动年龄的学生，如果就业可取得工资收入，其中在免征额以上的工资收入应该按有关规定缴纳个人收入所得税。但由于学生在上学，政府因此损失了这部分的个人所得税收入。这也是教育的外部成本之一。

在这四项外部教育成本中，第一项属于外部直接教育成本，第二、第三、第四项属于外部间接教育成本。

前文关于教育经费的有关内容表明，在我国，政府是教育经费的主要提供者，因而是教育的主要投资者之一。除了财政性教育经费占教育经费比率的指标之外，人们还常用国家财政性教育经费占 GDP（国内生产总值）的比重来衡量一个国家对教育的经费投入和财力保障力度。图 3-7 显示，自 2002 年以来，我国财政性教育经费占 GDP 的比重处于稳步增长状态，于 2012 年首次突破 4%，此后连续 9 年“不低于 4%”，彰显了国家对于教育事业发展的高度重视和大力保障。

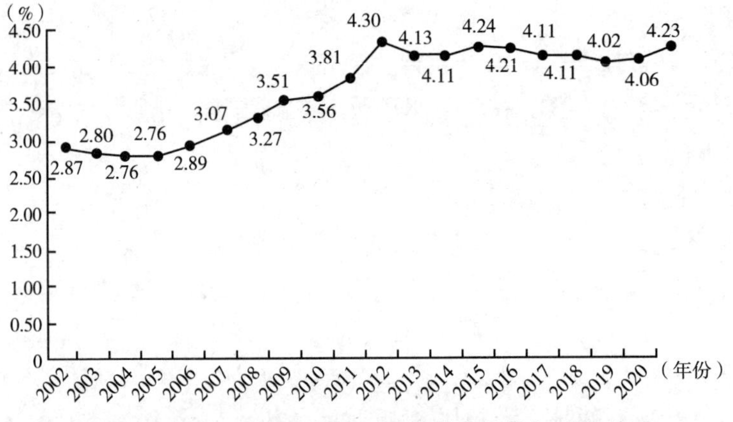

图 3-7　2002~2020 年国家财政性教育经费占 GDP 比重

资料来源：国家统计局．中国统计年鉴（2021）［EB/OL］．http：//www.stats.gov.cn/tjsj/ndsj/2021/index-ch.htm，2022-08-10.

① 盖浙生．教育经济学［M］．北京：三民书局，1982：114.

在国家财政性教育经费中，一般公共预算教育经费占据主要部分。根据教育部公布的数据，2020 年全国一般公共预算教育经费（包括教育事业费、基建经费和教育费附加）为 36310. 47 亿元，比上年增长 4. 80%。当年按在校学生人数平均的一般公共预算教育经费为 15280. 54 元，比上年的 14997. 44 元增长 1. 89%；当年，幼儿园、普通小学、普通初中、普通高中、中等职业学校、普通高等学校生均一般公共预算教育经费分别为 9411 元、12331 元、17804 元、18672 元、17447 元、22407 元，具体如图 3 – 8 所示。

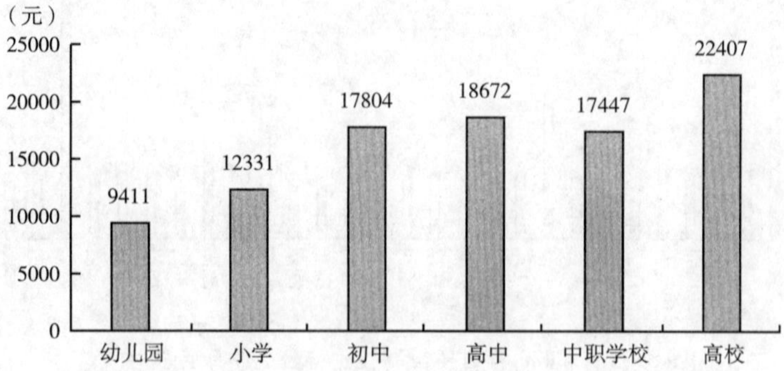

图 3 – 8　2020 年生均一般公共预算教育经费

资料来源：教育部 . 2020 年全国教育经费执行情况统计公告［EB/OL］. http：//www. moe. gov. cn/jyb_sjzl/sjzl_jfzxgg/，2021 – 11 – 30.

2020 年，各级各类学校中，生均一般公共预算教育经费投入最高的是高校学生，达到生均 22407 元，这一方面说明了国家对于高等教育和高校学生的重视，另一方面也说明了高校学生的培养成本是最高的。从近五年来看，国家对于高校生均一般公共预算教育经费投入较大，自 2017 年突破生均 2 万元以来，一直保持在生均 2 万元以上的较高水平，具体如图 3 – 9 所示。

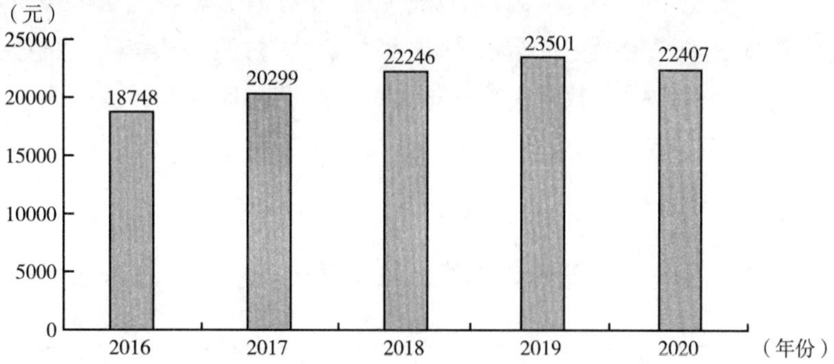

图 3 – 9　2016 ~ 2020 年我国高校生均公共财政经费水平

资料来源：教育部 . 2016 ~ 2020 年全国教育经费执行情况统计公告［EB/OL］. http：//www. moe. gov. cn/jyb_sjzl/sjzl_jfzxgg/，2021 – 11 – 30.

2020 年，从全国各省份来看，对高校学生的生均一般公共预算教育经费投入水平存在较大差异，最高的西藏自治区达到生均 9. 13 万元，最低的广西壮族自治区仅为生均 1.41 万元，最高水平是最低水平的 6.48 倍，其中固然有物价水平差异的因素，但主要还是受到地方政府重视程度、财力大小、投入金额、办学规模等因素的制约。具体如图 3 - 10 所示。

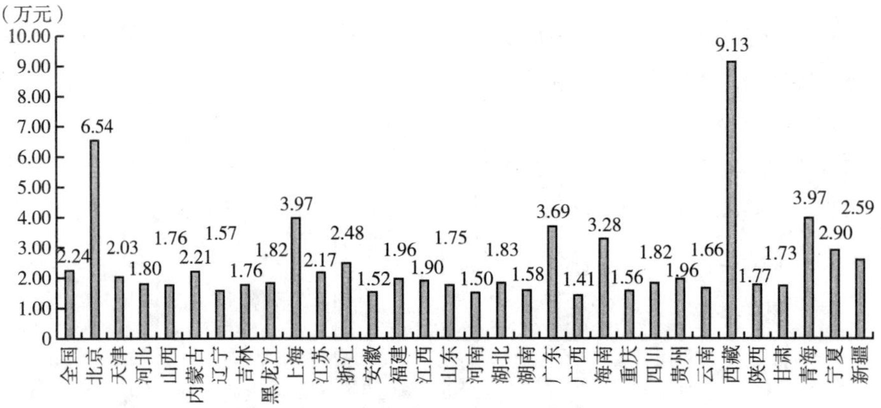

图 3 - 10　2020 年各省份高校生均公共财政经费水平

资料来源：教育部 . 2020 年全国教育经费执行情况统计公告［EB/OL］. http：//www. moe. gov. cn/jyb_sjzl/sjzl_jfzxgg/，2021 - 11 - 30.

四、直接教育成本与间接教育成本

（一）直接教育成本

直接教育成本是学生及其家庭和国家等为了接受教育和提供教育服务而直接支付的费用。由学生及其家庭直接支付的教育费用是私人直接教育成本，主要包括学杂费、交通费、住宿费、生活差距费等。由国家、民办学校举办者、教育捐赠者等直接支付的费用是外部直接教育成本，主要包括国家或政府对教育支付的全部费用、民办学校举办者对举办学校支付的全部费用、教育捐赠者捐赠的全部费用等，具体表现为货币资金和土地、建筑、设备等实物资产。

【案例 3 - 5】高校人才培养成本的计量个案

X 大学是一所公办综合性、研究型大学。现有全日制在校学生 25250 人，其中本科生 13620 人、硕士研究生 8235 人（按 1∶2 折合为 16470 名本科生）、博士研究生 3395 人（按 1∶3 折合成 10185 名本科生），此外还有成人教育学生、远程教育学生折合的本科生 6280 人，合计本科生 46555 人。

现有教职员工 4412 人，其中包括专任教师 2056 人、行政管理人员 778 人、专职科研人员 512 人、工勤人员 352 人、附属单位员工 182 人，分布在该校的 12 个学院（文学院、法学院、商学院、经济学院、管理学院、外国语学院、理学院、工学院、环境学院、医学院、药学院、软件学院），以及研究机构和附属单位中。

该校当年总收入为23.12亿元，主要构成有国家财政拨款收入9.38亿元，科研经费收入7.15亿元（各级财政拨付的科研经费4.03亿元，有关企业支付的科研经费3.12亿元），事业收入（主要是学生缴纳的学费）、经营收入、捐赠收入等6.59亿元。

该校当年收支平衡。根据对该校七大系统（教学管理系统、学生管理系统、学院运行系统、教学辅助系统、科研管理系统、行政管理系统、后勤管理系统）当年支出成本的梳理与分析，确定当年总支出当中用于人才培养的总成本为13.97亿元，其余的9.15亿元支出用于科研、社会服务等非人才培养支出。据此，用13.97亿元的人才培养总支出除以折合的全日制本科生46555人，可以得到当年全校生均培养成本为30008元。另据统计核算，该校学生每年平均学费为6000元，约占生均培养成本的20%。

资料来源：闵维方，马莉萍．教育经济学［M］．北京：北京大学出版社，2020：175－176.

思考：（1）案例中得出X大学当年生均培养成本30008元是直接教育成本还是间接教育成本？（2）为何认定X大学当年的人均培养成本是13.97亿元而不是23.12亿元？

（二）间接教育成本

间接教育成本是学生及其家庭和国家等为了接受教育和提供教育服务而间接支付的费用。根据承担主体的不同，间接教育成本分为私人间接教育成本和外部间接教育成本。私人间接教育成本指学生因接受教育而放弃的可能收入，最典型的是达到法定劳动年龄的学生因上学不能就业而放弃的可能工资收入。除此之外，学生及其家庭将资金用于教育而放弃的利息或投资收益，以及未达法定劳动年龄的学生因上学不能提供（家庭）生产或家务劳动而损失的可能收入等，都是私人的间接教育成本。

外部间接教育成本指国家（民办学校举办者）、教育捐赠者等投入或捐赠到教育领域全部资源的机会成本。主要包括国家（民办学校举办者）、教育捐赠者将货币资金与实物资产投入或捐赠教育而损失的货币资金投资收益和实物资产租金收入，学校享受的税收减免和在校生不能去就业而导致政府损失的个人所得税收入等。

计量外部间接教育成本既需要获得大量的学校财务信息，又要掌握有关的金融市场无风险收益率、学生损失的工资收入等数据，以及相关的税收规定与政策信息，因而是一项非常复杂和困难的工作。所以，在一些关于教育成本计量的研究中，往往将外部间接教育成本忽略不计。

例如，A. M. 夏普在研究20世纪80年代美国高校生均教育成本时，将其分为显性成本（直接成本）与隐性成本（间接成本）。其中，显性成本（直接成本）包括学生与家庭承担的学费、书籍及其他，各级政府对教育的拨款，以及教育捐赠者的私人赠与四个部分；隐性成本（间接成本）只计量了学生与家庭因上学而放弃的收入（见表3－4）。显然，这里的间接成本没有将外部间接教育成本计算在内。按照表3－4中的教育成本测量口径，在20世纪80年代，美国公立高校学生承担了68.1%的生均教育成本，而私立高校的学生则承担了81.1%的生均教育成本。

表3－4　20世纪80年代典型的美国公立和私立高校生均教育成本及其来源

成本类型及承担者	私立学校		公立学校	
	金额（美元）	占比（%）	金额（美元）	占比（%）
显性成本				
学费（学生与家庭）	4550	19.4	1500	6.4
书籍及其他（学生与家庭）	1500	6.4	1500	6.4
政府拨款	2650	11.3	7000	29.8
私人赠与	1800	7.6	500	2.1
显性成本小计	10500	44.7	10500	44.7
隐性成本				
放弃的收入（学生与家庭）	13000	55.3	13000	55.3
生均成本总计	23500	100.0	23500	100.0

资料来源：A. M. 夏普．社会问题经济学［M］．北京：中国人民大学出版社，2000：63.

再如，张凤林在估计2001年中国高校生均教育成本时，也将其分为显性成本（直接成本）与隐性成本（间接成本），显性成本（直接成本）包括学生与家庭承担的学杂费、书籍及其他，国家预算内教育经费，以及其他（预算外教育经费及捐资等）四个部分；隐性成本（间接成本）只计量了学生与家庭因上学而放弃的收入（见表3－5）。这里的间接成本同样没有将外部间接教育成本计算在内。按照表3－5中的教育成本测量口径，2001年我国高校学生承担了44.7%的生均教育成本。

表3－5　估计的2001年中国高校生均教育成本及其来源情况

成本类型及其承担者	数额（元）	百分比（%）
显性成本		
学杂费（学生与家庭）	3928	17.7
书籍及其他（学生与家庭）	1000	4.5
国家预算内教育经费	7501	33.7
其他（预算外教育经费及捐资等）	4793	21.6
显性成本小计	17222	77.5
隐性成本		
放弃的收入（学生与家庭）	5000	22.5
生均成本总计	22222	100.0

资料来源：张凤林．人力资本理论及其应用研究［M］．北京：商务印书馆，2011：170.

第三节　上大学的全部成本

综合前面两节的内容来看，大学生上大学的成本包括私人直接成本、私人间接成本、外部直接成本、外部间接成本四个方面（见表3－6），具体如下：

表3－6　　上大学的四类成本

<table>
<tr><th colspan="2" rowspan="2">承担方式</th><th>外部成本</th><th>私人成本</th></tr>
<tr><th>政府（民办学校举办者）、教育捐赠者等为了提供大学教育服务而支付的费用</th><th>学生及其家庭为接受大学教育（购买教育服务）而承担的费用</th></tr>
<tr><td>直接成本</td><td>购买大学教育资源或大学教育服务的费用支出</td><td>外部直接成本
◇ 货币资金
◇ 实物资产</td><td>私人直接成本
◇ 学杂费
◇ 交通费
◇ 住宿费
◇ 生活差距费</td></tr>
<tr><td>间接成本</td><td>购买大学教育资源或大学教育服务费用的机会成本</td><td>外部间接成本
◇ 货币资金的投资损失和实物资产的租金损失
◇ 学校享受的税收减免
◇ 政府因学生不去就业而损失的个人所得税收入</td><td>私人间接成本
◇ 学杂费、交通费、住宿费、生活差距费等的投资损失
◇ 工资损失或家庭生产（劳务）损失</td></tr>
</table>

第一，上大学的私人直接成本，包括大学生及其家庭投入的学杂费、住宿费、交通费、生活差距费等。

第二，上大学的私人间接成本，包括两个部分：一是大学生及其家庭投入的私人直接成本（学杂费、住宿费、交通费、生活差距费）因用于上大学而损失的投资收益；二是大学生因为上学不能去就业而损失的工资收入。

第三，上大学的外部直接成本，包括国家（民办学校举办者）、教育捐赠者为提供教育服务而投入或捐赠的货币资金与实物资产（如土地、建筑、仪器、设备、工具、材料等）。

第四，上大学的外部间接成本，包括三个方面：一是国家（民办学校举办者）、教育捐赠者支付的外部直接教育成本的货币资金投资损失和实物资产租金损失；二是学校享受的税收减免；三是在校生上学不去就业导致政府损失的个人所得税收入。

【案例3－6】小王上大学的全部成本

在【案例3－4】中，估算了小王上大学一年的私人成本为9.83万元。如果要估算小王上大学一年的全部成本，还需要对其每年的外部成本进行估算。具体如下：

小王上大学的外部成本包括外部直接成本和外部间接成本。外部直接成本包括国家（民办学校举办者）和教育捐赠者等当年投入的各项货币资金与实物资产，假定小王所在高职院校是公办的，这样可以将 2020 年全国的高校生均一般公共预算教育经费 2. 24 万元（见图 3－9）近似地作为小王当年的外部直接成本。

外部间接成本包括国家（民办学校举办者）和教育捐赠者当年投入货币资金的投资损失和实物资产的租金损失、学校享受的税收减免、政府因在校生不去就业而损失的个人所得税收入等。根据前述对外部直接教育成本的假定，第一项即为 2020 年全国生均一般公共预算教育经费 2. 24 万元的年投入损失，在此沿用 4%（参见【案例 3－4】）作为无风险收益率，一年 2. 24 万元的投资损失约 0. 09 万元；第二、第三项成本难以估计，忽略不计。

这样看来，小王上一年大学的全部成本为：私人直接成本 2 万元，私人间接成本 7. 83 万元，外部直接成本 2. 24 万元，外部间接成本 0. 09 万元，合计为 12. 16 万元。具体如图 3－11 所示。

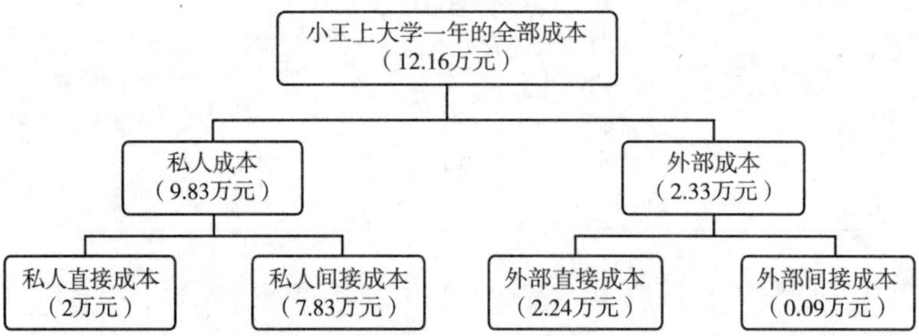

图 3－11　小王上大学一年的全部成本

【本章小结】

1. 成本指人们通过一定的活动获得经济物品（产品或劳务），或取得某种经济利益所需付出的代价。

2. 经济学中的成本概念包括显性成本、隐性成本、机会成本、私人成本、外部成本、社会成本等。

3. 教育成本是指培养学生所消耗的社会劳动，包括物化劳动和活劳动，其货币表现为培养学生由社会和受教育者个人及其家庭直接和间接支付的全部费用。

4. 教育成本有多种分类方式，其中，根据承担主体不同分为私人教育成本和外部教育成本，根据承担方式不同分为直接教育成本和间接教育成本。

5. 上大学的成本包括私人直接成本、私人间接成本、外部直接成本和外部间接成本。

【知识结构】

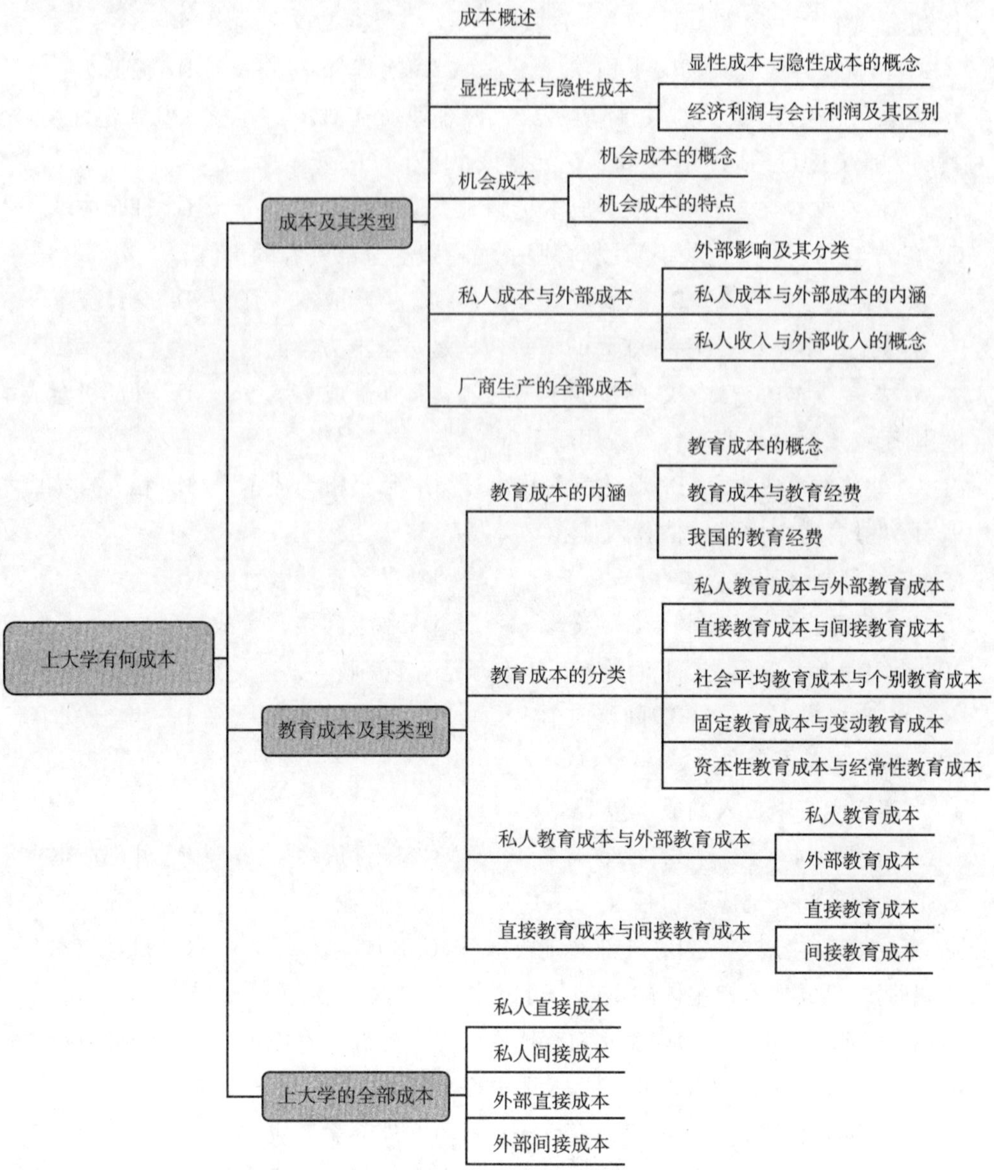

【课后练习】

一、单项选择

1. 可以用货币计量并能反映到厂商的会计账簿中的成本是（　　）。

A. 隐性成本　　B. 机会成本　　C. 显性成本　　D. 私人成本

2. 厂商在生产中使用的自有生产要素的总价格叫（　　）。

A. 会计成本　B. 隐性成本　C. 间接成本　D. 外部成本

3. 收入减去显性成本与隐性成本之和的差额是（　　）。

A. 会计利润　B. 经济利润　C. 垄断利润　D. 完全利润

4. 机会成本是一项资源的（　　）收入。

A. 最优　B. 平均　C. 次优　D. 最低

5. 某家企业生产导致了周边环境污染，该企业所在城市每年投入 0.5 亿元财政经费对其周边环境进行治理，这个 0.5 亿元是该企业生产的（　　）。

A. 私人成本　B. 机会成本　C. 外部成本　D. 社会成本

6.（　　）是为了提供和接受教育服务而耗费的全部资源的价值。

A. 机会成本　B. 教育成本　C. 生产成本　D. 会计成本

7. 小李上大学每年要交 6000 元的学费，这是小李上大学的（　　）。

A. 直接成本　B. 间接成本　C. 外部成本　D. 外部机会成本

8. 国家或政府对教育支付的费用属于（　　）。

A. 外部教育成本　B. 私人教育成本　C. 私人机会成本　D. 私人直接成本

9. 下列教育成本中难以估算的是（　　）。

A. 外部直接教育成本　B. 私人直接教育成本

C. 外部间接教育成本　D. 私人间接教育成本

10. 小王因上大学不去就业而放弃每年 6 万元的工资收入，这是其上大学的（　　）。

A. 直接成本　B. 间接成本　C. 外部成本　D. 社会成本

二、多项选择

1. 厂商在生产中投入的成本包括（　　）。

A. 显性成本　B. 社会成本　C. 隐性成本　D. 外部成本

2. 厂商生产的外部成本包括（　　）。

A. 外部直接成本　B. 外部间接成本　C. 隐性成本　D. 机会成本

3. 根据教育成本承担主体的不同，可以将教育成本分为（　　）。

A. 私人教育成本　B. 直接教育成本　C. 外部教育成本　D. 间接教育成本

4. 根据教育成本承担方式的不同，可以将教育成本分为（　　）。

A. 私人教育成本　B. 直接教育成本　C. 外部教育成本　D. 间接教育成本

5. 直接教育成本是社会外部与学生及其家庭为提供和接受教育而直接支付的费用总和，包括（　　）。

A. 外部直接教育成本　B. 私人直接教育成本

C. 机会成本　D. 服务成本

三、判断正误

1. 成本是人们通过一定的活动获得某种物品（劳务）或取得某种利益所需付出的代价。（　　）

2. 隐性成本会产生实际的货币流动，因而可以在厂商的会计账目中得到反映。 （ ）
3. 从金额上来看，私人成本等于显性成本加上隐性成本。 （ ）
4. 机会成本是厂商在生产中直接投入的成本。 （ ）
5. 厂商生产有时会产生外部成本。 （ ）
6. 外部影响包括外部经济和外部不经济两种情况。 （ ）
7. 大学生的生活费应全部计入其上大学的成本。 （ ）
8. 国家投入教育的财政经费所损失的投资收益属于外部间接教育成本。 （ ）
9. 教育成本与教育经费是两个完全等同的概念。 （ ）
10. 国家（政府）是我国教育的主要投资者之一。 （ ）

四、简答

1. 什么是私人成本、外部成本和社会成本？
2. 什么是教育成本？教育成本如何分类？
3. 私人教育成本包括哪些方面的成本？
4. 外部教育成本包括哪些方面的成本？

五、思考

根据人力资本理论的观点，上大学就是在进行人力资本投资，结合自身实际，分析上大学的成本类型、主要内容和投资者。

六、撰写学习心得体会

对照本章教学目标，从以下四个方面撰写心得体会：一是知识学习情况；二是能力提升情况；三是情感、态度和价值观改进情况；四是自身不足与努力方向。要求不少于1000字。

七、学习效果自评

1. 学习本章之后，我的总体收获（ ）。
   A、非常大　B. 比较大　C. 一般　D. 比较小　E. 非常小
2. 学习本章之后，我（ ）了解成本的内涵。
   A. 非常　B. 比较　C. 一般　D. 比较不　E. 非常不
3. 学习本章之后，我（ ）熟悉主要的成本概念及相互关系。
   A. 非常　B. 比较　C. 一般　D. 比较不　E. 非常不
4. 学习本章之后，我（ ）理解教育成本的内涵与分类。
   A. 非常　B. 比较　C. 一般　D. 比较不　E. 非常不
5. 学习本章之后，我（ ）理解上大学的成本类型和主要内容。
   A. 非常　B. 比较　C. 一般　D. 比较不　E. 非常不
6. 学习本章之后，我能（ ）准确地列举出上大学的全部成本。
   A. 非常　B. 比较　C. 一般　D. 比较不　E. 非常不
7. 学习本章之后，我（ ）明显地形成了上大学是人力资本投资的意识。

A. 非常　　B. 比较　　C. 一般　　D. 比较不　　E. 非常不

8. 学习本章之后，我（　　）明显地增强了对家庭、国家等大学投资者的感恩意识和回报意识。

A. 非常　　B. 比较　　C. 一般　　D. 比较不　　E. 非常不

9. 学习本章之后，我（　　）明显地强化了好学力行的进取精神和服务社会的责任使命。

A. 非常　　B. 比较　　C. 一般　　D. 比较不　　E. 非常不

自评结果统计：

自评等级	A	B	C	D	E
各等级数量					
自评得分					

注：A、B、C、D、E 分别计 10 分、8 分、6 分、4 分、2 分，满分 90 分，54 分为及格线。

第四章 上大学有何收益

【学习目标】

知识目标

- 了解收入的内涵及其来源
- 熟悉收入分配的标准及衡量指标
- 理解教育收益的内涵与分类

能力目标

- 能列举出上大学的全部收益

素质目标

- 形成勤劳致富、按劳取酬的创富观念和体现效率、促进公平的分配理念
- 增强人力资本投资的风险意识
- 加强对家庭、国家等大学投资者的感恩意识和回报意识
- 强化好学力行的进取精神和服务社会的责任使命

【本章主题】

本章聚焦“上大学有何收益”。上大学是一种利己利他的人力资本投资，利己表现为上大学能给学生及其家庭带来多种经济和非经济的私人收益，利他表现为上大学能给外部社会带来多种经济和非经济的外部收益。结合第三章的主题“上大学有何成本”，应引起大学生注意的是：大学的诸多成本是现实的，只要上了大学，它们就发生了；而大学的多种收益却是潜在的，只有在大学期间好学力行，积极进取，学有所成，才有可能将潜在收益变成未来实际收益。对此，大学生应有清醒认识。

第一节 收入及其来源

一、生产函数

经济学将生产者称为厂商或企业，指的是能够作出统一的生产决策的单个经济单位。厂商可以采取个人企业、合伙制企业和公司制企业等不同的组织形式，其中，个人企业指单个自然人独资经营的厂商组织，合伙企业指两个人或以上合资经营的厂商组织，公司制企业指按公司法建立和经营的具有法人资本的厂商组织。经济学假定企业也是“经济人”，其目标是追求最大化的利润。为此，企业将各种生产要素组织起来进行生产，其生产的既包括有形的产品如食品、家用电器、日用消费品等，也包括无形的劳务如医疗、旅游、美容、理发等，完成生产之后，企业再将产品进行销售，从而获得收入。可见，对于企业来说，收入是其销售产品获得的货币收益，收入的金额等于产品销售价格与销售数量的积。

厂商的生产可以用生产函数来表示。生产函数是表示在一定时期内，在一定技术水平之下，厂商在生产中所投入的各种生产要素的数量及其组合和它能生产出来的最大产量之间依存关系的函数。一般用 Q 代表总产量，用 L、K、N、E 分别代表劳动、资本、土地、企业家才能四种生产要素，f 表示函数关系。那么，生产函数可以表示为：$Q=f(L, K, N, E)$。

【知识链接 4-1】生产要素的“两分法”与“四分法”

生产要素是企业生产中所使用的各种人力、物力和财力资源，经济学将其划分为劳动、土地、资本和企业家才能四种类型。其中，劳动是人类在生产过程中提供的体力与智力的总和；土地既指土地本身，也泛指生产中使用到的一切自然资源，如森林、草原、矿藏、江河湖海等；资本是由经济制度生产出来并被用作投入要素，以便进一步生产更多产品和劳务的物品。资本表现为货币形态或实物形态，货币形态的资本包括生产中使用到的货币资金、金融证券等，实物形态的资本也称资本品，包括生产中使用到的建筑厂房、机器设备、动力燃料、原材料等；企业家才能指的是企业家组织建立和经营管理企业的才能，各种生产要素之所以能够以企业为单位组织起来进行生产和经营，关键在于企业家才能。

在经济学中，按上述方式将生产要素分为劳动、土地、资本和企业家才能四种类型，称为“四分法”。与四分法相对应的生产函数是 $Q=f(L, K, N, E)$。有时为了简便起见，将土地并入资本，将企业家才能并入劳动，从而将生产要素仅分为劳动和资本两种类型，这是“两分法”。“两分法”对应的生产函数是：$Q=f(L, K)$，其中的 L 与 K 分别指劳动和资本。

二、收入的来源

从根本上说，收入源于人类的生产活动。其中，厂商通过购买或租用生产要素，组织生产，销售产品，进而获得产品销售收入。居民通过将所拥有的生产要素投入生产（向厂商出租或出售生产要素），为生产作出贡献，进而获得要素收入。

从图4-1来看，厂商投入生产中去的生产要素是在生产要素市场（简称要素市场）上向居民购买或租用的，其生产出来的产品是在产品市场上销售给居民的。作为现代经济的两大经济活动主体，厂商和居民的经济活动通过产品市场和生产要素市场的供求关系而联系在一起。为了便于区分，图4-1中的需求用实线表示，供给用虚线表示。

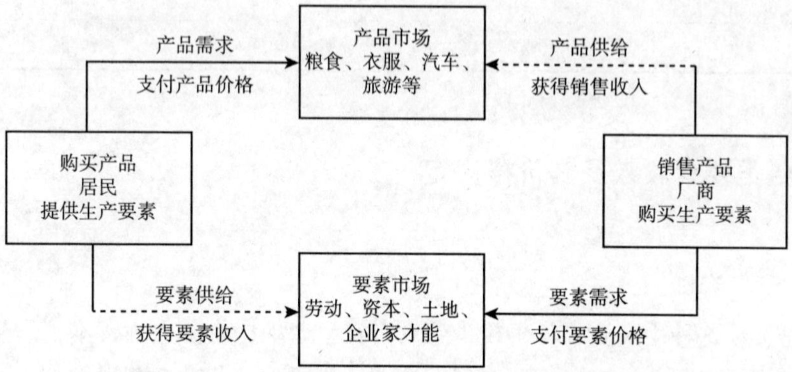

图4-1　产品市场和生产要素市场的循环流动

从厂商来看，为了获得最大化的利润，一方面要在生产要素市场上购买所需的生产要素，如聘用一定数量的工人、购买或租用一定数量的土地、厂房、设备等，并组织生产；另一方面要在产品市场上销售生产出来的产品，以获得销售收入，进而实现利润最大化。如果用 TR 表示收入，用 P 表示单位产品或劳务的价格，用 Q 表示产品或劳务的销售量（或产量），则厂商的产品销售收入 $TR = P \cdot Q$。也即是，收入等销售价格与销售数量的积。

从居民来看，为了追求效用最大化①，一方面要在要素市场上出售（出租）自己所拥有的生产要素，以获得要素价格收入；另一方面要用要素收入在产品市场购买其生活所需产品，在消费产品的过程中获得最大化的效用满足。居民之所以能获得要素价格收入，是因为其向厂商提供了所拥有的劳动、土地、资本或企业家才能等生产要素，这些生产要素参与生产并作出了贡献，因而根据贡献大小获得了相应的收入，这个收入的具

① 效用是消费者在消费经济物品的过程中获得的主观满足程度。经济学假定人是追求自身利益最大化的“经济人”，居民追求效用最大化是追求自身经济利益最大化的一个具体表现。本书第八章将介绍经济学中的两种效用理论。

体表现就是要素的价格。

可见，对于厂商来说，收入指的是产品销售收入，对于居民来说，收入指的是要素出售（出租）收入。从理论上讲，厂商的产品销售收入与居民的要素出售（出租）收入在总金额上是相等的。这样，厂商的产品销售收入通过向生产要素的所有者支付要素价格，最终分解为居民所获得的工资、利息、租金和利润（见表4－1）。

表4－1　　生产要素的类别及其价格

序号	要素类别	要素价格
1	劳动力	工资
2	土地（自然资源）	地租（租金）
3	资本	利益
4	企业家才能	利润

三、四类要素收入及其价格决定①

（一）工资

工资是劳动这种生产要素的价格。劳动者在生产中提供了人力资本，为生产作出了相应的贡献，依据多劳多得、少劳少得的按劳分配原则，劳动者获得了相应的报酬，即工资。根据经济学的供求原理，工资由对劳动的供给与需求共同决定。

单个劳动者能够提供的劳动数量（工作时间）是有限制的，除去吃饭、睡觉等必要时间之外，劳动者的时间大致可以分为工作时间和闲暇时间两类。通常情况下，劳动者愿意供给的工作时间随着工资的上升而增加、随着工资的下降而减少，劳动供给曲线表现为一条向右上方倾斜的曲线。但是，当工资水平达到一个能使劳动者生活水平有较好保障的既定高度之后，当工资继续上升时，劳动者不但不会增加工作时间，反而会减少工作时间，原因在于劳动者此时更需要的是闲暇。因此，单个劳动者的劳动供给曲线在右上方会出现“向左弯曲”的形状，表明当工资达到既定水平后，劳动的供给量会随着工资的上升而减少。

将所有单个劳动者的劳动供给曲线相加即得到整个市场的劳动供给曲线。整个劳动力市场的供给曲线不一定会出现“向左弯曲”的情况，原因在于当工资达到既定水平之后，现有劳动者可能会减少其工作时间，但高工资会吸引新的劳动者进入市场，由此导致整个劳动力市场的供给量还是会随着工资的上升而增加，因此，整个市场的劳动供给曲线呈现出来还是如图4－2所示的向右上方倾斜的形状。

---

① 张启富．经济学（第二版）［M］．北京：经济科学出版社，2009：116－120.

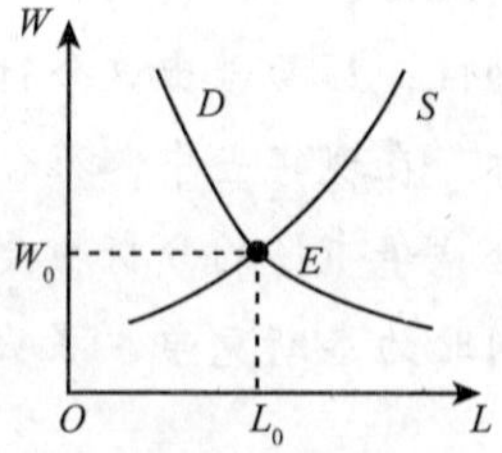

图 4－2　工资的决定

假定图 4－2 是一个完全竞争的劳动力市场，劳动的需求曲线 D 与劳动的供给曲线 S 相交于点 E，决定了均衡的工资水平为 W_0。此时，劳动力市场达到均衡，劳动需求量与劳动供给量相等，都等于 L_0。这个 W_0 就是市场对劳动者生产贡献的经济回报，也即是市场工资水平。当然，现实中的劳动力市场由于各种各样的因素存在，往往并不是完全竞争的，由此会导致实际工资与劳动者的生产贡献之间出现一些偏差。例如，政府对于最低工资的规定、一些企业对于生活困难员工的补贴，会使得一些低技能、低收入的劳动者得到的实际工资高于其对生产的实际贡献；一些企业对高层管理人员工资的限制，也会使得一些高技能的劳动者得到的实际工资低于其对生产的实际贡献。

【知识链接 4－2】市场的类型及其特征

市场是产品或生产要素供求双方进行交易的场所。从本质上讲，市场是一种组织形式或制度安排，能够决定供求双方的成交价格和交易数量，从而帮助买卖双方达成供求均衡。有些市场是有形的，如超市、农贸市场等；也有些市场是通过网络等现代化通信手段进行交易的，如股票市场、网络购物平台等。根据市场上厂商数量、产品差别程度等，可将市场划分为完全竞争、垄断竞争、寡头垄断和完全垄断四类，具体如表 4－2 所示。

表 4－2　　市场类型的划分与特征

市场类型	厂商数量	产品差别	价格控制程度	进出难易程度	接近产品市场
完全竞争	非常多	完全无差别	没有	非常容易	一些农产品
垄断竞争	比较多	有差别	有一些	比较容易	一些轻工业产品、零售业
寡头垄断	几个	有或无差别	相当程度	比较困难	钢、汽车、石油等
完全垄断	唯一	唯一产品，且无相近替代品	很大程度，但经常受到政府管制	很困难，几乎不可能	公用事业，如水、电等

资料来源：高鸿业．西方经济学（微观部分・第六版）［M］．北京：中国人民大学出版社，2016：155.

完全竞争市场指的是竞争不受任何阻碍和干扰的市场结构。一个市场要想完全竞争须具备四个条件：一是有大量的厂商与消费者；二是所有厂商提供的产品是完全同质的，包括产品的质量、规格、商标、购物环境、售后服务等完全无差别；三是所有的资源具有完全的流动性，厂商进出这个行业完全自由且毫无困难；四是完全信息，即不存在信息不对称。在现实当中，符合这四个条件而达到完全竞争的市场是不存在的，经济学对完全竞争市场的分析主要目的在于得出关于市场机制及其配置资源的一些基本原理，同时为垄断竞争、寡头垄断和完全垄断市场的经济效率分析提供一个参照系。

（二）地租

地租是土地这种生产要素的价格。经济学中，土地泛指生产中使用的各种自然资源，地租也可以理解为使用这些自然资源的租金。

在现实经济中，生产要素的供求可以分为生产要素源泉的供求和生产要素服务的供求两类。有些生产要素的源泉和服务都可以在要素市场上买卖，例如土地与资本；而另一些生产要素则不能，例如劳动和企业家才能，人的劳动服务是可以买卖的，但劳动服务的源泉即劳动者或企业家本身却是不能买卖的。如果某种生产要素的源泉与服务都可以在要素市场上买卖，就会产生两个价格，以土地为例，既有一平方米土地的买卖价格，也有一平方米土地使用一年（即土地的服务）的价格也即是租金。为了简单起见，本章讨论的生产要素价格，均指生产要素服务的价格，不涉及生产要素源泉。

土地是大自然赋予人类的生产要素，从总体上来看，其供给是有限的，因而其（长期）供给曲线是一条垂直于横轴的直线（其他生产要素的供给曲线都是向右上方倾斜的曲线）。在图4－3中，横轴 ON 代表土地量，纵轴 OR 代表地租，D 为土地的需求曲线，S 为土地的供给曲线，与横轴垂直，表示土地的供给量固定为 N_0。这两条曲线相交于点 E，决定了土地价格即地租为 R_0。这个 R_0 就是市场对土地为生产所做贡献的经济回报。

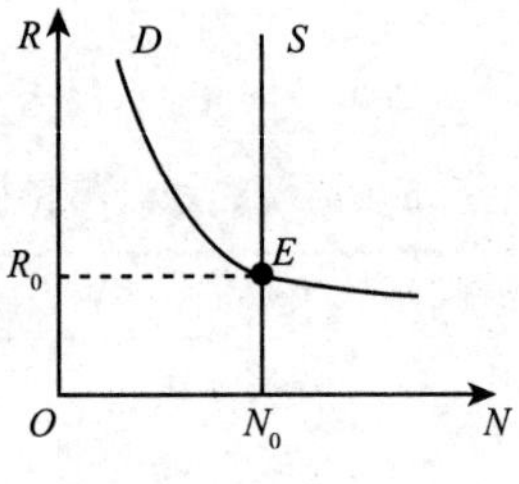

图4－3　地租的决定

（三）利息

利息是资本这种生产要素的价格。这里讲的利息是广义的利息，表现形式多样，例如股票价格、股票红利、债券价格、债券利息、银行利息等。资本的所有者向厂商提供了资本，事实上是将自己的当期消费（这些资本可以用于当期购买产品，从而提高所有者的总效用水平）改成了延期消费，增加了自己未来消费的不确定性，因而要求获得相应的补偿，这就是利息。

对于厂商来说，借贷了资本，就可以通过迂回生产（参见第二章相关内容）来提高生产效率，也即是在同样的成本投入下产出水平更高，或是同样的产出水平下成本投入更低，厂商由此能获得更高的利润，因而可以将其中的一部分利润支付给资本的所有者，这部分利润就是利息。

利息由资本的需求与供给共同决定。在图4－4中，横轴 OK 代表资本量，纵轴 OI 代表利息率，D 为资本的需求曲线，S 为资本的供给曲线，这两条曲线相交于点 E，决定了均衡的利息率水平为 I_0，均衡的资本量为 K_0。这个 I_0 就是资本市场对于资本在生产中的贡献的经济回报。

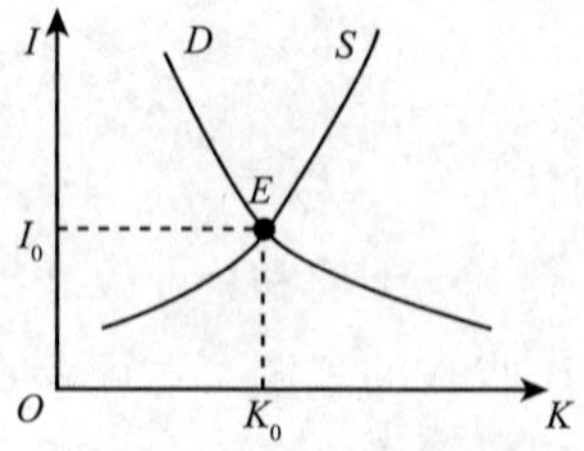

图4－4 利息的决定

（四）利润

利润是企业家才能这种生产要素的价格。企业家是企业生产经营活动的组织者和管理者，既要从事生产经营的管理活动，还要在生产经营的管理活动中进行创新和承担风险，以追求更高的收益。

厂商对企业家才能的需求很大，因为企业家才能在整个生产中起着非常关键的作用，有时甚至是决定性作用。能使劳动、土地和资本有机结合在一起，生产出丰富多彩的产品的决定性因素就是企业家才能。但企业家才能的供给量很小，因为并不是每个人都具有经营管理的潜质，也不是每个人都有机会接受企业经营管理的教育培训和实践锻炼，进而成长为企业家。一句话，培养企业家才能所耗费的成本很高。

企业家才能需求与供给的特点，决定了企业家才能的报酬也即是正常利润，相对于其他生产要素的报酬而言，是非常高的。也可以说，正常利润是工资的一种，是一种特殊的工资，其特殊性就在其数额要大大高于一般劳动所得的工资。正常利润包括在成本之中，而且往往是作为一种隐含成本。所以，厂商收支相抵后就获得了正常利润。当然，经营和管理企业是一项风险很高的活动，企业既可能盈利，也可能亏损，这决定了企业家才能报酬的实现面临着较高的风险。

在完全竞争条件下，利润最大化实际上就是获得正常利润。超过正常利润以上的利润就是超额利润，在完全竞争的情况下企业无法获得超额利润。但由于现实中完全竞争并不存在，所以往往有一些企业能够获得超额利润。超额利润通常有三种来源：一是源于垄断。例如某企业垄断了某种产品的出售，整个市场上没有其他厂商出售同类产品，此时垄断者就能够一定程度上从自身利润最大化角度出发来抬高价格获得超额利润。二是源于创新。创新是企业家对生产要素实行的新的组合，如提供新产品、采用一种新技术新方法新工艺、获得一种原料的新来源或开辟一个新市场等，都能够帮助企业获得超额利润。三是风险。企业在承担风险的前提下开展某项生产经营活动，既有可能产生意料之外的损失，也有可能获得未曾设想的超额利润。

第二节　收入分配及衡量指标

一、收入分配的标准

在市场经济中，拥有劳动、资本、土地和企业家才能等生产要素可以通过要素市场获得相应的价格收入，这就是居民收入的来源。生产要素的供求双方在生产要素市场上共同决定生产要素价格的过程，实质是收入分配的过程。

收入分配有很多种标准，现代市场经济采用的主要标准是贡献标准，也即是按（社会成员所拥有的）生产要素在生产中作出的实际贡献来分配收入，前文已经通过图4－1说明了生产要素市场是如何根据生产要素所有者为生产所做贡献来分配其收入的。当然，如果完全按贡献标准分配收入，将会导致社会收入差距过大，进而导致一系列社会问题，反过来对经济发展和社会稳定造成不利影响，因此，一般还会结合公平标准进行收入分配。

（一）贡献标准

贡献标准是按社会成员对生产的贡献来分配收入，也就是按生产要素的贡献来分配收入，分配的具体金额表现为生产要素的市场价格。每个社会成员根据自己拥有的生产要素在生产中作出的实际贡献来获得相应的收入，贡献越大，收入越高，贡献越小，收入越低。这种分配标准能保证经济效率，也即是能激励生产要素的所有者积极将自己拥有的生产要素投入生产中去，从而有利于整个社会生产效率和产出水平提高。

现实中，由于各种各样因素的存在，不同居民所拥有的生产要素是不相同的。此外，居民将自身作为劳动力或企业家才能参与生产时，由于各自能力的不同，为生产作出的实际贡献也是有大有小的。因此，不同居民按贡献标准所获得的收入也就会有高有低，长此以往，容易造成居民收入分配差距的拉大，甚至会造成社会收入差距的两极分化，这样既不利于从总体上提高居民的经济福利水平，也不利于社会的和谐稳定和持续发展。

【知识链接4-3】经济效率

在经济学中，效率是一个非常重要的概念。简单地说，效率指的是不存在资源不足或机会浪费的资源配置状态。为了说明其内涵，需要引入帕累托改进的概念。所谓帕累托改进，指的是对既定资源配置状态的改变，在没有使任何人状况变坏的情况下，使得至少有一个人的状况变好，这样的资源配置改变就是帕累托改进。

对一个社会来说，当所有的帕累托改进都完成了，就达到了资源配置的最佳状态，这种状态被称为帕累托最优状态。在帕累托最优的状态下，任何资源配置的改变，都不能使得至少有一个人的利益增加而不损害其他任何人的利益。此时，这个社会达到了经济效率。需要说明的是，经济效率是一个社会的重要目标，但不是唯一的目标。

资料来源：高鸿业．西方经济学（微观部分·第六版）［M］．北京：中国人民大学出版社，2016：286-289；马克·利伯曼，罗伯特·霍尔．程坦，译．经济学导论［M］．大连：东北财经大学出版社，2003：293-295.

（二）公平标准

公平标准是按平等的准则来分配收入，也即是不管每位居民拥有的生产要素在生产中所做贡献的大小，每位居民都将获得相同的收入。这种分配标准能保证社会收入分配的均等，但不能激励生产要素的所有者积极将自己拥有的生产要素投入生产中去，并尽可能地作出最大的贡献，也即是不能充分发挥生产要素的全部生产能力，因而是没有经济效率的，或者说经济效率是低下的，这样既不利于从总体上提高生产力的发展水平，也不利于从总体上提高社会成员的经济福利水平。

二、公平与效率的矛盾

（一）公平与效率矛盾的内涵

综合来看，贡献标准有利于提高经济效率，提高社会生产力发展水平和社会总产出，但可能会造成社会收入差距的拉大，进而产生包括贫困在内的一系列社会问题；公平标准能确保社会收入分配的均等，但可能会降低经济效率，减少社会的总产出水平和阻碍社会生产力的发展。这就是通常所说的公平与效率的矛盾。

因此，单一采用贡献或公平标准进行收入分配都不利于整体和可持续地提高社会生产力发展水平和居民经济福利水平。因而在社会收入分配实践中，需要将两者结合起来运用，努力做到既能提高经济效率，又保证必要的社会公平，同时实现经济发展和社会稳定的目标。

（二）公平与效率矛盾的解决

如何解决公平与效率的矛盾，在理论上和实践中并没有统一的答案。对此，经济学倡导的基本原则是效率优先、兼顾公平。

所谓效率优先，就是在决定收入分配的问题上，优先考虑贡献标准，也即是优先考虑提高经济效率。优先考虑效率有利于提高社会的总产出水平，从而为每位居民收入水平的提高奠定了物质基础。怎么才能做到效率优先呢？那就是要让市场机制在收入分配领域里充分发挥作用，让供求关系来决定各种生产要素的价格。这意味着承认个人先天和后天一切合理、合法的差异性，如个人遗传因素、家庭环境的差异性，后天努力程度、努力结果乃至运气的差异性等，并将这种差异性反映在收入分配中。

效率优先并不是不要公平，而是要在充分发挥生产要素的生产能力的前提下兼顾公平，也即是将收入差距控制在一个合理的范围之内。为此，政府至少要在以下方面采取有效举措：一是尽可能地减少和消除不合理不合法的收入；二是促进机会均等（例如提供平等的教育和就业机会等）；三是限制某些行业和某些群体的垄断性收入；四是减少和消除贫困。

效率优先、兼顾公平的基本原则在不同国家、不同时期的具体实践有所不同。我国自改革开放以来，一直致力于建设体现效率、促进公平的收入分配体系。党的二十大报告指出："共同富裕是中国特色社会主义的本质要求"，"中国式现代化是全体人民共同富裕的现代化"，"分配制度是促进共同富裕的基础性制度"[①]。为了完善分配制度，促进全体人民共同富裕，党的二十大报告提出："坚持按劳分配为主体、多种分配方式并存，构建初次分配、再分配、第三次分配协调配套的制度体系。努力提高居民收入在国民收入分配中的比重，提高劳动报酬在初次分配中的比重。坚持多劳多得，鼓励勤劳致富，促进机会公平，增加低收入者收入，扩大中等收入群体。完善按要素分配政策制度，探索多种渠道增加中低收入群众要素收入，多渠道增加城乡居民财产性收入。加大税收、社会保障、转移支付等的调节力度。完善个人所得税制度，规范收入分配秩序，规范财富积累机制，保护合法收入，调节过高收入，取缔非法收入。引导、支持有意愿有能力的企业、社会组织和个人积极参与公益慈善事业。"

三、收入分配均等程度的衡量

（一）洛伦兹曲线

1. 洛伦兹曲线的定义与画法

洛伦兹曲线，也称洛伦斯曲线，是用来衡量社会收入或财产分配均等程度的曲线。如果把一个社会中的人口根据收入分为五个等级，每个等级各占人口的20%，按照他们在社会收入分配中所占比例的大小，可作出表4-3。

---

① 习近平：高举中国特色社会主义伟大旗帜 为全面建设社会主义现代化国家而团结奋斗——在中国共产党第二十次全国代表大会上的报告［EB/OL］. 新华网，http://www.news.cn/politics/cpc20/2022-10/25/c_1129079429.htm，2022-10-25.

表 4－3　社会收入分配情况　单位：%

等级	人口占比	合计	收入占比	合计
1	20	20	5	5
2	20	40	11	16
3	20	60	18	34
4	20	80	23	57
5	20	100	43	100

根据表 4－3，可以确定（20，5）、（40，16）、（60，34）、（80，57）四个点，分别表示前 20% 的人占有 5% 的收入、前 40% 的人占有 16% 的收入、前 60% 的人占有 34% 的收入、前 80% 的人占有 57% 的收入，根据这四个点可画出洛伦兹曲线，具体如图 4－5 所示。

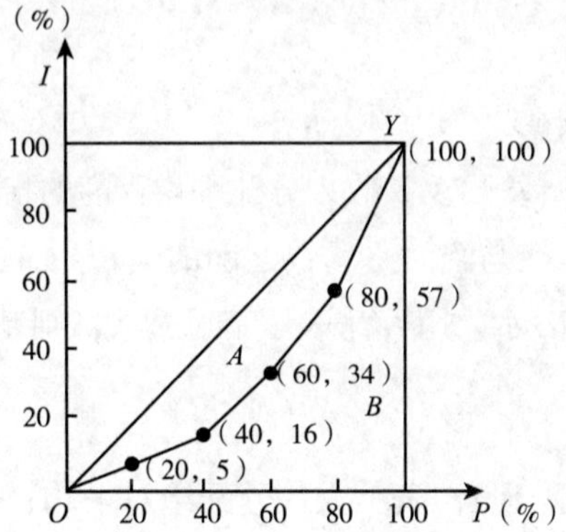

图 4－5　洛伦兹曲线

在图 4－5 中，横轴 *OP* 表示人口百分比，纵轴 *OI* 表示收入百分比。*OY* 直线为 45 度线，在这条直线上，每 20% 的人口均得到 20% 的收入，表明收入分配绝对平均，称为绝对平均线。*OPY* 折线表示收入分配绝对不平均，称为绝对不平均线。根据上述四个点所作的介于绝对平均线和绝对不平均线之间的 *OY* 曲线就是洛伦兹曲线，反映了这个社会收入分配的平均程度。

2. 洛伦兹曲线的应用

洛伦兹曲线与绝对平均线越接近，表示社会收入或财产分配越平均；洛伦兹曲线与绝对不平均线越接近，表示社会收入或财产分配越不平均。在图 4－5 中，*OY* 曲线与 *OY* 直线越接近，表示这个社会的收入分配越平均；*OY* 曲线与 *OPY* 折线越接近，表示这个社会的收入分配越不平均。

洛伦兹曲线可以用来衡量一项政策实施对于社会收入或财产分配情况的影响。例如在图 4－6 中，假设 *b* 曲线表示实施一项收入分配政策之前的洛伦兹曲线，在这项政策实施之后，如果洛伦兹曲线向左上方移动到 a 曲线，表明这项政策缩小了社会收入差距；如果这项政策实施之后，洛伦兹曲线向右下方移动到 c 曲线，则表明这项政策拉大了社会收入的差距。

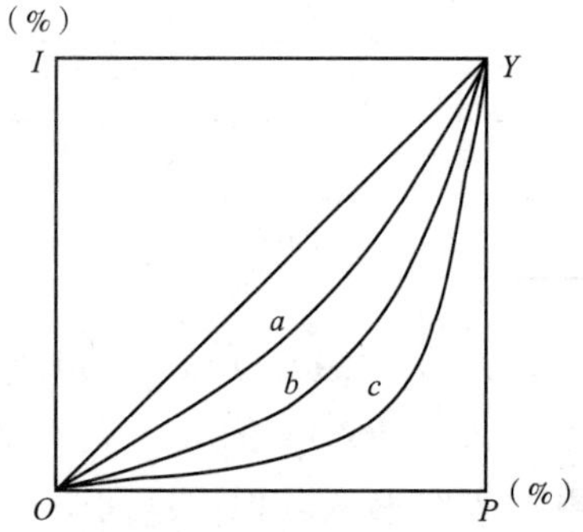

图 4－6　用洛伦兹曲线比较收入分配状况

（二）基尼系数

1. 基尼系数的定义与计算

根据洛伦兹曲线，可以计算出反映收入分配平均程度的指标，这一指标被称为基尼系数。在图 4－5 中，洛伦兹曲线与绝对平均线之间的面积用 A 来表示，洛伦兹曲线与绝对不平均线之间的面积用 B 来表示，用 G 来表示基尼系数，则基尼系数的计算公式为：

$$G = A/(A+B)$$

当 $A=0$ 时，基尼系数等于 0，表示收入分配绝对平均；当 $B=0$ 时，基尼系数等于 1，表示收入分配绝对不平均。在实际的收入分配当中，基尼系数总是大于 0 而小于 1。基尼系数越小，表示收入分配越平均；基尼系数越大，表示收入分配越不平均。

2. 基尼系数的评判标准

关于基尼系数，国际上并没有统一的评判标准。通常认为，基尼系数小于 0.2 时，居民收入过于平均，0.2～0.3 较为平均，0.3～0.4 比较合理，0.4～0.5 差距较大，大于 0.5 时差距悬殊，具体如表 4－4 所示。

表 4－4　评判基尼系数的参考标准

序号	基尼系数值	收入分配状态
1	0.2 以下	过于平均
2	0.2～0.3	比较平均
3	0.3～0.4	比较合理
4	0.4～0.5	差距较大
5	0.5 以上	差距悬殊

资料来源：编写组．砥砺奋进的五年［M］．北京：中国统计出版社，2018：53－54.

通常而言，与面积或人口较小的国家相比，地域辽阔、人口众多和自然环境差异较大国家的基尼系数会高一点，经济处于起步阶段或工业化前期国家的基尼系数要高一些，发达经济体特别是实施高福利政策国家的基尼系数要低一点。

需要说明的是，基尼系数需要使用分户或分组的居民收入数据来计算。使用不同来源、不同口径的收入基础数据会得到不同的基尼系数。比如，收入指标是否规范、用总收入指标还是用可支配收入指标、收入中是否包括政府的实物福利、是否扣除年度物价因素、是否扣除地区差价等，都对基尼系数及其变化趋势有影响。以我国的基尼系数为例，我国国家统计局公布的2009年、2011年和2012年基尼系数分别为0.49、0.477和0.474（见图4-7），而世界银行公布的我国上述三年基尼系数分别为0.42、0.37和0.42。

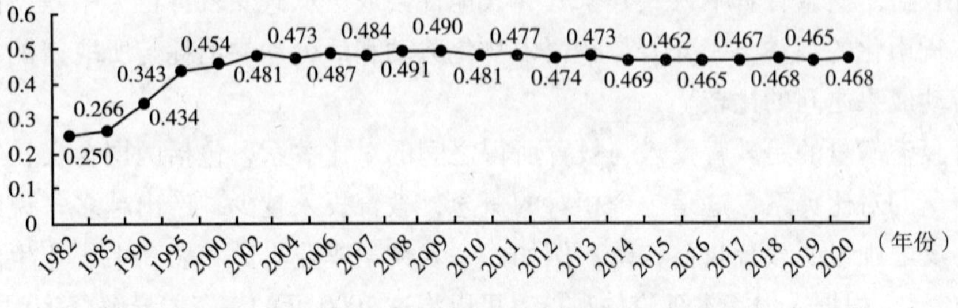

图4-7 20世纪80年代以来我国的基尼系数

资料来源：中国统计年鉴（历年）[EB/OL]. 国家统计局网站，http：//www. stats. gov. cn/tjsj/ndsj/.

四、我国的基尼系数及分析

20世纪80年代以来，我国收入分配从比较平均阶段，经历了比较合理阶段，目前处于差距较大阶段（见图4-7）。具体来看，在80年代，基尼系数在0.3以下，表明当时的收入分配处于比较平均阶段；到了90年代，国家开始推进市场经济改革，在收入分配上相对强调经济效率，基尼系数迅速攀升到0.4以上，表明收入分配跨越了基本合理阶段，进入了差距较大阶段。21世纪以来，基尼系数总体来看处于高位运行阶段，2008年达到了0.491的峰值，收入差距达到最高水平。此后，国家实行了一系列“托低控高”的收入分配政策，居民收入差距逐步缩小，基尼系数缓慢下降并稳定在0.47以下。

党的二十大报告强调：“坚持把实现人民对美好生活的向往作为现代化建设的出发点和落脚点，着力维护和促进社会公平正义，着力促进全体人民共同富裕，坚决防止两极分化。”我们坚信，在党中央的正确领导和全国人民的共同努力下，随着我国经济发展水平不断提升，区域发展不平衡与城乡发展不平衡现象将逐渐得到改善，社会收入差距也将随之逐步缩小，全体人民共同富裕将逐步实现。

第三节 教育收益及其类型

一、教育收益概述

（一）教育收益的内涵

前文讲的收入是经济学的概念，指的是通过市场交易获得的可以用货币来计量的经济收益。教育作为一项人力资本投资活动，既能产生货币化的收益，也有非货币化的收益。因此，下文采用教育收益而非教育收入的表达方式，以区别于经济学上的收入概念。

教育收益是受教育者本人及其家庭和其他社会成员从其受教育行为中获得的各种货币化和非货币化的利益与好处，是教育中物化劳动和活劳动的消耗与所取得的符合社会需要的劳动成果之间的比较。

教育收益衡量的是教育投入与教育所得之间的对比关系，包括两层含义：一是教育投入与产出的对比关系，这是一个相对的概念，教育投入越少，产出越多，说明教育收益越好，反之则说明教育收益较差。例如，一名大学毕业生比一名高中毕业生的月工资高出 1000 元，根据人力资本理论的观点，可以将这 1000 元的工资差异解释为因上大学提高了人力资本，这样就可以用大学毕业生与高中毕业生的工资差异总额减去其上大学的私人成本，从而得到其私人的（货币化）教育收益。二是教育产出应符合社会各方面的需要。从受教育者个体来说，不仅其知识技能水平要达到社会要求，其道德水准与行为规范也要符合社会需要。从受教育者群体来说，不仅人才培养质量要达到要求，人才培养的数量和专业结构等也要符合社会要求。只有这样，才能使教育收益得以真正全面实现。

（二）教育收益的特点

教育活动并不直接创造产品，其收益与物质资料生产部门如企业或投资活动的收益相比，有一些显著的特点。

1. 间接性

物质资料生产部门经过生产过程，会产出一定数量和质量的产品，可以通过市场销售取得经济收益。而教育产出主要是附着在受教育者身上的知识、技能和德行，并不能直接产生经济收益。只有当教育培养出来的人才进入社会生产环节之后，具备了更高的劳动生产率，产出了更多更优的产品，才能取得经济收益。

2. 迟效性

“十年树木，百年树人”，把一名学生培养到大学毕业，通常需要十五六年的时间，大学毕业后参加工作才能取得工资收入，从投入到产出的过程比较长，具有迟效性的特点。

3. 长效性

受教育者在教育中养成的良好品行和知识技能等能够在很长时间的生产和生活中发

挥作用，有的甚至能够伴随人的一生。因而，其收益具有长效性的特点。

4. 多效性

教育除了可以提高学习者的生产能力之外，还具有其他多方面的功能，例如个人综合素质的提升，个人对其家庭成员、子女以及周边人群产生积极的影响等。

5. 流动性

教育活动所形成的人力资本属于受教育者本人，随着受教育者本人的流动而流动，由此，教育收益也具有流动性的特点。

6. 风险性

与其他投资相同，教育投资也是有风险的，如因受教育者主观不努力，或所学专业过时而导致预期的教育收益无法实现。

（三）教育收益的分类

1. 根据教育收益主体的分类

教育收益可以从不同角度进行划分。根据教育收益主体的不同，可以将教育收益划分为私人收益和外部收益。私人教育收益指受教育者自身及其家庭通过接受教育而获得的收益，例如学历高的人比学历低的人工作岗位更好、收入更高，教育程度高的父母往往更善于子女的教育与健康管理，因此整个家庭的教育水平和健康状况更优，等等。

外部教育收益指受教育者及其家庭之外，其他社会成员从其受教育行为中获得的收益。例如，某劳动者的生产能力与生产效率因为教育水平提升而提高，因而生产出了更多更好的产品，不仅为其自己带来更高的收入，也为所在企业创造了更多的利润，进而向国家上缴了更多的税收，从而使得其他社会成员分享到了其教育收益；再如，居民小区里的居民教育水平提高，文明程度也会随之提高，有利于整个小区形成良好的行为习惯（如不乱扔垃圾、不大声喧哗等），从而惠及小区的所有居民。

2. 根据教育收益表现形式的分类

根据教育收益表现形式的不同，可以将教育收益划分为市场化收益与非市场化收益。市场化教育收益指受教育者因提高了劳动生产率而在劳动力市场上获得的收益。单个劳动者通过接受教育，知识、技能与品德得到提升，其对于生产的贡献更大，因而在劳动力市场上获得更高的工资收入。对于一个国家或地区来说，如果劳动者的教育水平整体提高，将导致全社会产出水平的提升，从而给包括劳动者本人在内的全体社会成员带来经济方面更大的收益。这也是教育的市场化收益。

非市场化教育收益指的是教育在劳动力市场以外产生的收益。例如教育能够提高受教育者个人的文明素质，进而能够促进整个社会文明进步等，诸如此类的产生在劳动市场以外的、非经济性的教育收益，都是非市场化教育收益。

根据上述两个不同分类角度，可以划分为四类教育收益，分别是私人市场化收益、私人非市场化收益、外部市场化收益和外部非市场化收益，具体如表 4 - 5 所示。

表 4-5 教育收益的分类

收益主体	收益形式	
	市场化收益	非市场化收益
私人收益	私人市场化收益	私人非市场化收益
外部收益	外部市场化收益	外部非市场化收益

二、私人教育收益

(一) 私人市场化教育收益

私人市场化收益指受教育者自身及其家庭通过接受教育而在劳动力市场获得的收益。就其表现形态而言，有货币形态的，即受教育者因接受教育而获得的增量工资收入，这是私人市场化教育收益的主要部分。

此外，还有非货币形态的私人市场化教育收益。例如，更稳定的职业生涯，更舒适的工作环境，更好的工作福利包括养老保障、医疗保障、住房公积金、公务出差机会、进修提升机会、免费午餐、免费文体活动、班车接送等。再如，很多教育程度较高的人喜欢在工资水平并非很高的大学或研究机构工作，其往往看重的是可以自己支配时间，还能从教学和研究工作中得到较大的满足感等。诸如此类的教育收益，都是受教育者通过劳动力市场获得的无法用货币计量的教育收益，也是私人市场化教育收益的重要构成部分。

私人市场化收益源于受教育者因人力资本提升而为生产作出的更大贡献，例如在劳动力市场上，大学毕业生的平均工资要高于高中毕业生，根据人力资本理论的观点，这个平均工资差异就是大学生毕业的私人市场化教育收益。

图 4-8 呈现的是明瑟尔教育“成本-收益”曲线，其中，原点 O 指法定劳动年龄，未受教育者在 O 岁时参加工作，因为其人力资本相对较低，工资曲线为 W_1，工资水平增长较慢，因而 W_1 表现为相对平缓的上升，其职业生涯总工资收入为 S_1+S_0。受教育者在 A 岁时参加工作，O 岁与 A 岁之间的年龄差为其学习时间，因为其人力资本相对较高，工资曲线为 W_2，工资水平增长较快，因而 W_2 表现为相对陡峭的上升，其职业生涯总工资收入为 S_2+S_0。两者比较，受教育者与未受教育者职业生涯总工资收入的差额为 S_2-S_1，这个差额即是受教育者的私人市场化教育收益。

此外，图 4-8 还可以用来描述教育程度不同的两个劳动者的工资变化情况，在这种情况下，O 岁表示低教育程度者参加工作的时间，A 岁表示高教育程度者参加工作的时间，S_2-S_1 则代表两者之间因人力资本水平不同而产生的工资差异，也即是接受更高层次教育的私人市场化收益。

那么，实际情况如何呢？表 4-6 列出了 1990 年、1995 年、1999 年和 2004 年我国各学历层次人员工资的绝对与相对水平。从中可以看出两点：第一，工资水平与学历层

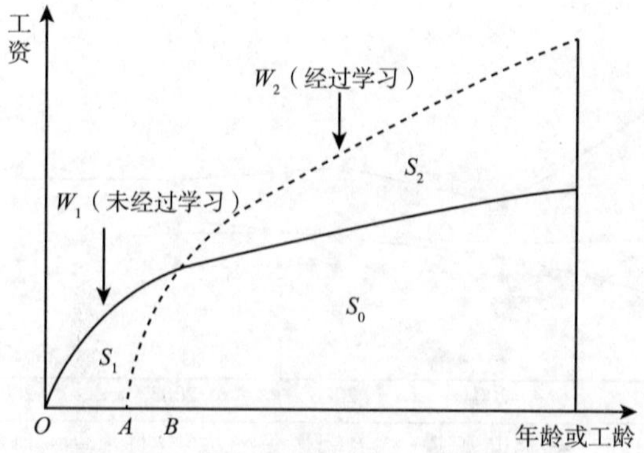

图 4-8　明瑟尔教育“成本-收益”曲线

次同向变动，学历越高、工资越高，反之也成立。第二，随着经济发展水平的不断提高，不同学历层次之间的工资差额逐渐拉大，以小学及以下工资水平占本科及以上工资水平的比例来看，1990 年这个比率为 72.93%，1995 年降为 65.19%，1999 年进一步降为 45.35%，2004 年继续下降到 42.92%。这表明，经济发展水平越高，知识的财富创造价值就越凸显。

表 4-6　　中国不同教育水平城镇职工的年平均工资

工资	本科及以上	专科	中职	普高	初中	小学及以下	平均
平均工资（元）							
1990 年	3432	3057	2894	2633	2611	2503	2801
1995 年	4162	3672	3390	2998	2919	2713	3223
1999 年	5916	4866	4043	3692	3443	2683	4131
2004 年	23936	18224	15699	13888	11935	10273	16368
相对工资（%）							
1990 年	123	109	103	95	93	93	100
1995 年	128	114	105	93	91	84	100
1999 年	143	118	98	89	83	65	100
2004 年	146	111	96	85	73	63	100

资料来源：刘泽云．教育经济学［M］．上海：华东师范大学出版社，2008：26.

再来看我国各级教育的收益率情况。根据测算，2002～2009 年，我国各级教育相对于其低一级教育（初中相对于小学、高中相对于初中，以此类推）的（私人）净收益率处于较高水平。以 2009 年为例，当年的初中、高中、大学专科、大学本科和研究生教育的（私人）净收益率分别为 21.33%、13.21%、18.17%、23.67% 和 35.40%（见图 4-9）。这一测算数据表明，仅就投资的经济收益来看，进行教育投资是非常划算的。

从全球范围来看，一项关于 1950～2014 年的世界各国共 705 项教育收益率的汇总

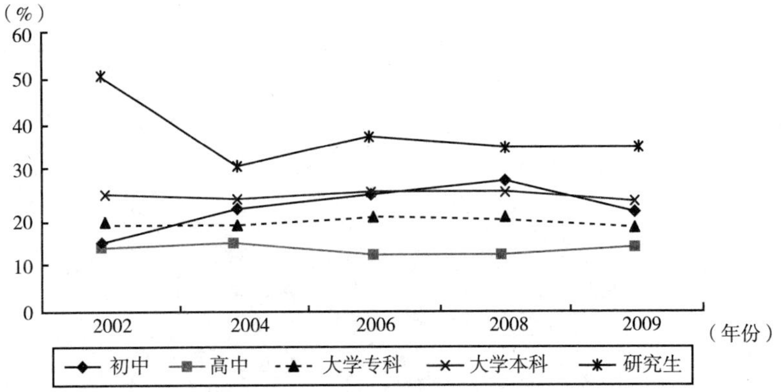

图4-9　中国各级教育收益率（2002~2009年）

资料来源：丁小浩，于洪霞，余秋梅．中国城镇居民各级教育收益率及其变化研究：2002~2009年［J］．北京大学教育评论，2012（3）：73-84.

研究表明，教育的私人收益率基本稳定在9%左右，处于不同收入水平的国家略有不同（见图4-10），这同样表明，进行教育投资在经济上是很合算的。

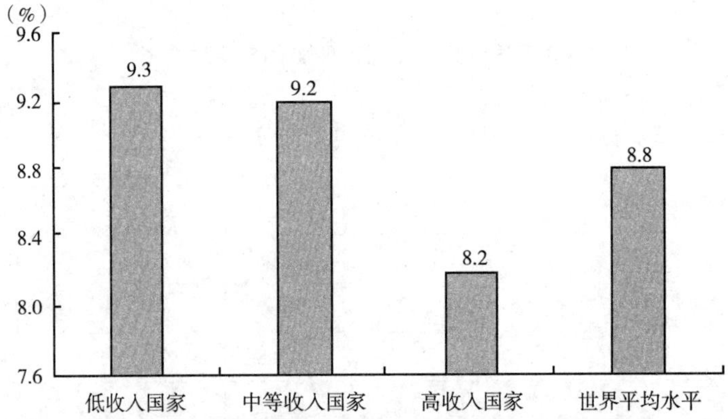

图4-10　不同收入水平国家的私人教育收益率

资料来源：闵维方，马莉萍．教育经济学［M］．北京：北京大学出版社，2020：218.

（二）私人非市场化教育收益

私人非市场化教育收益指的是受教育者及其家庭因其接受教育而在劳动力市场以外获取的收益。正如英国教育经济学家布劳格指出的，教育能够发现和培养人的潜在能力、能够教导人们守法的行为。私人非市场化教育收益具有两个特征：一是其来源并非受教育者因人力资本提升进而对生产作出更大的贡献，而是表现为受教育者因综合素质提升进而在社会生活领域产生积极或正面影响；二是其表现形态是非货币化的，是不能用货币计量的教育收益。

私人非市场化教育收益具体包括消费性收益、家庭内部生产率收益、健康收益、消费决策收益和隔代收益等。

1. 消费性收益

教育的消费性收益指的是受教育者在受教育期间或之后获得的精神上的享受或满足。经济物品可以分为消费品和资本品两类，消费品用来满足人们当前的消费需要，资本品用于生产消费品以满足人们未来的消费需要。从这个角度来看，教育既是消费品又是资本品，因为人们既能在接受教育的过程中获得兴趣上的满足和精神上的享受，还能够在未来获得兴趣上的满足和精神上的享受。

例如，受教育者在学习期间，更加全面准确深刻地认识了自我、自然和社会，获得了与同龄人交往的机会，参加了各种体育和娱乐活动，提升了阅读、理解、艺术欣赏、价值判断等能力，这些都会给受教育者在当前和未来带来乐趣和精神享受。正如作家谢冕所说的，接受教育可以让学习者同时拥有物质与精神两个世界，教育程度越高的人所拥有的精神世界越大。

【案例4－1】读书人的两个世界

我常想，读书人是世间幸福人，因为他除了拥有现实的世界之外，还拥有另一个更为浩瀚也更为丰富的世界。现实的世界是人人都有的，而后一个世界却为读书人所独有。由此我想，那些不能阅读的人是多么不幸，阅读能力的丧失是不可补偿的。世间有诸多的不平等，财富的不平等，权力的不平等，而阅读能力的拥有或丧失却体现为精神的不平等。

一个人的一生，只能经历自己拥有的那一份喜悦，那一份苦难，也许再加上他亲自感知的那一些关于自身以外的经历和经验。然而，人们通过阅读，却能进入不同时空的诸多他人的世界。更为重要的是，读书加惠于人们的不仅是知识的增广，而且还在于精神的感化与陶冶。人们从读书学做人，从那些往哲先贤以及当代才俊的著述中学得他们的人格。人们从《论语》中学得智慧的思考，从马克思学得入世的激情，从鲁迅学得批评的精神。一个读书人，是一个有机会拥有超乎个人生命体验的幸运人。所以，我说，读书人是幸福人。

资料来源：谢冕．读书人是幸福人［J］．课外阅读，2009（20）：23.

2. 家庭内部生产率收益

家庭内部生产率是指从事家务劳动时投入与产出之间的关系。教育具有明显的人工效应——培养和提高学习者的技术技能，这里的技术技能既包括生产性的，也包括非生产性的。人工效应的结果是提高了人们处理事务的能力与效率，这意味着教育能够提高学习者处理家庭事务的能力和效率。在当前高科技产品尤其是人工智能产品（如智能家电产品、厨卫产品、清洁设备、通信设备等）快速进入家庭生活的大背景下，教育程度较高的人在应用这些设备提高家务劳动效率方面具有明显优势。这样可以节省出更多的时间用于工作和闲暇，以提高家庭收入水平和生活幸福程度。

3. 健康收益

从个人或家庭来说，健康和教育是两种最为重要的人力资本投资。由于教育具有突出的配置效应——培养和提高学习者的认知能力与判断能力，这里的认知与判断的范围涉及生产、生活和自我管理等诸多方面。配置效应的结果是促使学习者在面对各种可供选择的机会时能作出更加科学、合理和有效的选择或决策。例如，个人教育程度的提高，能够促进个人收集和学习健康方面的知识和信息，更加注意营养，更加有效地调节身体与心理，更加自觉地减少或杜绝不良生活习惯和增加有利于健康的日常行为，更加有效地利用医疗和保健手段等。教育的健康收益还会进一步拓展延伸至其他的家庭成员，例如更好地赡养父母长辈等。

4. 消费决策收益

对于个人和家庭生活来说，消费选择也是一项经济性很强的活动，人们要用尽可能少的经济投入购买到最适合自己或家庭的产品，以获得最大限度的消费满足。这就需要人们进行消费决策——花费更少的钱买到更合意的产品。通常情况下，教育程度高的人对于产品的价格、质量、性能和是否适合自己等的认知与判断更为准确，其消费决策往往更为科学和合理。例如，能更为理性地对待产品的广告信息，能更为科学地评价保健产品的功效等，不易冲动消费或受欺骗消费。

5. 隔代收益

父母的受教育水平会对子女产生积极正面的影响，使子女获益，这个被称为教育的隔代收益。教育的隔代收益体现在多个方面，包括对子女的受教育水平有着正面影响、对子女健康有着正面影响、能帮助和指导子女进行更加理性和科学的决策等。例如1987 年的意大利，在父亲未完成义务教育的家庭里，儿子未完成义务教育的比例达到20.72%、完成高等教育的比例仅为1.45%，而在父亲完成了高等教育的家庭里，儿子未完成义务教育的比例为0、完成高等教育的比例达到了63.27%（见表4－7）。父亲教育水平对儿子教育水平的影响可见一斑。

表4－7　　意大利父亲教育水平对儿子教育水平的影响（1987年）　　单位:%

父亲教育水平	儿子教育水平			
	未完成义务教育	义务教育	义务教育与高等教育之间	高等教育
未完成义务教育	20.72	56.67	21.16	1.45
义务教育	4.34	32.93	56.59	6.14
义务教育与高等教育之间	1.44	13.46	60.10	25.00
高等教育	0	2.04	34.69	63.27

资料来源：刘泽云．教育经济学［M］．上海：华东师范大学出版社，2008：39.

三、外部教育收益

外部教育收益是外部成员从受教育者的受教育行为中获得的各种经济性和非经济性

收益，包括外部市场化教育收益和外部非市场化教育收益两类。

（一）外部市场化教育收益

外部市场化教育收益指其他外部成员因受教育者的受教育行为而获得的经济性收益。例如，某位居民的教育水平很高，他基于创新技术或产品创业成功，既为自身及家庭带来了很高的收入，又为许多其他居民提供了就业机会和工资收入，还向国家上交了税收。

对于一个国家或社会的经济发展来说，有两个关键问题要处理好：一是经济增长，要求生产出更多更好的产品，提高人均产品拥有量。二是收入分配，要求既要体现效率，充分激发和发挥包括劳动者在内的所有生产要素的积极性和作用，以促进经济增长；又要兼顾公平，努力将收入差距控制在一个合理的范围之内，以保持社会稳定。而教育对于这两个方面均有促进作用。

1. 教育能够促进经济增长

经济学界先后提出了许多经济增长模型，如哈罗德－多马模型、新古典增长模型等，用来解释经济增长。但有关研究结果表明，按传统的计量方法，人均收入的增长率大大高于人均资本的增长率。这就是说，总收入增长率大大高于资本和劳动等生产要素投入的增长率之和，这就是所谓的增长“余差”。增长“余差”源于生产要素效率的改善，而生产要素效率的改善（不论是资本还是劳动），从根本上说又取决于人力素质的提高。人力素质之所以会提高，教育和职业培训等是关键因素。这样看来，增长“余差”产生的根源在于人力资本的改善和提高，现代人力资本理论的研究结果表明，教育是促进人力资本改善和提高的关键因素之一。由此可见，教育不仅能够给个人带来更高的工资收入，还会促进整个社会生产水平的提高，这就是教育的市场化外部收益。

有关研究表明，美国从1900年到1959年，由人力资本（教育方面的投资）获得的利润增长了17.5倍，而由物质资本获得的利润只增长了3.5倍。① 舒尔茨研究发现，1929年到1957年间，教育对于美国经济增长的贡献率为33%。丹尼森的研究结果表明，美国在1929年至1957年间国民收入的年均增长率为2.93%，其中由于教育引起的国民收入增长率为1.02%，折算下来，教育对于国民收入增长的贡献率为35%。②

2. 教育能够改善收入分配

个人或家庭的收入主要来源于其拥有的生产要素在生产中所作出的贡献。对于大多数人来说，其主要的收入来源于工资收入，而工资收入又是和其所接受的教育程度密切相关的。因此，如果一个国家或社会能够持续扩大教育总体规模和提高教育机会均等程度，就会使得越来越多的低收入群体获得更多更好教育机会和实际接受到更高程度的教育，从而能够提高低收入群体的收入，改善和提高他们的生活条件和生活水平，促进社

---

① 于光远．重视教育经济学改进教育工作［J］．教育研究，1980（4）．

② 范斯科特，北京师范大学外国教育研究所．美国教育基础——社会展望［M］．北京：教育科学出版社，1984：109－110．

会的和谐稳定与可持续发展。

当然，教育是否能够和能在多大程度上缩小社会收入差距，还受到教育自身发展因素和劳动力市场供求因素等的影响。从教育自身发展来说，如果教育机会不够均等，不能够保障低收入群体的入学机会，那么接受教育的仍以高收入群体为主，教育发展的结果不但没有缩小收入差距，反而可能扩大收入差距。从劳动力市场来看，教育仅能够对劳动力的供给产生影响——改变劳动者的专业结构和个体的生产能力，而劳动力市场的需求是由经济周期、国家政策、产业结构、技术发展、工资保护制度等多种因素共同决定的，这会从一定程度上制约劳动者人力资本的变现。

（二）外部非市场化教育收益

外部非市场化教育收益指其他外部成员和社会外界从受教育者的受教育行为中获得的非经济性收益。这部分收益很难或无法用货币来度量，主要体现在降低人口增长率、推进民主发展、提高公民对社会事务的参与和减少犯罪等方面。

1. 降低人口增长率

总体来看，国民教育水平提高会降低人口增长率。其原因主要包括两个方面，一方面，教育程度较高的人，其抚育孩子的直接成本和机会成本相对较高，而传统的养儿防老的需求相对较低；另一方面，教育程度较高的人，初婚年龄较晚，缩短了生育旺盛期，减少了生育机会。

当然，对于一个国家和社会发展来说，拥有多少人口和人口增长保持何种速度为宜是一个非常复杂的问题，需要综合考虑经济发展、资源利用、环境保护等诸多因素。因此，教育发展导致人口增长率降低，对于一个国家或社会来说并不总是正收益，在某些特殊情况下，可能是负收益。

2. 促进民主发展

教育的发展使得越来越多的人具备了更好的读写、思考、分析和判断能力，进而产生了政治诉求，能够积极主动地参与政治生活，从而能够提高整个社会的民主参与度，促进民主发展。

3. 提高公民社会事务参与度

一般来说，教育程度较高的人对社会公共事务和社会问题更为了解，也更愿意参与其中，这对于建立现代公民社会来说是非常重要的。

4. 减少犯罪

教育能从多方面抑制犯罪。首先，学校既传授知识与技能，也引导学生形成积极向上的人生观和价值观。其次，学校教育或多或少地会涉及法律知识，学生通过学习，了解到了犯罪对于自身及社会的危害，降低了犯罪的可能性。再次，教育提供了底层民众和弱势群体向上流动和改善生活的机会，使其能够通过正当的途径获得较好的经济和社会地位，避免了其通过犯罪行为谋取不正当利益的可能性。最后，教育程度越高，收入水平越高，犯罪成本也就相应越高，因而犯罪的可能性也就越低。

四、上大学的全部收益

综合来看，上大学的收益包括大学生及其家庭获得的私人市场化收益、私人非市场化收益，以及外部成员获得的外部市场化收益、外部非市场化收益四类，如表 4-8 所示。

表 4-8　　上大学的全部收益

收益类型	私人收益	外部收益
市场化收益	**私人市场化收益** ◇ 提高工资收入 ◇ 提高非工资福利	**外部市场化收益** ◇ 促进经济增长 ◇ 改善收入分配
非市场化收益	**私人非市场化收益** ◇ 消费性收益 ◇ 家庭内部生产率收益 ◇ 健康收益 ◇ 消费决策收益 ◇ 隔代收益	**外部非市场化收益** ◇ 降低人口增长率 ◇ 促进民主发展 ◇ 提高社会事务参与度 ◇ 减少犯罪

第一，私人市场化收益。大学生及其家庭获得的私人市场化收益指的是大学生因接受大学教育而获得的高于高中毕业生的平均工资收入，以及因接受大学教育而获得的好于高中毕业生的非工资福利（如更好的工作环境、更多的进修机会、更佳的医疗养老保障等）等。

第二，私人非市场化收益。大学生及其家庭获得的私人非市场化收益包括消费性收益、家庭内部生产率收益、健康收益、消费决策收益和隔代收益等。

第三，外部市场化收益。上大学也能给国家和外部成员带来收益。其中，国家和外部成员获得的外部市场化收益主要体现在促进经济增长和改善收入分配两个方面。

第四，外部非市场化收益。上大学给国家和外部成员带来的非市场化收益体现在降低人口增长率、促进民主发展、提高公民社会事务参与度和减少犯罪等方面。

此外，需要说明的是，上大学也会产生一些局部的消极或负面影响。例如，对于学习成绩不好或是不喜欢学习的大学生来说，大学学习可能不是一种享受，而是一种煎熬，这是上大学给他们造成的心理成本。对于社会来说，也存在着过度教育的可能，即教育规模或教育层次超过了经济社会和个体发展的需要，造成了教育的“内卷”和资源的浪费。尽管如此，国家和社会大力发展教育、个人与家庭积极接受更高层次更优质量教育的正向收益与积极意义仍是毋庸置疑的。

【本章小结】

1. 收入源于人类生产活动。厂商获得的收入是产品销售收入，居民获得的收入是要素收入。

2. 收入主要根据贡献标准和平等标准进行分配，效率优先、兼顾公平是解决公平与平等矛盾的基本思路。

3. 一个国家或社会收入分配的均等程度可用洛伦兹曲线和基尼系数来衡量。

4. 教育收益指受教育者个人及其家庭和其他外部成员从其受教育行为中获得的各种货币性和非货币性收益。

5. 从收益主体和形式两个维度，可将教育收益分为私人市场化收益、私人非市场化收益和外部市场化收益、外部非市场化收益。

6. 上大学的收益包括大学生及其家庭获得的私人市场化和非市场化收益、外部成员获得的外部市场化收益和非市场化收益。

【知识结构】

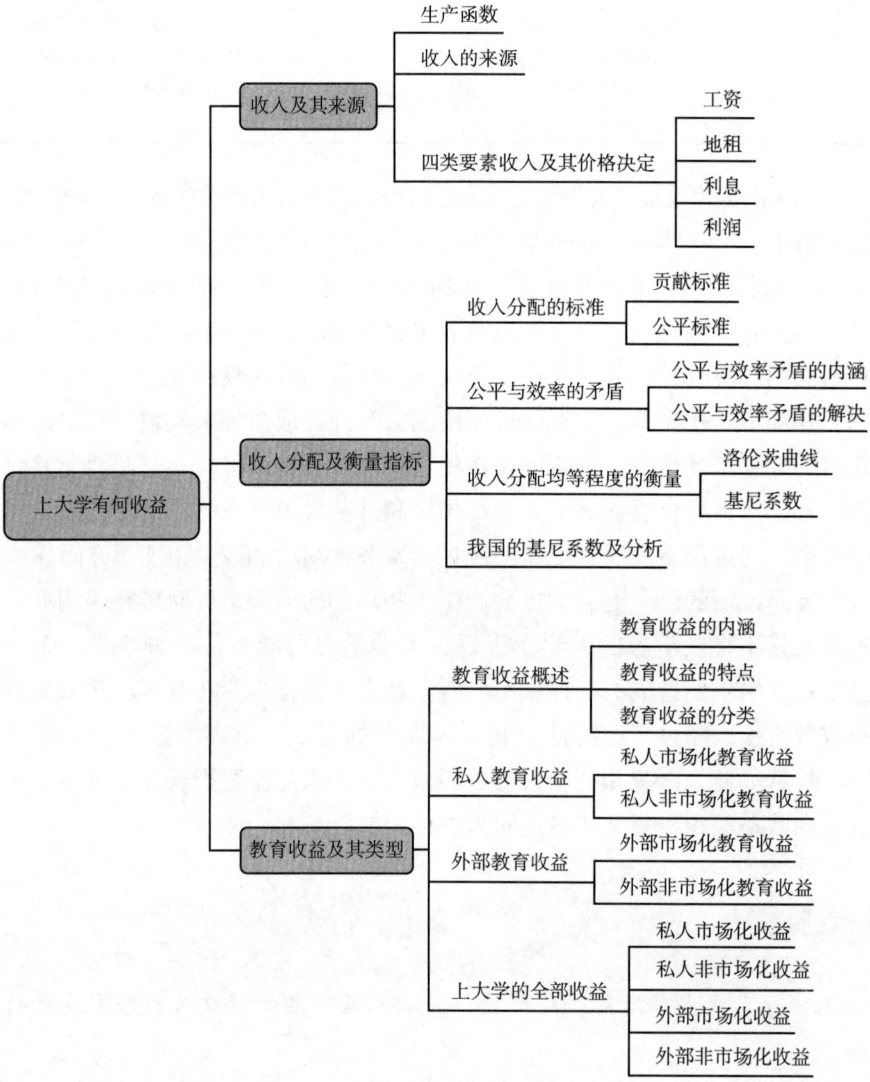

【课后练习】

一、单项选择

1. 资本这种生产要素的价格是（　　）。

A. 工资　　B. 利息　　C. 地租　　D. 利润

2. 小王工作投入且业绩突出，工资收入因此比其他同事高出很多，这是在按（　　）分配收入。

A. 公平标准　　B. 贡献标准　　C. 需要标准　　D. 身份标准

3. 洛伦兹曲线是一条用来衡量一个社会的（　　）或财产分配平均程度的曲线。

A. 收入分配　　B. 产品分配　　C. 服务分配　　D. 利润分配

4. 某个国家的基尼系数为0.384，据此可以判断，这个国家的社会收入分配（　　）。

A. 过于平均　　B. 比较平均　　C. 基本合理　　D. 差距较大

5. 小王大学毕业后工作，工资收入比未上大学的高中同学高出很多，这是教育（　　）的体现。

A. 非市场化私人收益　　B. 市场化私人收益

C. 非市场化外部收益　　D. 市场化外部收益

6. 居民整体受教育程度的提高能促进社会和谐发展与文明进步，这是教育的（　　）。

A. 市场化私人收益　　B. 非市场化私人收益

C. 市场化外部收益　　D. 非市场化外部收益

7. 教育的（　　）指学习者在受教育期间或之后获得的精神上的享受或满足。

A. 非货币性劳动力市场收益　　B. 家庭内部生产率收益

C. 健康收益　　D. 消费性收益

8. 父母受教育水平会对子女产生多方面正向影响，使子女获益，这是教育的（　　）。

A. 健康收益　　B. 家庭内部生产率收益

C. 隔代收益　　D. 非货币性劳动力市场收益

9. 教育从整体上提高了居民的人力资本，进而提高整个社会的生产效率与产出水平，这是教育的（　　）。

A. 外部市场化收益　　B. 私人市场化收益

C. 外部非市场化收益　　D. 私人非市场化收益

10. 教育能推进社会民主发展、提高公民对社会事务的参与和减少犯罪，这些是教育的（　　）。

A. 外部非市场化收益　　B. 外部市场化收益

C. 私人市场化收益　　D. 私人非市场化收益

二、多项选择

1. 厂商为了组织生产，要投入的生产要素包括（　　）。

A. 劳动　B. 资本　C. 土地　D. 企业家才能

2. 市场经济条件下，收入分配的标准主要包括（　　）。

A. 贡献标准　B. 需要标准　C. 身份等级标准　D. 公平标准

3. 下列指标或工具可以用来衡量社会收入分配平等程度的有（　　）。

A. 基尼系数　B. 洛伦兹曲线　C. 销售收入　D. 利润

4. 根据教育收益主体的不同，教育收益分为（　　）。

A. 私人教育收益　B. 市场化教育收益

C. 外部教育收益　D. 非市场化教育收益

5. 根据教育收益表现形式的不同，教育收益分为（　　）。

A. 市场化教育收益　B. 外部教育收益

C. 私人教育收益　D. 非市场化教育收益

三、判断正误

1. 厂商的收入是产品销售收入，居民的收入是要素出售（租）收入。（　　）

2. 土地（自然资源）的长期供给曲线是一条向右上方倾斜的曲线。（　　）

3. 工资是企业家才能这种生产要素的价格。（　　）

4. 按公平标准进行分配，有利于发挥生产要素的生产能力。（　　）

5. 经济学倡导的解决平等与效率矛盾的基本原则是公平优先、兼顾效率。（　　）

6. 基尼系数的值越大，说明收入差距越小。（　　）

7. 私人市场化教育收益都可以用货币来衡量。（　　）

8. 家庭内部生产率收益是教育的私人市场化收益。（　　）

9. 上大学有利于大学生获得更高的工资收入和更好的非工资福利。（　　）

10. 增长的“余差”是教育的外部市场化收益。（　　）

四、简答

1. 收入的来源是什么？分配的标准主要有哪些？

2. 什么是公平与效率的矛盾？解决这一矛盾的基本原则是什么？

3. 什么是教育收益？如何分类？

4. 上大学能给学生及其家庭、国家等带来哪些方面的收益？

五、思考

有人说上大学是一种既利己又利他的人力资本投资行为。对此观点，你怎么看？

六、撰写学习心得体会

对照本章教学目标，从以下四个方面撰写心得体会：一是知识学习情况；二是能力提升情况；三是情感、态度和价值观改进情况；四是自身不足与努力方向。要求不少于1000字。

七、学习效果自评

1. 学习本章之后，我的总体收获（　　）。

A. 非常大　　B. 比较大　　C. 一般　　D. 比较小　　E. 非常小

2. 学习本章之后，我（　　）了解收入的内涵及其来源。

A. 非常　　B. 比较　　C. 一般　　D. 比较不　　E. 非常不

3. 学习本章之后，我（　　）熟悉收入分配的标准及衡量指标。

A. 非常　　B. 比较　　C. 一般　　D. 比较不　　E. 非常不

4. 学习本章之后，我（　　）理解教育收益的内涵与分类。

A. 非常　　B. 比较　　C. 一般　　D. 比较不　　E. 非常不

5. 学习本章之后，我能（　　）准确地列举出上大学的全部收益。

A. 非常　　B. 比较　　C. 一般　　D. 比较不　　E. 非常不

6. 学习本章之后，我（　　）明显地形成了勤劳致富、按劳取酬的创富观念和体现效率、促进公平的分配理念。

A. 非常　　B. 比较　　C. 一般　　D. 比较不　　E. 非常不

7. 学习本章之后，我（　　）明显地增强了人力资本投资的风险意识。

A. 非常　　B. 比较　　C. 一般　　D. 比较不　　E. 非常不

8. 学习本章之后，我（　　）明显地加强了对家庭、国家等大学投资者的感恩意识和回报意识。

A. 非常　　B. 比较　　C. 一般　　D. 比较不　　E. 非常不

9. 学习本章之后，我（　　）明显地强化了好学力行的进取精神和服务社会的责任使命。

A. 非常　　B. 比较　　C. 一般　　D. 比较不　　E. 非常不

自评结果统计：

自评等级	A	B	C	D	E
各等级数量					
自评得分					

注：A、B、C、D、E 分别计 10 分、8 分、6 分、4 分、2 分，满分 90 分，54 分为及格线。

第五章 大学教育投资收益如何估算

【学习目标】

知识目标

- 了解货币时间价值的内涵与原因
- 熟悉单利、复利、现值、终值、年金等的内涵
- 理解净现值法则、终值法则和内部收益率法则
- 理解大学教育投资收益的理论模型、计算公式与影响因素

能力目标

- 能准确计算单利终值、复利终值、复利现值、普通年金终值和普通年金现值
- 能准确估算大学教育投资的收益

素质目标

- 增强好学力行的进取精神
- 强化人力资本投资（大学教育投资）的成本意识和回报意识

【本章主题】

本章站在大学生及其家庭的视角，根据经济学“成本－收益”分析框架和相关合理假设，对大学教育投资收益进行了估算。估算结果表明，与高中毕业直接就业相比，接受大学专科、大学本科和“专升本”教育在经济上都是可行的。其中，大学本科教育投资净收益最高，“专升本”教育次之，大学专科教育最低。但正如第四章主题中所阐述的，大学教育投资收益是一种潜在收益，大学生只有在大学期间好学力行，积极进取，学有所成，才有可能将这一潜在收益变成未来的现实收益。

根据人力资本理论的观点，上大学是在进行人力资本投资。所谓人力资本，指的是通过人力资本投资开发形成的人的各种能力的总和，主要包括人的体能、智能和德行三个部分，具体如图 5－1 所示。

在人的诸多能力中，人力资本理论更强调的是生产能力，即生产产品或服务的能

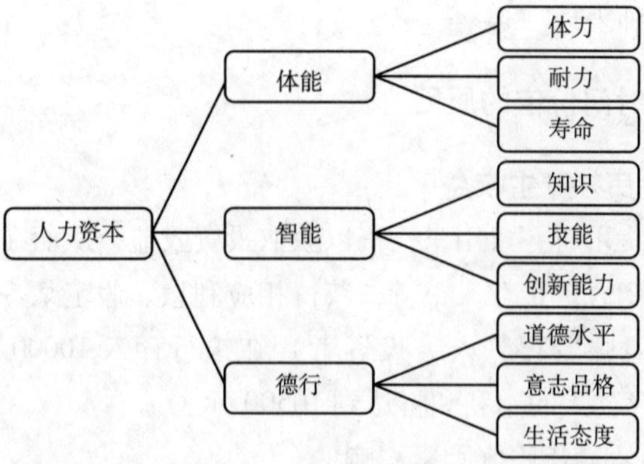

图 5－1　人力资本的构成

资料来源：张凤林．人力资本理论及其应用研究［M］．北京：商务印书馆，2006：63－64.

力。根据收入分配的贡献标准，个人的劳动报酬是与其在生产中贡献的大小挂钩的，生产贡献越大，劳动报酬越高，生产贡献越小，劳动报酬越低。从这个角度来看，个体人力资本的高低大致可用当前和未来的劳动报酬收入进行衡量。因此，通常所说的人力资本投资收益，指的是因进行人力资本投资（例如上大学）而在未来获得的劳动报酬收入。

由于人力资本投资收益的实现具有延后性，也即是在当前支付投资成本，在未来产生投资收益。而货币是有时间价值的，也即是等量货币在当前和未来的购买力是不同的。通常是当前等量货币的实际购买力要高于未来等量货币的实际购买力。因此，在学习如何估算人力资本投资收益之前，先要学习和掌握货币时间价值的内涵及其计算方法。

第一节　货币的时间价值

一、货币时间价值的内涵

（一）货币时间价值的定义

货币的时间价值是指当前一定数量货币比未来等量货币具有更高的价值（实际购买力）。货币的时间价值主要表现在等量货币的当前购买力比未来某个时点上的购买力更强。例如某地 2010 年时房价为 5000 元/平方米，到了 2020 年房价上涨到了 10000 元/平方米。假定 2010 年和 2020 年建造的房子的建筑质量、物业服务，以及周边环境和配套基础设施等基本相同，也就是说，2010 年和 2020 年每平方米的住房是同质的。这样，如果以房价为衡量标准，则该地 2010 年 1 元钱的购买力大致相当于 2020 年的 2 倍，这是货币时间价值的一种表现。

（二）货币具有时间价值的原因

1. 货币可用于投资并产生收益

当人们持有闲置货币时，可用来投资以获取投资收益，从而在将来拥有更多的货币金额。最常见的是把闲置资金存入银行，获得相应利息。假定某一时期商业银行 1 年期存款利率为 5%，这意味着存款人（投资者）在银行存入 10000 元，1 年后可以获得 500 元的利息，届时存款人的本利和将达到 10500 元。

2. 货币购买力受到通货膨胀因素影响

通货膨胀是总体物价水平持续上升的一种情形。当物价满足两个条件时，表明发生了通货膨胀：一是市场上大部分商品的价格都在上涨；二是大部分商品价格的上涨是持续而非一时的上涨。

根据通货膨胀率的高低不同，可以划分三种类型的通货膨胀：一是温和的通货膨胀，年物价上升比例不超过 10%；二是奔腾的通货膨胀，年物价上升比例超过 10% 但低于 100%；三是超级的通货膨胀，年物价上升比例超过 100%。

对于个人或家庭而言，通货膨胀会导致其持有的货币性资产贬值，也即是财富缩水。对于整个经济而言，低水平、温和的通货膨胀（如物价上升比例不超过 5%）有利于刺激消费进而促进经济增长，而较高水平的通货膨胀会导致经济萎缩甚至经济崩溃。

与通货膨胀相对的情况是通货紧缩，即总体价格水平持续下降的一种情形。由于经济发展水平总体上是在不断提高的，因而在经济发展中，通货膨胀是常态，通货紧缩相对较少出现。这意味着货币的实际购买力总体上处于一种长期贬值状态，这是导致货币具有时间价值的一个重要原因。

【案例 5-1】新中国成立前国统区的通货膨胀

1935 年 11 月，当时的国民政府实行“法币改革”。到 1937 年 6 月，法币发行量超过 14 亿元，为其改革之初的 3 倍多，法币购买力降低了 16%。抗日战争结束之后，为应付内战需要，国民政府发行纸币的速度大大加快，到 1948 年法币崩溃时为止，法币的发行量达到 1937 年 6 月发行量的 47 万倍，同期上海物价上涨了 492.7 万倍。1939～1949 年，100 元法币的购买力变化可以从表 5-1 的数据中看出。

据统计，在这 12 年的通货膨胀过程中，货币发行量增加了 768 亿倍，物价上涨 13842 亿倍。当时由于每周增发的纸钞要以 10 万亿元计，国统区的印钞厂苦于赶印不及。商店甚至来不及更换货价标签，会计也无法记账。在我国经济发展史上，这种情况是罕见的。

表 5－1　　100 元法币购买力的变化情况（1937～1948 年）

年份	购买力	年份	购买力
1937	2 头黄牛	1945	2 个鸡蛋
1938	1 头黄牛	1946	1/6 块肥皂
1939	1 头猪	1947	1 个煤球
1941	1 袋面粉	1948. 8	3 粒大米
1943	1 只鸡	1949. 5	1 粒大米的千分之二点四五

资料来源：边菲．国民党统治下的旧中国通货膨胀［J］．中学政治课教学，1982（4）：39.

思考：新中国成立前国统区的通货膨胀与货币发行量之间有何关联？对当时人们生活会产生何种影响？

3. 预期收入具有不确定性

人类社会发展的历史表明，经济社会不总是直线向前和向上发展的，有时也会出现曲折或甚至短暂倒退，这是经济社会发展的不确定性。在这个大背景下，未来无论是国民收入还是个人收入都具有不确定性，需要有相应的风险补偿。这也是货币持有者要求获得利息的一个重要原因。

二、货币时间价值的计算

（一）货币时间价值计算的有关概念

1. 单利与复利

单利与复利是两种不同的计算利息的方法。单利指仅对本金计算的利息。例如 1000 元本金，年利率为 10%，每年利息为 100 元，3 年利息累加为 300 元，到期本利和为 1300 元。

复利指同时对本金和利息计算利息。例如，有一笔 1000 元的存款，年利率为 10%，存期为 3 年，按复利计息。具体情况如下：

第 1 年末，本金 1000 元，单利为 100 元（1000×10%），由于这是第 1 年，不存在对利息计息的情况，因此年末总金额合计 1100 元（1000＋100）。

第 2 年末，本金 1000 元，单利累积为 200 元（1000×10%×2）。根据复利计息要求，第 1 年产生的 100 元利息在当年产生了 10 元（100×10%）的利息，即复利。汇总起来，年末本利和为 1210 元（1000＋200＋10）。

第 3 年末，本金 1000 元，单利累积为 300 元（1000×10%×3）。根据复利计息要求，第 1 年和第 2 年产生的 210 元（100＋110）利息在当年产生了 21 元（210×10%）的复利。汇总起来，年末本利和为 1331 元（1000＋300＋10＋21）。

上述情况表明，投资者到第 3 年末可以获得 1331 元的本利和。在图 5－2 中，可以看到每年的单利是等额方式增长的，而每年的复利却是增额方式增长的，原因在于单利的计息金额——本金是不变的，而复利的计息金额——利息是每年累加的。

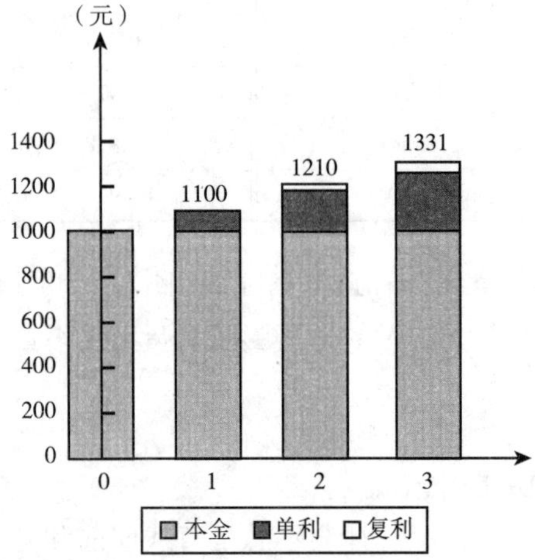

图 5 - 2　复利计息的过程

2. 现值与终值

现值指一定数量货币现在的价值，一般简写作 P 或 PV。

终值指一定数量货币在未来某个时点的价值，一般写作 F 或 FV。终值等于现值加上利息，因此有单利计算得到的终值——单利终值和复利计算得到的终值——复利终值两种。一般所讲的终值，如果不明确指出计算方式的，均指的是复利终值。

3. 年金

年金指一定期限内每年发生的等额现金流。如果现金流从现期的期初开始，称为即时年金；如果现金流从现期的期末开始，称为普通年金。具体如图 5 - 3 所示。

如无特别说明，下文涉及年金计算的内容均为普通年金。

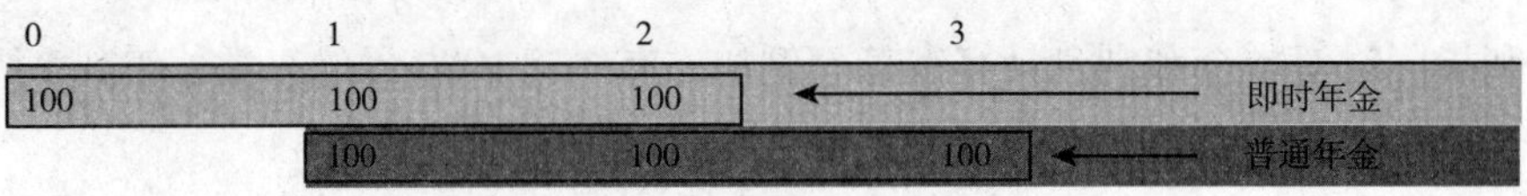

图 5 - 3　即时年金与普通年金

（二）终值计算

1. 单利终值计算

单利终值指的是现在一定数量的货币，在将来某个时点用单利计息方式计算的本利和。单利终值的计算公式为：

$$F = P + P \times i \times n = P \times (1 + i \times n) \tag{5.1}$$

式中，F 为终值，P 为现值，i 为利率，n 为计息期数（通常以年为计数单位，以下同）。

【案例 5-2】单利终值计算

小王将 1000 元存入银行，存期 5 年，利率 10%，单利计息，请计算到期本利和。

计算过程如下：

$F=1000\times(1+10\%\times5)=1500$ （元）

即，小王这笔存款到期后的本利和为 1500 元。

【课堂练习 5-1】单利终值计算

小王的父母在 10 年前为他投资了一笔教育储蓄，本金为 20000 元，利率为 8%，单利计息，目前已经到期。请计算这笔教育储蓄到期时的本利和。(36000 元)

2. 复利终值计算

复利终值指的是现在一定数量的货币，在将来某一时点用复利计息方式计算的本利和。复利计息相对复杂，下面通过【案例 5-3】来说明复利终值的计算过程：

【案例 5-3】复利终值的计算过程

小王将 1000 元存入银行，存期 5 年，利率 10%，复利计息，求其到期时的本利和。

计算过程下：

第 1 年末 $F=1000\times(1+10\%)=\underline{1000\times1.1}=1100$ （元）

第 2 年末 $F=\underline{1000\times1.1}\times(1+10\%)=1000\times1.1^2=1210$ （元）

第 3 年末 $F=\underline{1000\times1.1^2}\times(1+10\%)=1000\times1.1^3=1331$ （元）

第 4 年末 $F=\underline{1000\times1.1^3}\times(1+10\%)=1000\times1.1^4=1464.1$ （元）

第 5 年末 $F=\underline{1000\times1.1^4}\times(1+10\%)=1000\times1.1^5=1610.51$ （元）

即，小王这笔存款 5 年后的本利和为 1610.51 元。

根据【案例 5-3】的计算过程，可以给出复利终值的计算公式，具体如下：

$$F=P(1+i)^n \tag{5.2}$$

式中，F 为终值，P 为现值，i 为利率，n 为计息期数。

在式（5.2）中，$(1+i)^n$ 被称为复利终值系数，表示 1 元钱在 i 利率和复利计息情况下 n 年后的终值（即本利和）。

表5－2列出了部分计息期数和利率水平下的复利计息终值系数。其中，行表示计息期数，表中列出了1～10年；列表示利率水平，表中列出了1%～10%。例如，表中3年期、8%的复利终值系数为1.2597，其计算过程是：$(1+8\%)^3=1.2597$；其代表的内涵是：1元钱在利率8%、复利计息情况下，3年后的终值为1.2597元。

表5－2　　复利终值系数表

期数	利率（%）									
	1	2	3	4	5	6	7	8	9	10
1	1.01	1.02	1.03	1.04	1.05	1.06	1.07	1.08	1.09	1.1
2	1.0201	1.0404	1.0609	1.0816	1.1025	1.1236	1.1449	1.1664	1.1881	1.21
3	1.0303	1.0612	1.0927	1.1249	1.1576	1.191	1.225	1.2597	1.295	1.331
4	1.0406	1.0824	1.1255	1.1699	1.2155	1.2625	1.3108	1.3605	1.4116	1.4641
5	1.051	1.1041	1.1593	1.2167	1.2763	1.3382	1.4026	1.4693	1.5386	1.6105
6	1.0615	1.1262	1.1941	1.2653	1.3401	1.4185	1.5007	1.5869	1.6771	1.7716
7	1.0721	1.1487	1.2299	1.3159	1.4071	1.5036	1.6058	1.7138	1.828	1.9487
8	1.0829	1.1717	1.2668	1.3686	1.4775	1.5938	1.7182	1.8509	1.9926	2.1436
9	1.0937	1.1951	1.3048	1.4233	1.5513	1.6895	1.8385	1.999	2.1719	2.3579
10	1.1046	1.219	1.3439	1.4802	1.6289	1.7908	1.9672	2.1589	2.3674	2.5937

【课堂练习5－2】复利终值计算

小李的父母在10年前为他投资了一笔教育储蓄，本金为20000元，利率为8%，复利计息，目前已经到期。请计算这笔教育储蓄到时期的本利和。（本利和43178元）

（三）现值计算

现值计算也称贴现，是终值计算的逆运算，即计算未来一定金额货币的现值。如无特别说明，现值计算一般采用复利计息方法。

现在假定某投资者1年后需要1000元人民币，利率为10%，那么现在必须要投资的货币金额就是1年后1000元的现值，根据终值计算公式（5.2），即 $F=P(1+i)^n$，可做如下计算：

$1000=P\times(1+10\%)^1$

$\rightarrow P=1000\div1.1=909.09$（元）

如果这1000元不是1年后需要，而是2年后需要，假定利率仍为10%，则目前需要投资的货币金额是：

$1000=P\times(1+10\%)^2$

$\rightarrow P = 1000 \div 1.1^2 = 826.25$（元）

根据上述的计算，可以推导出现值的计算公式，具体如下：

$$P = \frac{F}{(1+i)^n} \tag{5.3}$$

式中，P 为现值，F 为终值，i 为利率，n 为计息期数。

式（5.3）中，$1/(1+i)^n$被称为复利现值系数，简称为现值系数，也称为贴现率，表示 n 年后的 1 元钱在利率为 i、复利计息情况下的现值。

表 5 - 3 列出了部分计息期数和利率水平下的复利现值系数。其中，行表示存期，表中列出了 1 ~ 10 年；列表示利率，表中列出了 1% ~ 10%。例如，表中 4 年期、5% 的现值系数为 0.8227，其计算过程是：$1/(1+5\%)^4 = 0.8227$；其所代表的内涵是：在年利率 5%、复利计息情况下，4 年后 1 元钱的现值为 0.8227 元，也可以说：在利率 5%、复利计息情况下，现在投入 0.8227 元，4 年后可以得到 1 元钱。

表 5 - 3　　复利现值系数表

期数	利率（%）									
	1	2	3	4	5	6	7	8	9	10
1	0.9901	0.9804	0.9709	0.9615	0.9524	0.9434	0.9346	0.9259	0.9174	0.9091
2	0.9803	0.9612	0.9426	0.9246	0.9070	0.8900	0.8734	0.8573	0.8417	0.8264
3	0.9706	0.9423	0.9151	0.8890	0.8638	0.8396	0.8163	0.7938	0.7722	0.7513
4	0.9610	0.9238	0.8885	0.8548	0.8227	0.7921	0.7629	0.7350	0.7084	0.6830
5	0.9515	0.9057	0.8626	0.8219	0.7835	0.7473	0.7130	0.6806	0.6499	0.6209
6	0.9420	0.8880	0.8375	0.7903	0.7462	0.7050	0.6663	0.6302	0.5963	0.5645
7	0.9327	0.8706	0.8131	0.7599	0.7107	0.6651	0.6227	0.5835	0.5470	0.5132
8	0.9235	0.8535	0.7894	0.7307	0.6768	0.6274	0.5820	0.5403	0.5019	0.4665
9	0.9143	0.8368	0.7664	0.7026	0.6446	0.5919	0.5439	0.5002	0.4604	0.4241
10	0.9053	0.8203	0.7441	0.6756	0.6139	0.5584	0.5083	0.4632	0.4224	0.3855

【案例 5 - 4】现值计算

小王希望 5 年后有 10000 元，在利率 5%、复计息情况下，他目前需要投资多少元？

解析与计算：

本案例的实质是要求计算现值，根据式（5.3），即 $P = F/(1+i)^n$，查表 5 - 3 得到 5 年期、5% 的现值系数为 0.7835，可得：

$P=10000\times0.7835=7835$（元）

即，小王目前需要投资 7835 元。

【课堂练习 5－3】现值计算

张先生今年 50 岁，计划为退休后的生活投资，他希望在 10 年后一次性拿到 10000 元，目前利率为 6%，在复利计息情况下，请计算张先生目前需要投资多少钱。（55840 元）

（四）金融投资决策的法则

在人们使用货币或其他金融资产进行投资时，经常会面临多种不同的投资选择，此时投资者就需要进行投资决策，以选出最优的投资项目，获得最大化的投资收益。当人们进行投资决策时，一般都需要用到复利终值公式（5.2），即 $F=P(1+i)^n$。

这一公式给出了金融投资中 4 个重要变量——现值、终值、利率和期限之间的关系，只要掌握了其中任意 3 个变量，就能计算出第 4 个变量，进而进行投资决策。

例如，小张购买了 8000 元的银行理财产品，该理财产品承诺的收益率为复利 5%，3 年后到期一并支付本息。掌握了这些信息，可以计算出小张购买这一银行理财产品的预期收入。

为了便于直观地反映计算结果，下面引入货币时间价值计算表，将上述小张已知的信息填入该表，得到表 5－4。

表 5－4　　货币时间价值计算表

n	i	P	F	结果
3	5%	8000	?	$F=9260.8$

注：问号代表需要计算的变量。

表 5－4 表明，这一计算的实质是计算终值，根据式（5.2），查表 5－2，可得：

$F=8000\times1.1576=9260.8$（元）

即，小张购买的 8000 元银行理财产品，3 年后的预期收入是 9260.8 元。

根据式（5.2），人们可以使用净现值法则、终值法则和内部收益率法则来进行投资决策。

1. 净现值法则

净现值指的是一项投资未来所有现金流的累计现值减去该项投资当前和将来所有现金支出的累计现值的差额。所谓的净现值法则（也称 NPV 法则），指的是如果一项投资的净现值大于零，就具有经济上的可行性，否则就不应该进行投资。

根据净现值法则，如果有多个金融投资项目可供选择时，可以通过比较每个项目的净现值大小来进行投资决策。下面通过【案例 5－5】来说明如何应用净现值法则进行投资决策：

【案例 5 - 5】净现值法则的应用

小赵打算投资一个面值 100 元、期限 3 年、票面利率为零的国债，其目前的售价为 81 元。假定当前银行一年期存款利率为 5%，请问小赵的投资选择是否可行。

解析与计算：

根据该国债的购买条件，当前购买 100 元的国债需要投入 81 元。这个 81 元就是现值，不需要再进行贴现计算。

如果小赵不购买国债，可将钱存入银行，具体操作方法是：第 1 年初存入银行 1 年期，年末连本带利取出；第 2 年初连本带利再存入银行 1 年期，年末再连本带利取出；如此反复操作 3 次，即可获得年利率为 5% 的复利计息收入。现在的问题是小赵第 1 年初要存入银行多少钱，按上述方法操作，才能够在 3 年后得到 100 元钱。将上述信息代入货币时间价值计算表，可得表 5 - 5。

表 5 - 5　　100 元银行存款的货币时间价值计算表

n	i	P	F	结果
3	5%	?	100	$P=86.38$

表 5 - 5 表明，这一计算的实质是计算现值，根据式（5.3），查表 5 - 3，可得：

$$P=100\times0.8638=86.38\text{（元）}$$

将投资国债与投资银行存款进行比较：（1）投资国债，目前投入 81 元，3 年后可得 100 元；（2）投资银行存款，目前投入 86.38 元，3 年后可得 100 元。可知，投资国债的净现值（*NPV*）为 5.38 元（=86.38 - 81），是可行的。

2. 终值法则

终值法则在内涵上与净现值法则基本一致，所不同的是净现值法通过计算净现值来做投资选择，而终值法通过计算终值来做投资选择。因此，终值法则可以说是净现值法则的另一种表现形式，其内涵是：在面临不同的金融投资选择项目时，应选择终值较大的项目进行投资。下面用【案例 5 - 6】来说明如何应用终值法则进行投资决策：

【案例 5 - 6】终值法则的应用

小王打算投资一个贴现发行的国债，该国债面值 1000 元、期限 5 年、票面利率为零，当前售价为 79 元，到期归还本金。当前银行一年期存款利率为 6%，请问小赵是否应该投资该国债？

解析与计算：

根据该国债购买条件，当前购买 1000 元的国债需要投入 790 元。如果 790 元不用于国债投资，可以用于银行存款，根据【案例 5－5】中的操作方法，同样可以获得 6% 的复利利息。

采用终值法则进行投资决策，要计算不同投资项目的终值。先看国债投资项目，当前需要支付 790 元现值，5 年后得到 1000 元终值。再看银行存款，需要计算的是当前存入 790 元，按 6% 复利计息的情况下，5 年后的终值是多少？将上述信息代入货币时间价值计算表，具体如表 5－6 所示。

表 5－6　　790 元银行存款的货币时间价值计算表

n	i	P	F	结果
5	6%	790	?	$F=1057.18$

表 5－6 表明，这一计算的实质是计算终值，根据式（5.2），查表 5－2，可得：

$F=790\times1.3382=1057.18$（元）

将 1057.18 元与 1000 元相比较，可以得出结论：小王不应该投资国债。换句话说，国债投资项目的终值比银行存款的终值少 57.18 元，不值得投资。

3. 内部收益率法则

内部收益率（IRR）指的是使未来现金流入现值等于现金流出现值的贴现率。根据这一定义，内部收益率是使得净现值刚好为零的利率。内部收益率法则的内涵是：在不同投资项目中，应选择内部收益率高于机会收益率（即资金的机会成本）的投资项目。下面通过【案例 5－7】来说明如何应用内部收益率法则进行投资决策：

【案例 5－7】内部收益率法则的应用

小夏有一笔闲置资金打算投资国债，她发现有一个贴现国债，面额 500 元，期限 5 年，票面利率为零，当前售价 375 元，到期归还本金。同期银行存款的利率为 6%，请问小夏是否应该投资这一国债。

解析与计算：

对于小夏来说，如果不以 375 元的价格买入这一国债，可以将钱存入银行，根据【案例 5－5】中的操作方法获得 6% 的复利利息，这个可以视为小夏投资国债的机会收益率。据此，如果该国债的内部收益率高于 6%，则值得投资；相反，如果该国债的内部收益率低于 6%，则不值得投资。将有关信息代入货币时间价值计算表，具体如表 5－7 所示。

表 5 -7　375 元银行存款的货币时间价值计算表

n	i	P	F	结果
5	?	375	500	$i=5.92\%$

表 5 -7 表明，这一计算的实质是计算内部收益率（利率 i），根据式（5.2），即 $F=P(1+i)^n$，可得：

$500=375\times(1+i)^5$

$\rightarrow i=5.92\%$

计算结果表明，该国债的内部收益率为 5.92%，小于机会收益率 6%，可以得出结论：小夏不应该投资该国债，而应该将钱存入银行。

（五）普通年金终值计算

普通年金终值计算指的是计算一笔普通年金在未来某个时点上的终值。计算一笔普通年金的终值，等于将若干个终值计算结果累加起来，要比单一的终值计算复杂得多。下面用【案例 5 -8】来说明普通年金终值计算的内涵与过程：

【案例 5 -8】普通年金终值计算

小王每年年末将 1000 元存入银行，利率为 10%，复利计算，请问 3 年后他的账户上有多少钱。

解析与计算：

本案例的实质是计算一笔年金的终值，由 3 个相对独立的终值计算共同构成。3 年后：

第 1 年末存入的 1000 元的本利和 $=1000\times1.1^2=1210$（元）；

第 2 年末存入的 1000 元的本利和 $=1000\times1.1=1110$（元）；

第 3 年末存入的 1000 元未产生利息，仍为 1000 元。

累加起来，3 年后的本利和 $=1210+1100+1000=3310$（元）。上述计算过程可用图 5 -4 表示。

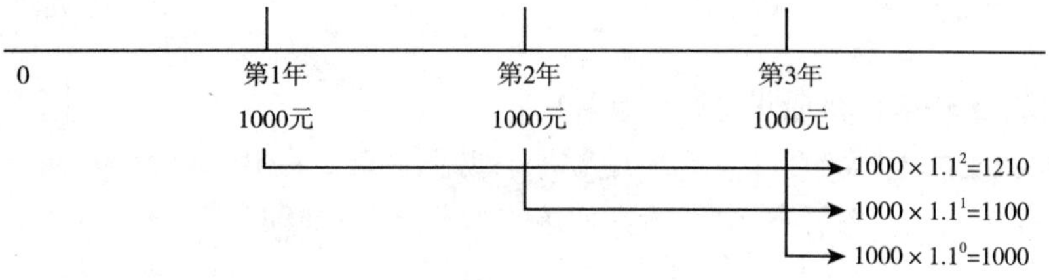

图 5 -4　小王的现金流

根据上述案例，可以给出普通年金的终值计算公式，即：

$$F = A\,\frac{(1+i)^n - 1}{i} \tag{5.4}$$

式中，F 为终值，A 为普通年金，i 为利率，n 为持续年限。

式（5.4）中，$[(1+i)^n - 1]/i$ 被称为普通年金终值系数（简称为年金终值系数），表示每年年末1元钱在利率 i、复利计息情况下 n 年后的累计终值。

表5-8列出了部分计息期数、部分利率水平下的普通年金终值系数。其中，行表示存期，表中列出了1~10年；列表示利率，表中列出了1%~10%。例如，表中6年期、7%的普通年金终值系数为7.1533，其计算过程是：$[(1+7\%)^6 - 1]/7\% = 7.1533$；其代表的内涵是：在年利率7%、复利计息情况下，连续6年年末1元钱的累计终值为7.1533元。

表5-8　普通年金终值系数表

期数	利率（%）									
	1	2	3	4	5	6	7	8	9	10
1	1.0000	1.0000	1.0000	1.0000	1.0000	1.0000	1.0000	1.0000	1.0000	1.0000
2	2.0100	2.0200	2.0300	2.0400	2.0500	2.0600	2.0700	2.0800	2.0900	2.1000
3	3.0301	3.0604	3.0909	3.1216	3.1525	3.1836	3.2149	3.2464	3.2781	3.3100
4	4.0604	4.1216	4.1836	4.2465	4.3101	4.3746	4.4399	4.5061	4.5731	4.6410
5	5.1010	5.2040	5.3091	5.4163	5.5256	5.6371	5.7507	5.8666	5.9847	6.1051
6	6.1520	6.3081	6.4684	6.6330	6.8019	6.9753	7.1533	7.3359	7.5233	7.7156
7	7.2135	7.4343	7.6625	7.8983	8.1420	8.3938	8.6540	8.9228	9.2004	9.4872
8	8.2856	8.5830	8.8923	9.2142	9.5491	9.8975	10.2598	10.6366	11.0285	11.4359
9	9.3685	9.7546	10.1591	10.5828	11.0266	11.4913	11.9780	12.4876	13.0210	13.5795
10	10.4622	10.9497	11.4639	12.0061	12.5779	13.1808	13.8164	14.4866	15.1929	15.9374

利用式（5.4），【案例5-8】的计算过程可以简化为：$F = 1000 \times [(1+10\%)^3 - 1]/10\%$，查表5-8可知，3年期10%利率的终值系数为3.31，可得 $F = 1000 \times 3.31 = 3310$ 元。

【课堂练习5-4】普通年金终值计算

小余现在开始为孩子上大学储蓄，计划每年年末将10000元存入银行，利率为6%，复利计息。请计算10年后小王有多少钱。（131808元）

（六）普通年金现值计算

普通年金现值计算指的是计算一笔普通年金在当前时点上的价值。计算一笔普通年金的现值，等于将若干个现值计算结果累加起来，同样要比单一的现值计算复杂得多。下面用【案例 5 -9】来说明普通年金现值计算的内涵与过程：

【案例 5 -9】普通年金现值计算

小王从现在开始的 3 年内，每年年末将得到 1000 元，假设利率为 10%，请计算小王这些钱的现值是多少。

解析与计算：

本案例的实质是计算一笔年金的现值，由 3 个相对独立的现值计算共同构成：

第 1 年末 1000 元的现值是 909. 09 元（=1000/1. 1）；

第 2 年末 1000 元的现值是 826. 45 元（$=1000/1.1^2$）；

第 3 年末 1000 元的现值是 751. 31 元（$=1000/1.1^3$）。

累计起来，这笔年金的现值和 =909. 9 +826. 45 +751. 31 =2486. 85（元）。上述计算过程可用图 5 -5 表示。

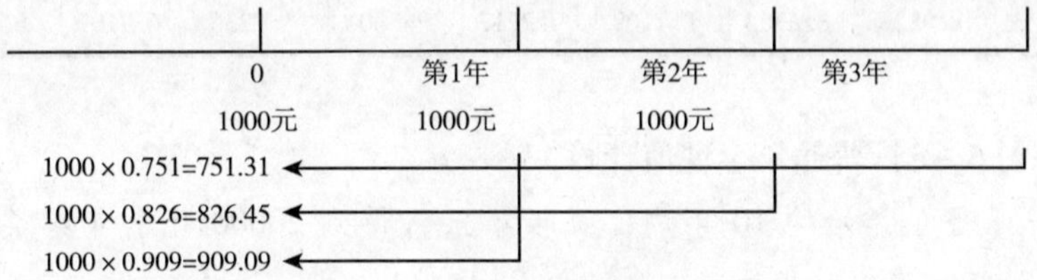

图 5 -5 小王的现金流

至此，可以给出普通年金的现值计算公式，具体是：

$$P = A\frac{1-\frac{1}{(1+i)^n}}{i} \tag{5.5}$$

式中，P 为现值，A 为普通年金，i 为利率，n 为持续年限。

式（5.5）中，$[1-(1+i)^{-n}]/i$ 被称为普通年金现值系数（简称为年金现值系数），表示每年年末 1 元钱在利率 i、复利计息情况下目前的现值和。

表 5 -9 列出了部分计息期数、部分利率水平下的普通年金现值系数。其中，行表示存期，表中列出了 1 ~10 年；列表示利率，表中列出了 1% ~10%。例如，表中 4 年期、8%的普通年金现值系数为 3. 3121，其计算过程是：$[1-(1+8\%)^{-4}]/8\% = 3.3121$；其代表的内涵是：在年利率 8%、复利计息情况下，连续 4 年每年年末的 1 元钱的累计现值是 3. 3121 元。

利用式（5. 5），【案例 5 -9】的计算过程可以简化为：$P = 1000 \times [1-(1+10\%)^{-3}]/10\%$，查表 5 -9 可知，3 年期 10% 利率的年金现值系数为 2. 4869，可得 $P =$

1000 × 2. 4869 = 2486. 9（元）。

表 5 – 9　　普通年金现值系数表

期数	利率（%）									
	1	2	3	4	5	6	7	8	9	10
1	0. 9901	0. 9804	0. 9709	0. 9615	0. 9524	0. 9434	0. 9346	0. 9259	0. 9174	0. 9091
2	1. 9704	1. 9416	1. 9135	1. 8861	1. 8594	1. 8334	1. 8080	1. 7833	1. 7591	1. 7355
3	2. 9410	2. 8839	2. 8286	2. 7751	2. 7232	2. 6730	2. 6243	2. 5771	2. 5313	2. 4869
4	3. 9020	3. 8077	3. 7171	3. 6299	3. 5460	3. 4651	3. 3872	3. 3121	3. 2397	3. 1699
5	4. 8534	4. 7135	4. 5797	4. 4518	4. 3295	4. 2124	4. 1002	3. 9927	3. 8897	3. 7908
6	5. 7955	5. 6014	5. 4172	5. 2421	5. 0757	4. 9173	4. 7665	4. 6228	4. 4859	4. 3553
7	6. 7282	6. 4720	6. 2303	6. 0021	5. 7864	5. 5824	5. 3893	5. 2064	5. 0330	4. 8684
8	7. 6517	7. 3255	7. 0197	6. 7327	6. 4632	6. 2098	5. 9713	5. 7466	5. 5348	5. 3349
9	8. 5660	8. 1622	7. 7861	7. 4353	7. 1078	6. 8017	6. 5152	6. 2469	5. 9952	5. 7590
10	9. 4713	8. 9826	8. 5302	8. 1109	7. 7217	7. 3601	7. 0236	6. 7101	6. 4176	6. 1446

【课堂练习 5 – 5】普通年金现值计算

小张从现在开始的 10 年内，每年年末将得到 20000 元的年终奖励，利率为 5%，请计算小张这些钱的现值是多少。(154434 元)

第二节　大学教育投资收益的理论分析

一、大学教育投资收益的理论模型

从人力资本理论的视角来看，上大学是一种人力资本投资行为，因而可以纳入经济学的“成本 – 收益”分析框架，对其投资成本和收益进行分析与估算，以判断大学教育投资在经济上是否可行。

大学教育的投资者包括两类：一类是大学生及其家庭，他们是大学教育的内部投资者，所获得的是大学教育的私人收益；另一类包括国家（民办学校举办者）及大学教育捐赠者等，他们是大学教育的外部投资者，所获得的是大学教育的外部收益。因而，对于大学教育投资收益的探讨，既可以是私人收益，也可以是外部收益，还可以是两者都包括在内。本节有关大学教育投资收益的探讨，是站在大学生及其家庭角度上的，因而只涉及大学教育投资的私人成本和私人收益，不涉及大学教育投资的外部成本和外部收益。

从大学教育的私人成本和收益来看，私人成本包括私人直接成本（如学杂费、生活差距费等）和私人间接成本（如因上大学而损失的工资收入等），私人收益包括私人市场化收益和私人非市场化收益。本节主要探讨大学教育投资的货币化成本与货币化收益之间的对比情况。为了便于分析，将大学生及其家庭支付（承担）的非货币化成本和获得的非货币化收益忽略，只讨论大学生及其家庭因为上大学而支付（承担）的货币化成本和获得的货币化收益。

从个人未来可能获得的收入来看，大致包括劳动报酬、要素收入和其他收入三类。劳动报酬是个人将自己的劳动（企业家才能）投入生产，为生产作出相应贡献，并因此获得的工资性收入。要素收入是个人将所拥有的非劳动（企业家才能）生产要素，如货币资金、房屋建筑等投入生产，为生产作出相应贡献，并因此获得的收入。其他收入指个人获得的劳动报酬、要素收入以外的收入，如政府的转移支付、他人的捐赠等。本节讨论的大学教育投资收益指的是个人在未来获得的劳动报酬，不涉及个人在未来获得的要素收入和其他收入。

基于以上前提条件，此处将人力资本简单定义为一个人未来劳动报酬的现值。下面以大学专科教育为例，通过图 5－6 简要介绍大学教育投资收益的理论模型。

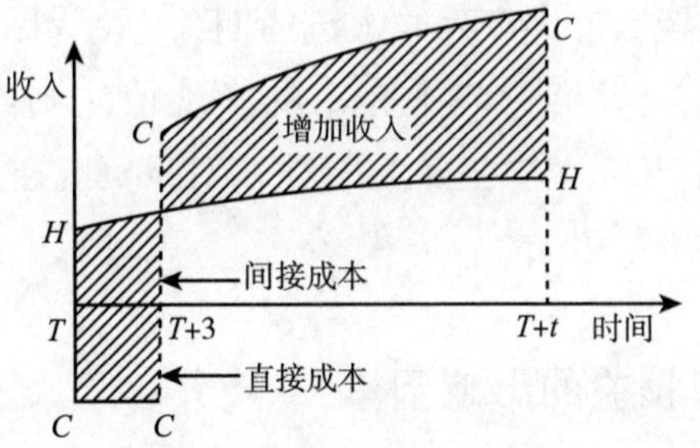

图 5－6 大学专科教育投资“成本－收益”

在图 5－6 中，*HH* 曲线表示高中毕业生（未接受大学专科教育的人）得到的工资收入现金流（以下简称收入流），其收入流从 T 年（高中毕业进入劳动力市场那年）开始，持续到退休年龄 $T+t$ 年。

CC 曲线表示大学专科毕业生的收入流，具体由两段构成：第一段是位于横坐标下方的 *CC* 部分，表示在学生接受大学专科教育的三年（T 至 $T+3$ 年，如果是本科的话为 T 至 $T+4$ 年，硕士和博士以此类推）间，其收入流是负的，原因在于在此期间，学生及其家庭要支付大学专科教育的直接成本和间接成本，直接成本包括学生就读期间产生的学杂费、交通费、住宿费和生活差距费等，间接成本指学生在接受大学专科教育期间不能在劳动力市场上就业而损失的工资收入，两者加起来是学生接受大学专科教育的全部私人成本。第二段是位于 *HH* 曲线上方的 *CC* 部分，表示学生毕业后（从 $T+3$ 年开始）获得高于高中毕业生的收入流（即人力资本提高的部分），直至退休年

龄 $T+t$。

显然，只有当图 5-6 中的“增加收入”部分大于图中的“直接成本”与“间接成本”之和时，理性的“经济人”才会选择接受大学专科教育。

二、大学教育投资收益的计算公式

由于货币具有时间价值，不能用收入和成本的绝对数量来分析和计量大学专科教育的成本和收益，因为成本在近期发生，而收益则产生于将来。因此，图 5-6 虽然能直观地反映大学教育投资的货币化成本与收益，但无法判断大学教育的投资净收益是正或是负，因而还不能作为大学生及其家庭判断上大学是否在经济上合算的决策工具。

为了解决这一问题，就需要引入一个包括现值和贴现率在内的大学教育投资净收益的计算公式，具体如下：

$$NPV_H = \sum_{i=T}^{T+t} \frac{Y_i^C - Y_i^H}{(1+R)^{i-T}} \tag{5.6}$$

式中，NPV_H为与高中毕业直接工作相比大学专科教育所获得净收益的累计现值，Y_i^H为高中毕业生的收入流，Y_i^C为大学专科毕业生的收入流，T为高中毕业年龄，$i(i=T, T+1, \cdots, T+t)$为计息期数，即产生收入流的期数，R为贴现率。

根据式（5.6），参照本章第一节中介绍的净现值法则或内部收益率法则，只要NPV_H大于零或是R大于个人（大学生及其家庭）对投资收益率的要求，理性的“经济人”就应该选择接受大学专科教育。

三、大学教育投资收益的影响因素

从式（5.6）可知，大学教育投资的净收益取决于Y_i^H、Y_i^C、R和$i-T$四个因素。具体是：

（1）Y_i^H是高中毕业生的收入流。自高中毕业参加工作当年产生，直至退休年份结束。

（2）Y_i^C是大学（专科）毕业生的收入流。这个收入流分成就读和就业两个阶段：在就读大学阶段，收入流为负，因为这一阶段学生及其家庭要支付大学教育的私人成本，却无法获得工资收入；在就业阶段，收入流为正，因为这一阶段学生已经学成毕业并进入了劳动力市场，持续产生工资收入，直至退休年份结束。

（3）R是贴现率。有多种利率可以作为贴现率，具体选择何种利率作为贴现率，由选择者对于时间的偏好所决定，越偏好现在的人选择的R会越大，反之越小。通常情况下，在式（5.6）中要选择一个被视为长期收益率的利率作为贴现率，例如选择中长期国债收益率作为贴现率。

（4）$i-T$ 是产生收入流的期数。也即是计息期数，是大学生的工作年限（从参加工作到退休的时间跨度），其大小与大学生的入学年龄有关。进入大学时年龄越小，计息期数越大，反之越小。

在上述四个要素中，Y_i^C、Y_i^H 通常被视作外生变量，由劳动力市场上的供求关系共同给定；R 和 $i-T$ 则被视作内生变量，由个人决定。其他情况不变的情况下，个人选择接受大学教育动力的大小与 Y_i^C 减去 Y_i^H 的差，以及 $i-T$ 同向变动，与 R（贴现率）反向变动。也就是：市场上大学毕业生的平均工资收入高于高中毕业生的平均工资收入越多时，人们越愿意接受大学教育；大学生入学年龄越小，接受大学教育的累计收益越大；反之也成立。

由此可见，在 Y_i^C 与 Y_i^H 外生给定的情况下，选择大学教育的一定是那些相对年轻，且同时比较偏好于未来的人。正常情况下，人们对未来的主观贴现率总是与利率正相关的，在利率给定的情况下，理性的大学教育投资决策应该是将投资进行到大学教育的内部收益率等于利率（一般指市场上的无风险长期利率）为止。

第三节　大学教育投资收益的估算

对大学教育投资收益进行估算，需要一些具体数据。根据浙江省人力资源和社会保障厅公布的有关数据，2020 年度宁波市高中学历就业人员的年平均工资收入为 7.75 万元，大学专科学历人员年平均工资收入为 9.58 万元，大学本科学历人员年平均工资收入为 14.52 万元。[①] 下面借用这些数据，分别估算大学专科教育、大学本科教育和“专升本”教育[②]的投资收益。

一、大学专科教育投资收益估算

（一）有关假设

式（5.6）仅是一个理论公式，为了便于估算，还需要进行相应的假设。

基本假设：我国高中毕业生的正常年龄是 18 岁，如果毕业后直接进入劳动力市场，则其将在 19～60 岁（退休年龄按 60 岁计）期间产生 42 期劳动收入（见图 5－7）；如

① 浙江省人力资源和社会保障厅编．浙江省人力资源市场部分职位工资指导价位［EB/OL］．浙江省人力资源和社会保障厅网站，2020－12－04，http：//rlsbt. zj. gov. cn/art/2020/12/4/art_1389547_58920095. html.

② “专升本”指的是专科升本科，包括两层含义：一是专科生升学为本科生；二是专科院校升格为本科院校。本节讨论的是专科生升学为本科生。当前，专科生升学为本科生主要有三种途径：一是普通专升本教育；二是成人高考；三是自学考试。本节讨论的是第一种途径，即普通专升本教育。普通专升本教育具体指的是专科学生在取得专科学历后，通过专升本考试继续本科学业，以取得本科学历的高等教育形式。潘懋元，肖海涛．论我国高等教育学制改革——基于专升本的视角［J］．高等教育研究，2006（7）：36－39.

果毕业后接受专科教育并正常毕业，则其将在 19～21 岁期间支付 3 期专科教育成本、22～60 岁期间产生 39 期劳动收入（见图 5－8）。以上表明，专科教育投资收益计算的期初为 19 岁当年的年初，即图 5－7、图 5－8 中“高中毕业”所在的时点。

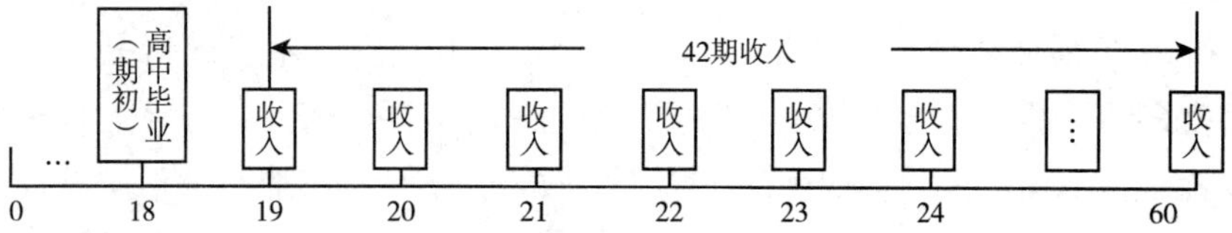

图 5－7　高中毕业生未来工资收入“年金”

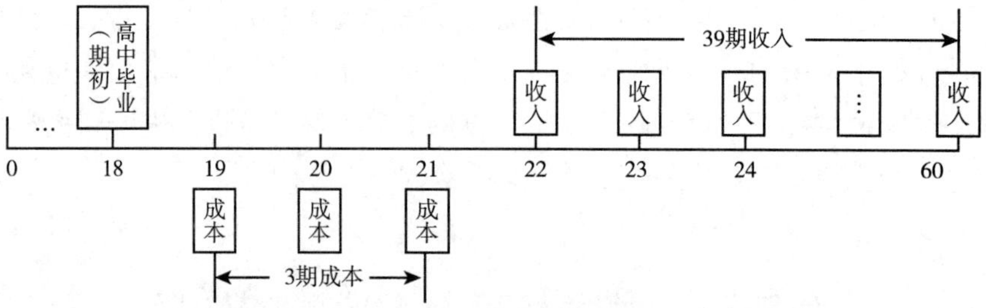

图 5－8　专科毕业生大学教育成本与未来工资收入“年金”

其他假设：（1）专科毕业生年薪 9.58 万元、高中毕业生年薪 7.75 万元（参见表 2－4）。（2）专科学生大学期间每年的直接成本为 2 万元、每年的间接成本（即机会成本）为 7.83 万元（包括损失的工资收入 7.75 万元和 2 万元直接成本的投资损失 0.08 万元，参见【案例 3－4】）。（3）贴现率（长期收益率）为 4%（参见【案例 3－4】）。（4）上述成本和工资收入均发生在年末且在退休前保持不变，这样，可以把上述成本与工资收入视为“年金”。

（二）计算过程

根据上述假设，进行如下两步计算：

第一步：$NPV_H(4\%) = \sum_{i=19}^{22} \frac{-2-7.83}{(1+4\%)^i} + \sum_{i=19}^{60} \frac{9.58-7.83}{(1+4\%)^{i+3}}$

$= -9.83 \times 2.7751 + 1.75 \times 19.5845 \times 0.8890$

$= 3.1894$(万元)

在第一步计算过程中，2.7751 是 3 年期、4% 利率的年金现值系数，19.5845 是 39 年期、4% 利率的年金现值系数，0.8890 是 3 年期、4% 利率的复利现值系数。－9.83 × 2.7751 表示专科学生大学 3 年的私人直接成本、私人间接成本之和在期初的累计现值。1.75 × 19.5845 × 0.8890 表示先计算 39 期 1.75 万元（9.58－7.83）收入的累计现值，再将这个累计现值向回贴现 3 年至期初（见图 5－8）。

第二步：$3.1894 = \sum_{i=19}^{60} \frac{\Delta PI}{(1+4\%)^i}$

$\Delta PI = 3.1894 \div 20.1856$

$= 0.1580$（万元）

在第二步计算过程中，20.1856 是 42 年期、4% 利率的年金现值系数。ΔPI 是专科教育 3.1894 万元的净收益在 42 年（高中毕业至退休）平均分配、每年可以分配到的净收益，这是专科毕业生因接受大学专科教育而在每年获得的可支配收入增量（与高中毕业生相比）。

需要说明的是，经济学把劳动者未来劳动报酬的现值称为人力资本，把与人力资本具有相同现值的不变消费水平称为持久收入，第二步计算的实质是计算大学专科学生因接受大学专科教育获得的持久收入增量。

在上述计算中，第一步计算的是接受大学专科教育的净投资收益，其结果表明，与高中毕业直接就业相比，接受大学专科教育可获得 3.1894 万元的净投资收益。根据净收益法则，接受大学专科教育在经济上是合算的；第二步计算的是因接受大学专科教育而使大学专科毕业生从高中毕业到其退休期间每年可以增加的可支配收入，其结果表明，与高中毕业直接就业相比，接受大学专科教育可以使大学专科毕业生从高中毕业至退休期间每年多出 0.1580 万元的可支配收入。

综上所述，可得出如下结论：站在经济学角度，接受大学专科教育后就业比高中毕业直接就业更加合算。

二、大学本科教育投资收益估算

（一）有关假设

基本假设：我国高中毕业生的正常年龄是 18 岁，如果毕业后直接进入劳动力市场，则其将在 19～60 岁（退休年龄按 60 岁计）期间产生 42 期劳动收入（见图 5－7）；如果毕业后接受本科教育并正常毕业，则其将在 19～22 岁期间支付 4 期本科教育成本、23～60 岁期间产生 38 期劳动收入（见图 5－9）。以上表明，本科教育投资收益计算的期初为 19 岁的年初，在图 5－9 中为“高中毕业”所在时点。

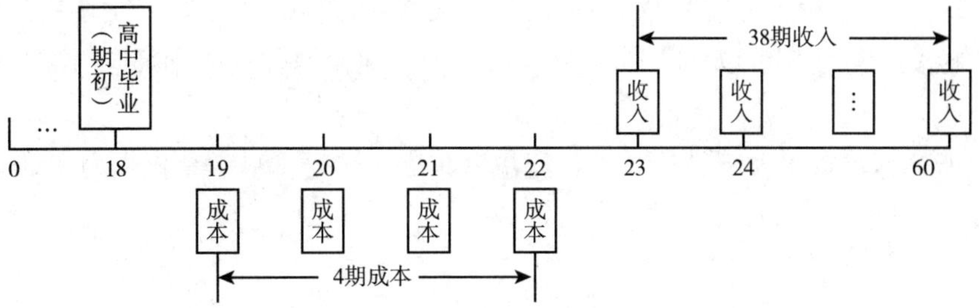

图 5－9　本科毕业生大学教育成本与未来工资收入“年金”

其他假设：（1）本科毕业生年薪 14.52 万元、高中毕业生年薪 7.75 万元（参见表 2-4）。（2）本科学生大学期间每年的直接成本为 2 万元、每年的间接成本（即机会成本）为 7.83 万元（包括损失的工资收入 7.75 万元和 2 万元直接成本的投资损失 0.08 万元，参见【案例 3-4】）。（3）贴现率（长期收益率）为 4%（参见【案例 3-4】）。（4）上述成本和工资收入均发生在年末且在退休前保持不变，这样，可以把上述成本与工资收入视为“年金”。

（二）计算过程

根据上述假设，进行如下两步计算：

第一步：
$$NPV_H(4\%) = \sum_{i=19}^{23}\frac{-2-7.83}{(1+4\%)^i} + \sum_{i=19}^{60}\frac{14.52-7.83}{(1+4\%)^{i+4}}$$
$$= -9.83\times 3.6299 + 6.69\times 19.3679\times 0.8548$$
$$= 75.0756\text{（万元）}$$

在第一步计算过程中，3.6299 是 4 年期、4% 利率的年金现值系数，19.3679 是 38 年期、4% 利率的年金现值系数，0.8548 是 4 年期、4% 利率复利现值系数。-9.83×3.6299 表示本科学生大学 4 年的私人直接成本、私人间接成本之和在期初的累计现值。$6.69\times 19.3679\times 0.8548$ 表示先计算 39 期 6.69 万元（14.52－7.83）收入的累计现值，再将这个累计现值向回贴现 4 年至期初（见图 5-9）。

第二步：
$$75.0756 = \sum_{i=19}^{60}\frac{\Delta PI}{(1+4\%)^i}$$
$$\Delta PI = 75.0756 \div 20.1856$$
$$= 3.7193\text{（万元）}$$

在第二步计算过程中，20.1856 是 42 年期、4% 利率的年金现值系数。ΔPI 是本科教育 75.0756 万元的净收益在 42 年中平均分配，每年可以分配到的净收益，这是本科毕业生因接受本科教育而在每年获得的可支配收入增量。第二步的计算结果 3.7193 万元实质是本科学生在接受大学本科教育而增加的持久收入。

在上述计算中，第一步计算的是接受本科教育的净投资收益，其结果表明，与高中毕业直接就业相比，接受本科教育可获得 75.0756 万元的净投资收益。根据净收益法则，接受本科教育在经济上是合算的；第二步计算的是因接受本科教育而使本科毕业生从高中毕业到其退休期间每年可以增加的可支配收入，其结果表明，与高中毕业直接就业相比，接受本科教育可以使本科毕业生从高中毕业至退休期间每年多出 3.7193 万元的可支配收入。

综上所述，可得出如下结论：站在经济学角度，接受本科教育比高中毕业直接就业更加合算。

三、“专升本”教育投资收益估算

（一）有关假设

基本假设：我国高中毕业生的正常年龄是18岁，如果毕业后直接进入劳动力市场，则其将在19～60岁（退休年龄按60岁计）期间产生42期劳动收入（见图5－7）；如果毕业后先接受专科教育、再“专升本”并正常毕业，则其将在19～23岁期间支付5期大学教育成本（专科3期、本科2期）、24～60岁期间产生37期劳动收入（见图5－10）。以上表明，“专升本”教育投资收益计算的期初为19岁的年初，在图5－10中为“高中毕业”所在时点。

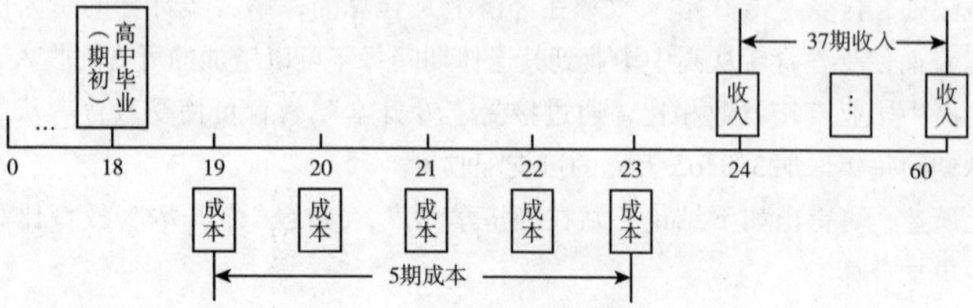

图5－10　“专升本”毕业生大学教育成本与未来工资收入“年金”

其他假设：（1）本科毕业生年薪14.52万元、高中毕业生年薪7.75万元（参见表2－4）。（2）“专升本”学生大学期间每年的直接成本为2万元、每年的间接成本（即机会成本）为7.83万元（包括损失的工资收入7.75万元和2万元直接成本的投资损失0.08万元，参见【案例3－4】）。（3）贴现率（长期收益率）为4%（参见【案例3－4】）。（4）上述成本和工资收入均发生在年末且在退休前保持不变，这样，可以把上述成本与工资收入视为“年金”。

（二）计算过程

根据上述假设，进行如下两步计算：

$$\text{第一步：} NPV_H(4\%) = \sum_{i=19}^{24} \frac{-2-7.83}{(1+4\%)^i} + \sum_{i=19}^{60} \frac{14.52-7.83}{(1+4\%)^{i+5}}$$

$$= -9.83 \times 4.4518 + 6.69 \times 19.1426 \times 0.8219$$

$$= 61.4946\text{（万元）}$$

在第一步计算过程中，4.4518是5年期、4%利率的年金现值系数，19.1426是37年期、4%利率的年金现值系数，0.8219是3年期、4%利率的复利现值系数。-9.83×4.4518表示“专升本”学生大学5年的私人直接成本、私人间接成本之和在期初的累计现值。$6.69\times19.1426\times0.8219$表示先计算37期6.69万元（9.58－7.83）收入的累计现值，再将这个累计现值向回贴现5年至期初（见图5－10）。

第二步：$61.4946=\sum_{i=19}^{60}\frac{\Delta PI}{(1+4\%)^{i}}$

$\Delta PI=61.4946\div20.1856$

$=3.0465$（万元）

在第二步计算过程中，20.1856是42年期、4%利率的年金现值系数。ΔPI是“专升本”教育61.4946万元的净收益在42年中平均分配，每年可以分配到的净收益，这是“专升本”毕业生因接受“专升本”教育而在每年获得的可支配收入增量。第二步的计算结果3.0465万元实质是学生因接受“专升本”教育而增加的持久收入。

在上述计算中，第一步计算的是接受“专升本”教育的净投资收益，其结果表明，与高中毕业直接就业相比，接受“专升本”教育可获得61.4946万元的净投资收益。根据净收益法则，接受“专升本”教育在经济上是合算的；第二步计算的是因接受“专升本”教育而使受教育者从高中毕业到其退休期间每年可以增加的可支配收入，其结果表明，与高中毕业直接就业相比，通过接受“专升本”教育可使受教育者从高中毕业到其退休期间每年增加3.0465万元的可支配收入。

综上所述，可得出如下结论：站在经济学角度，接受“专升本”教育比高中毕业直接就业更加合算。

将上述三个估算结果汇总，可得到表5－10（保留2位小数），从中可以看出，与高中毕业直接进入劳动力市场就业相比，接受大学专科教育，或接受“专升本”教育，或接受本科教育，在经济上是合算的。其中：本科教育的净收益最高，为75.08万元，相当于给自己从高中毕业至退休期间每年增加了3.72万元的可支配收入；“专升本”教育的净收益次之，为61.49万元（净现值），相当于给自己从高中毕业到退休期间每年增加了3.05万元的可支配收入；大学专科教育的净收益最低，但也达到了3.19万元（净现值），相当于给自己高中毕业到退休期间每年增加了0.16万元的可支配收入。这三个估算结果表明，从经济角度来看，“大学无用论”的观点是站不住脚的，大学是“有用”的。

表5－10　　三种大学教育投资收益估算比较　　单位：万元

收益类型	大学专科教育	大学本科教育	“专升本”教育
人力资本净收益	3.19	75.08	61.49
持久收入增量	0.16	3.72	3.05

针对上述估算，需要说明两点：第一，上述估算是建立在诸多假设之上的，有些数据与实际相比，可能存在差距。例如，关于上大学的年私人直接教育成本，其具体金额受到大学所在地的物价水平、学生家庭的经济条件以及学生的节俭程度等诸多因素的影响与限制，因此，每名学生的年私人直接教育成本都是不同的；再如，关于上大学的年

私人间接教育成本，由于大学所在地的工资水平不同，导致不同地区大学生的年私人间接教育成本也是不同的，而这对估算结果会产生直接影响。因此，估算结果与实际情况肯定有所差异。

第二，上述估算具有主观性，例如贴现率的选择，本书选择了4%。事实上，选择什么样的贴现率与估算者对于时间的偏好密切相关，越偏好现在的人选择的贴现率会越大，反之越小。选择的贴现率不相同，估算的结果也将不同。正因为如此，上述估算不具有普适性。本章之所以进行上述估算，主要目的在于为读者提供一个估算大学教育投资收益的基本思路和方法，感兴趣的读者可以结合自身情况进行估算，以判定自己上大学在经济上是否合算。

【本章小结】

1. 货币的时间价值是指当前一定数量货币比未来等量货币具有更高的价值（实际购买力）。货币具有时间价值的原因包括货币可用于投资并产生收益、货币购买力受到通货膨胀因素影响，以及预期收入具有不确定性三个方面。

2. 货币计息有单利和复利两种方法，单利只对本金计算利息，复利同时对本金和利息计算利息。

3. 货币时间价值计算主要包括单利终值、复利终值、复利现值、普通年金终值和普通年金现值等，各种计算的已知条件、计息方式、计算公式与计算结果如表5－11所示。

表5－11 货币时间价值计算情况一览

计算类型	已知条件	计息方式	计算公式	计算结果
单利终值	本金，存期	单利	$F=P\times(1+i\times n)$	一笔现金在期末的本利和
复利终值	本金，存期	复利	$F=P(1+i)^n$	一笔现金在期末的本利和
复利现值	本金，存期	复利	$P=F/(1+i)^n$	一笔现金在期初的现值
普通年金终值	年金，存期	复利	$F=A[(1+i)^n-1]/i$	一笔年金在期末的本利和
普通年金现值	年金，存期	复利	$P=A[1-(1+i)^{-n}]/i$	一笔年金在期初的现值和

4. 常用的金融投资决策法则包括净现值法则、终值法则和内部收益率法则。

5. 大学教育投资收益可用公式 $NPV_H=\sum_{i=T}^{T+t}\frac{Y_i^C-Y_i^H}{(1+R)^{i-T}}$ 进行估算，当公式中的净现值（NPV_H）大于零或者贴现率（R）大于个人对投资收益率的要求时，进行大学教育投资在经济上是可行的。

6. 基于相关假设，对大学专科、大学本科和“专升本”教育投资收益的估算结果表明，与高中毕业直接就业相比，接受大学专科、大学本科和“专升本”教育在经济上都是可行的。其中，大学本科教育投资净收益最高，“专升本”教育次之，大学专科教育最低。

【知识结构】

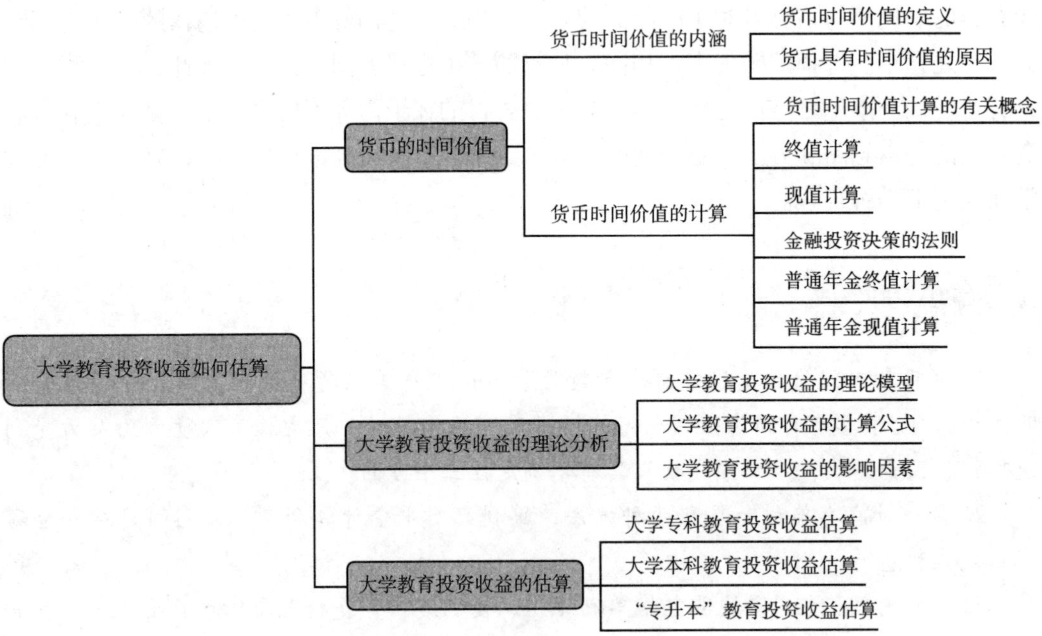

【课后练习】

一、单项选择

1. 人力资本主要包括体能、智能和（　　）。

A. 体能　　B. 思想素质　　C. 德行　　D. 智能

2. 终值等于现值加上（　　）。

A. 利率　　B. 利息　　C. 本金　　D. 本利和

3. 一元钱的现值计算公式为 $P = 1/(1+i)^n$，这也被称为现值系数或（　　）。

A. 普通年金　　B. 贴现率　　C. 终值系数　　D. 长期收益率

4. 从现期的期初开始的每年发生的等额现金流是（　　）。

A. 年金　　B. 即时年金　　C. 普通年金　　D. 预期年金

5. 从现期的期末开始的每年发生的等额现金流是（　　）。

A. 年金　　B. 即时年金　　C. 普通年金　　D. 预期年金

6. 如果一项投资的净现值大于零，就具有经济上的可行性，否则就不应该进行投资。这一金融投资决策的法则是（　　）。

A. 净现值法则　　B. 终值法则

C. 累计利息法则　　D. 内部收益率法则

7. $[(1+i)^n-1]/i$ 被称为（　　）。

A. 现值系数　　B. 终值系数

C. 普通年金终值系数　　D. 普通年金现值系数

8. 接受大学教育期间，大学生及其家庭要支付直接成本和间接成本，这反映到大学教育投资“成本－收益”图中，其收入流曲线（　　）。

A. 一直在高中毕业生收入流曲线的下方

B. 一直在高中毕业生收入流曲线的上方

C. 大学期间在高中毕业生收入流曲线的下方

D. 大学期间在高中毕业生收入流曲线的上方

9. 从大学教育投资收益的计算公式来看，大学教育投资收益的影响因素包括高中毕业生的收入流、大学毕业生的收入流、产生收入流的期数，以及（　　）。

A. 物价水平　　B. 经济增长速度　　C. 收入预期　　D. 贴现率

10. 个人未来可能获得的收入大致包括（　　）、要素收入和其他收入。

A. 利息收入　　B. 股票价差收入　　C. 房租收入　　D. 劳动报酬

二、判断正误

1. 人力资本主要指人的消费能力。（　　）

2. 在不考虑要素收入和其他收入的前提下，个人的人力资本大致可用未来的劳动报酬进行衡量。（　　）

3. 货币可用于投资并产生收益。（　　）

4. 通货膨胀是总体物价水平持续下降的一种情形。（　　）

5. 单利是一种同时对本金和利息计算利息的计息方法。（　　）

6. 即时年金与普通年金的区别是两者现金流产生的时间不一样。（　　）

7. 现值计算是终值的逆运算，一般采用单利的计算方法。（　　）

8. 复利终值系数 $(1+i)^n$ 表示 1 元钱在 i 利率水平和复利计息情况下 n 年后的终值。（　　）

9. 从大学（专科）教育投资“成本－收益”图来看，只有图中的“增加收入”部分小于图中的“直接成本”与“间接成本”之和时，理性的“经济人”才会选择接受大学专科教育。（　　）

10. 接受大学教育，在其他条件相同的情况下，越是年轻的人，其未来的投资收益越大；反之也成立。（　　）

三、简答

1. 什么是货币的时间价值？货币为何具有时间价值？

2. 金融投资决策的法则有哪些？各自内涵是什么？

3. 画出大学专科教育的“成本－收益”图，并简要说明其内涵？

四、计算

1. 李先生在银行存入 4 万元，存期 4 年，利率 6%，单利计息，到期后本利和是多少？

2. 何先生在银行存入 3 万元，存期 5 年，利率 4%，复利计息，到期后本利和是多少？

3. 王先生希望 5 年后一次拿到 10 万元作为孩子的教育费用，利率 7%，复利计息，他目前要一次性存入多少钱？

4. 张先生 8 年后退休，从现在开始为退休后做准备，计划每年年末存入 2 万元，利率 5%，复利计息，到退休时张先生一次性可以取出多少钱？

5. 李刚从现在开始的 10 年内，每年末将得到 1.5 万元，假设利率 6%，李刚这些钱的现值是多少？

6. 李明 19 岁上高职学院，22 岁毕业，大学期间每年直接成本 1.5 万元，如不上大学直接工作每年可获 7 万元工资收入，大学毕业后参加工作每年可获 9.2 万元工资收入，假设这个收入水平一直持续到 60 岁退休、长期收益率为 4%，请计算李明上大学的人力资本净收益？（注：3 年期、4% 利率的年金现值系数为 2.7751，39 年期、4% 利率的年金现值系数为 19.5845，3 年期、4% 利率复利现值系数为 0.8890。）

五、思考

有人说上大学是一种既利己又利他的人力资本投资行为。对此观点，你怎么看？

六、撰写学习心得体会

对照本章教学目标，从以下四个方面撰写心得体会：一是知识学习情况；二是能力提升情况；三是情感、态度和价值观改进情况；四是自身不足与努力方向。要求不少于 1000 字。

七、学习效果自评

1. 学习本章之后，我的总体收获（　　）。

A. 非常大　B. 比较大　C. 一般　D. 比较小　E. 非常小

2. 学习本章之后，我（　　）了解货币时间价值的内涵与原因。

A. 非常　B. 比较　C. 一般　D. 比较不　E. 非常不

3. 学习本章之后，我（　　）熟悉单利、复利、现值、终值、年金等的内涵。

A. 非常　B. 比较　C. 一般　D. 比较不　E. 非常不

4. 学习本章之后，我（　　）理解净现值法则、终值法则和内部收益率法则。

A. 非常　B. 比较　C. 一般　D. 比较不　E. 非常不

5. 学习本章之后，我（　　）理解大学教育投资收益的理论模型、计算公式与影响因素。

A. 非常　B. 比较　C. 一般　D. 比较不　E. 非常不

6. 学习本章之后，我能（　　）准确地计算单利终值、复利终值、复利现值、普通年金终值和普通年金现值。

A. 非常　B. 比较　C. 一般　D. 比较不　E. 非常不

7. 学习本章之后，我能（　　）准确地估算大学教育投资的收益。

A. 非常　　B. 比较　　C. 一般　　D. 比较不　　E. 非常不

8. 学习本章之后，我（　　）明显地增强了好学力行的进取精神。

A. 非常　　B. 比较　　C. 一般　　D. 比较不　　E. 非常不

9. 学习本章之后，我（　　）明显地强化了人力资本投资（大学教育投资）的成本意识和回报意识。

A. 非常　　B. 比较　　C. 一般　　D. 比较不　　E. 非常不

自评结果统计：

自评等级	A	B	C	D	E
各等级数量					
自评得分					

注：A、B、C、D、E 分别计 10 分、8 分、6 分、4 分、2 分，满分 90 分，54 分为及格线。

▶▶ 第六章 大学发展目标如何确定

【学习目标】

知识目标

- 了解人的整体发展的内涵
- 熟悉个体发展的内涵、阶段、内容、特点和规律
- 理解人力资本的分类、提升途径与机制
- 理解个体全面发展的内涵

能力目标

- 能科学制定大学阶段的个人发展目标
- 能妥善处理大学阶段自身全面发展与个性发展的关系

素质目标

- 强化自信自立的人格修养和好学力行的进取精神
- 增强人力资本投资的成本意识和回报意识

【本章主题】

本章聚焦大学阶段个人发展目标如何确定，大学阶段是人生一个的重要阶段，是个人发展的一个加速期和提升期。大学生在学期间，一方面要努力提升人力资本，平衡好跨行业通用性人力资本和行业通用性人力资本提升之间的关系；另一方面要全面提高综合素质，既要实现德智体美劳全面发展和处理与自然、社会及自我关系能力的全面提升，也要充分发展自我独特的个性、特点、兴趣与爱好。

第一节　人的整体发展

简而言之，人的发展就是人的变化过程。具体包括作为人类整体的发展和作为单个

个体的发展两个方面的内容。人的整体发展指的是人类作为一个整体或一个族群的发展。从整个人类社会来看，自原始社会开始，先后经历或正在经历奴隶社会、封建社会、资本主义社会和社会主义社会等发展阶段。总体来看，人类发展的过程是一个从低级、落后和不文明到高级、先进和文明的发展过程。

一、国家发展概述

当今世界，人类作为一个整体，其最基本、最常见的发展单位是国家。站在一个国家的角度而言，其发展涵盖了政治、经济、文化等多个方面。例如当前我国正在进行的中国特色社会主义事业，涵盖了经济建设、政治建设、文化建设、社会建设、生态文明建设五个方面，被称为"五位一体"的总体布局。习近平同志在中国共产党第十九次全国代表大会上的报告中提出我国到2035年"基本实现社会主义现代化"，届时我国的整体发展水平将达到较高的层次。这五个方面的主要目标如表6-1所示。

表6-1　　我国实现基本现代化的内容与目标

序号	建设内容	建设目标
1	经济建设	经济、科技实力大幅跃升，跻身创新型国家前列。人民生活更为宽裕，中等收入群体比例明显提高，城乡区域发展差距和居民生活水平差距显著缩小，基本公共服务均等化基本实现，全体人民共同富裕迈出坚实步伐
2	政治建设	人民平等参与、平等发展权利得到充分保障，法治国家、法治政府、法治社会基本建成，各方面制度更加完善，国家治理体系和治理能力现代化基本实现
3	文化建设	社会文明程度达到新的高度，国家文化软实力显著增强，中华文化影响更加广泛深入
4	社会建设	现代社会治理格局基本形成，社会充满活力又和谐有序
5	生态文明建设	生态环境根本好转，美丽中国目标基本实现

资料来源：习近平. 决胜全面建成小康社会 夺取新时代中国特色社会主义伟大胜利——在中国共产党第十九次全国代表大会上的报告［EB/OL］. 新华网，http：//www.xinhuanet.com/politics/19cpcnc/2017-10/27/c_1121867529.htm.

二、国家的经济发展

在国家发展的内容中，经济发展既关系每一个社会成员的物质生活水平，又是整个社会的政治、文化、社会和生态文明发展的基础与前提，因而是国家发展的中心工作。由于各国的资源禀赋、经济体制、发展政策等方面的差异，各国经济发展的水平和速度是不相同的。表6-2是世界银行公布的2021年全球国内生产总值①（GDP）排名前10位的国家，美国排名第1，达到229961亿美元，中国排名第2，为177341亿美元，而到了排名第3的日本，其GDP只有不到5万亿美元，与排名第1、第2的美国和中国相差了10万亿美元以上。世界各国的经济实力差距由此可见一斑。

① 国内生产总值是指一个国家和地区所有常住单位在一定时期内生产活动的全部最终成果。

表 6 – 2　　2021 年世界主要经济大国的 GDP（现价美元）

排名	国家	GDP（万亿美元）
1	美国	229961
2	中国	177341
3	日本	49374
4	德国	42231
5	英国	31869
6	印度	31734
7	法国	29375
8	意大利	20999
9	加拿大	19908
10	韩国	17985

资料来源：世界银行数据库，https：//data. worldbank. org. cn/.

图 6 – 1 显示了当前全球经济总量最大的四个国家——美国、中国、日本和德国的 GDP 在 1978 ~ 2021 年的变化情况。[①] 1978 年，四国 GDP 的排序是美国、日本、德国和中国，分别为 23516 亿、10136 亿、7405 亿和 1495 亿美元，当年中国的 GDP 分别仅为美国、日本和德国 GDP 的 6. 36%、14. 75% 和 20. 19%。在 43 年的发展过程中，中国的经济快速发展，取得了举世瞩目的成就，GDP 分别在 2007 年超过德国、2010 年超过日本，成为仅次于美国的世界第 2 号经济大国，占全球经济的比重超过 18%。

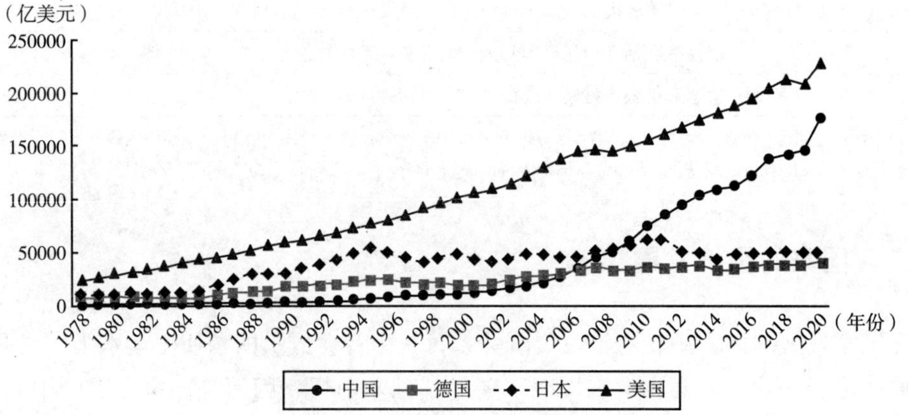

图 6 – 1　1978 ~ 2021 年美、中、日、德四国 GDP 变化趋势

2021 年，四国的 GDP 排序是美国、中国、日本和德国，分别为 229961 亿、177341 亿、49374 亿和 42231 亿美元，当年中国的 GDP 分别是美国、日本和德国的 77. 12%、4. 2 倍和 3. 59 倍。43 年中，中国的 GDP 增长了 117. 62 倍，而同期美国、日本和德国分

① 世界银行数据库，https：//data. worldbank. org. cn/.

别只增长了 8. 78 倍、4. 70 倍和 3. 87 倍。

GDP 指标反映的是一个国家或地区的经济总体实力，并不能完全反映一个国家或地区的人均产出水平。世界银行用人均国民总收入（简称 GNI，原称国民生产总值，是指一个国家或地区所有常住单位在一定时期内所获得的初次分配收入总额，等于国内生产总值加上来自国外的初次分配收入净额）指标来反映一个国家或地区的人均产出水平，并根据人均 GNI 的高低不同，将所有的国家划分为低收入国家、中等偏下收入国家、中等偏上收入国家和高收入国家四个类别。根据世界银行 2022 年 7 月公布的标准：高收入国家的人均 GNI 超过 13205 美元，中等收入国家的人均 GNI 在 4256 ~ 13205 美元，中等偏下收入国家的人均 GNI 在 1086 ~ 4255 美元，低收入国家的人均 GNI 则不超过 1085 美元。具体如表 6 – 3 所示。

表 6 – 3　　2022 年世界银行国别收入分类标准（现价美元）

序号	类别	人均 GNI 标准
1	低收入	< 1085
2	中等偏下收入	1086 ~ 4255
3	中等偏上收入	4256 ~ 13205
4	高收入	> 13205

资料来源：世界银行网站，https：//www. shihang. org/zh/home.

从图 6 – 2 来看，2021 年，全球人均 GNI 排名前 10 位的以中小国家或地区为主，如百慕大、瑞士、挪威、新加坡等。在世界主要经济大国中，只有美国的人均 GNI 进入前 10，排名第 5 位。从世界排名前十的国家或地区的人均收入来看，排名第 1 的百慕大达到 116540 美元，排名第 10 的卡塔尔也达到了 57120 美元（见图 6 – 2），分别达到了当年世界平均水平（12069 美元）的 9. 66 倍和 4. 73 倍。

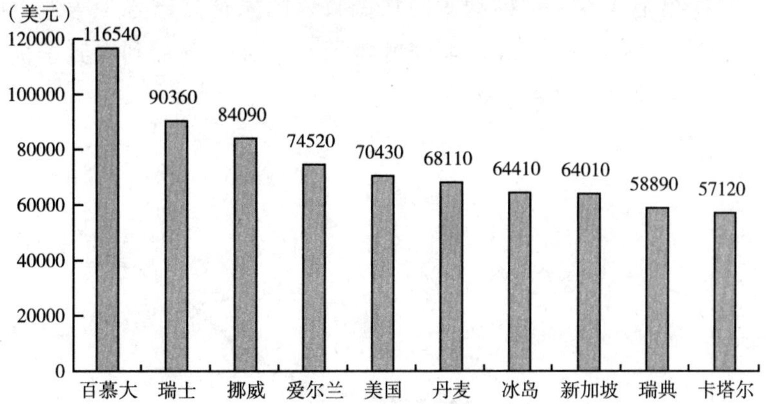

图 6 – 2　2021 年全球排名前十位国家的人均 GNI（现价美元）

2021 年，在世界排名前 10 的经济大国中，除了中国和印度之外，其余 8 个国家均属于高收入国家行列。其中，美国的人均 GNI 最高，为 70430 美元，是经济大国中唯一进入全球前 10 位的国家，高居全球第 6。其次是德国，人均 GNI 达到 51040 美元。再次是加拿大，人均 GNI 达到 48310 美元。印度是这些经济大国中人均 GNI 最低的国家，2021 年为 2170 美元（见图 6－3），根据表 6－3 所列的标准，处于中等偏下收入国家行列，作为世界上人口最多的国家之一，其在人均 GNI 方面还有很大的提升空间。

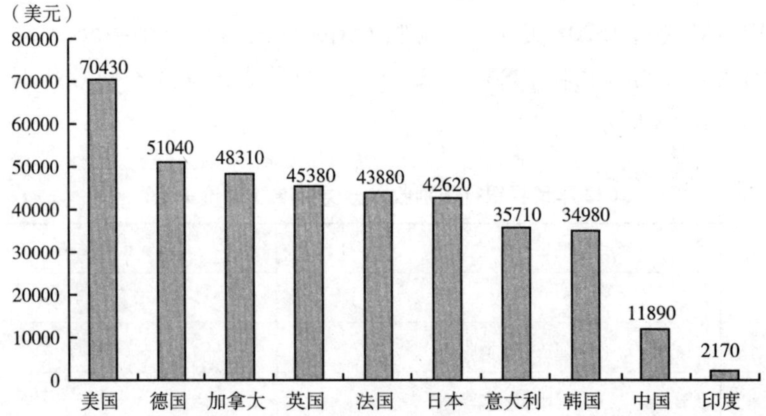

图 6－3　2021 年全球主要经济大国的人均 GNI（现价美元）

再看我国的情况。2021 年，我国人均 GNI 达到 11890 美元，从横向来看，处于中等偏上收入国家行列，接近高收入国家。按近年来我国经济发展的总体趋势，未来几年内进入高收入国家行列的可能性极大。当然，与世界其他经济大国，如美国、日本、德国等相比，我国的人均 GNI 还是比较低的，也有很大的提升空间。

从纵向来看，我国人均 GNI 的增长速度是非常惊人的。从图 6－4 来看，1978 年，我国人均 GNI 仅为 200 美元，经过四十多年的改革开放，中国共产党领导全国各族人民通过艰苦努力和持续奋斗，一举推动我国从低收入国家行列进入中等偏上收入国家行列，人均 GNI 增长了 58.45 倍，人民群众的生活水平和经济福利得到了极大提高和改善，这在世界经济发展史上是空前的成功个案。

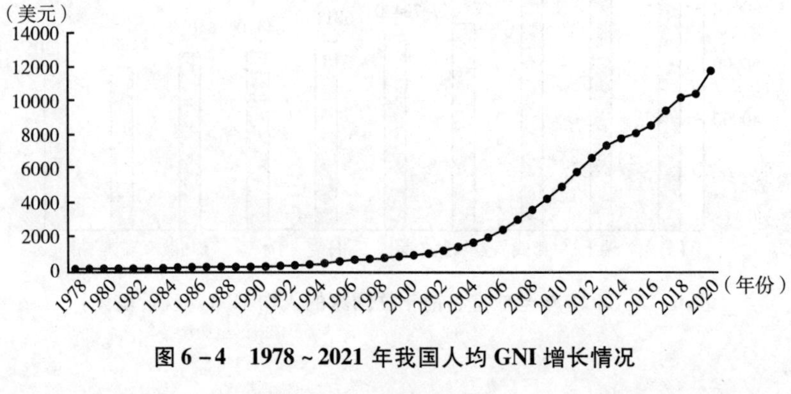

图 6－4　1978～2021 年我国人均 GNI 增长情况

三、消除贫困与共同富裕

经济发展归根到底是为了提高人民群众的生活水平与经济福利，其中，消除贫困是一项重要的和兜底性的工作。改革开放以来，我国在减贫脱困方面取得了卓越成就。按照我国现行农村贫困标准（2010 年价格水平每人每年 2300 元）测算，1978 年我国农村贫困人口为 7.7 亿人，贫困发生率达到 97.5%（见图 6－5）。

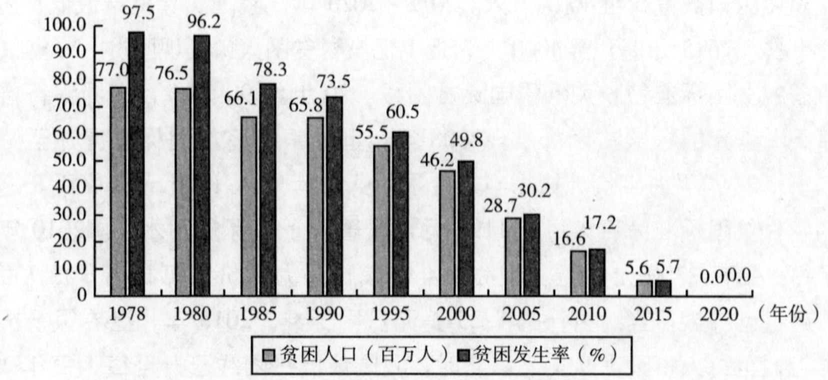

图 6－5　改革开放以来我国减贫脱困的成就（1978～2020 年）

资料来源：汪三贵，曾小溪．从区域扶贫开发到精准扶贫——改革开放 40 年中国扶贫政策的演进及脱贫攻坚的难点和对策［J］．农业经济问题，2018（8）：40－49；国务院新闻办．人类减贫的中国实践［EB/OL］．国务院新闻办网站，2021－09－09.

对此，党和政府高度重视，采取了切实有效的举措，付出了艰苦卓绝的努力，在经过以体制改革推动农村扶贫开发（1978～1985 年）、针对性的扶贫开发（1986～1993 年）、“八七扶贫攻坚计划”（1994～2000 年）、综合扶贫开发（2001～2010 年）和全面小康背景下精准扶贫（2011～2020 年）等几个阶段卓有成效的工作之后，我国在 2015 年成为世界上第一个实现联合国千年发展目标中“减贫目标”的发展中国家，在 2020 年实现了现行贫困标准下全部贫困人口的脱贫，极大地提高了中国人民尤其是贫困人口的经济福祉，也为世界减贫事业作出了巨大贡献、树立了成功典范。

2021 年 2 月 25 日，中共中央总书记习近平同志在全国脱贫攻坚总结表彰大会上庄严宣告：“经过全党全国各族人民共同努力，我国脱贫攻坚战取得了全面胜利，现行标准下 9899 万农村贫困人口全部脱贫，832 个贫困县全部摘帽，12.8 万个贫困村全部出列，区域性整体贫困得到解决，完成了消除绝对贫困的艰巨任务，创造了又一个彪炳史册的人间奇迹！”①

① 国务院新闻办公室．人类减贫的中国实践［EB/OL］．http：//www.scio.gov.cn/index.htm，2021－09－09.

【案例 6-1】摆脱贫困，中国这样走过

改革开放之初，中国是世界上贫困人口最多的国家。2020 年，中国现行标准下农村贫困人口全部脱贫。世界上没有哪一个国家能在那么短的时间内帮助那么多人摆脱贫困。

1978 年，按当时每人每年收入 100 元的农村贫困标准，中国有 2.5 亿人口生活在这一水平之下。到 2008 年，中国贫困标准提升至每人每年 1196 元，比 1978 年翻了近 11 倍，贫困人口数量减至 4007 万人。2012 ~ 2020 年，我国实际执行最低贫困标准从每人每年收入 2625 元提升至 4000 元，近 1 亿农村贫困人口实现脱贫。

中国的贫困标准曾长期低于国际贫困线。20 世纪 90 年代，世界银行首次发布每人每天 1 美元的极端贫困标准。2008 年，世界银行将贫困标准提升至每人每天 1.25 美元，按购买力平价计算相当于中国每人每年收入 1746 元人民币。这时我国执行的农村贫困标准为每人每年 1196 元，显著低于国际贫困水平。2010 年，我国制定了每人每年 2300 元的新贫困线标准，按购买力平价计算相当于每人每天 2.3 美元，超过世界银行当时执行的 1.25 美元贫困标准。2015 年，世界银行再次将贫困标准上调至每人每天 1.9 美元。此时，我国最低贫困线已升至每人每年 2855 元，明显高于世界银行的 1.9 美元水平。

中国提出的脱贫目标任务，不仅是要从数字上衡量贫困人口收入水平变化，而且强调多维度提升贫困人口生活质量，稳定实现“两不愁，三保障”，即吃不愁、穿不愁，义务教育、基本医疗、安全住房有保障。这是人类历史上规模空前、力度最大、惠及人口最多的脱贫攻坚战。2020 年，我们完成了脱贫攻坚目标任务，消除绝对贫困和区域性整体贫困，为实现第一个百年奋斗目标打下坚实基础。

资料来源：摆脱贫困，中国这样走过 [EB/OL]. 新华网，http://www.xinhuanet.com/politics/2021-02/23/c_1211035555.htm.

建成全面小康社会和告别贫困，是中国共产党团结带领全国人民在创造美好生活、实现共同富裕的道路上取得的一个标志性成果。这既是一个阶段性的终点，又是一个新生活、新奋斗的起点。2021 年 8 月，中共中央总书记习近平同志在中央财经委员会第十次会议上指出，现在已经到了扎实推动共同富裕的历史阶段，到 2035 年，全体人民共同富裕取得更为明显的实质性进展。当下的中国正在向第二个百年奋斗目标迈进，已经到了扎实推动共同富裕的历史阶段。

共同富裕是社会主义的本质要求，也是中国式现代化的重要特征。就内涵而言，是全体人民而非少数人的富裕，是存在一定差距而不是平均主义的富裕，是需要逐步达成而不是在短时间内就能实现的富裕，是包括物质与精神两个方面而不仅是物质方面的富裕，不是整齐划一的平均主义富裕。

收入分配问题是一个历史性和世界性难题，同时解决“富裕”和“共同”两个问

题，在任何时代、任何国家都绝非易事。尤其是在我国这样一个拥有 14 亿多人口的发展中大国，实现共同富裕面临更多的挑战和困难，涉及一系列复杂因素和深刻利益调整，必须要经历一个长期过程，不可能一蹴而就。因此，既要充分估计实现共同富裕的长期性、艰巨性、复杂性，又要充分认识到实现共同富裕所具有的优势条件、强大动力、光明前景，在中国共产党的领导下，通过高质量发展、勤劳创业创新、促进人的全面发展、基本公共服务均等化、优化分配制度与政策等途径，持之以恒，久久为功，逐步实现全体人民共同富裕。

第二节　人的个体发展

一、个体发展的内涵

人的个体发展指的是作为个体的人的发展。人们对于个体发展有着不同的理解，不同理解背后蕴含着不同的发展观。个体的发展可以分为狭义和广义两种。狭义的个体发展指个人从出生到成人的变化过程，主要指儿童的发展或者是未成年人的发展。在这种理解下，个人有两个发展界限：出生，成人。社会学和法学上一般把成人确定在 18 岁。联合国《儿童权利公约》把 18 岁以下的所有人都称为儿童，也即是 18 岁以下的未成年人。广义的个体发展指个人从胚胎到死亡的变化过程，其发展指的是持续于人一生的发展，也即是毕生的发展。

就广义的个体发展而言，其内涵涉及发展阶段、发展内容、发展特点和发展规律四个方面，具体如图 6－6 所示。

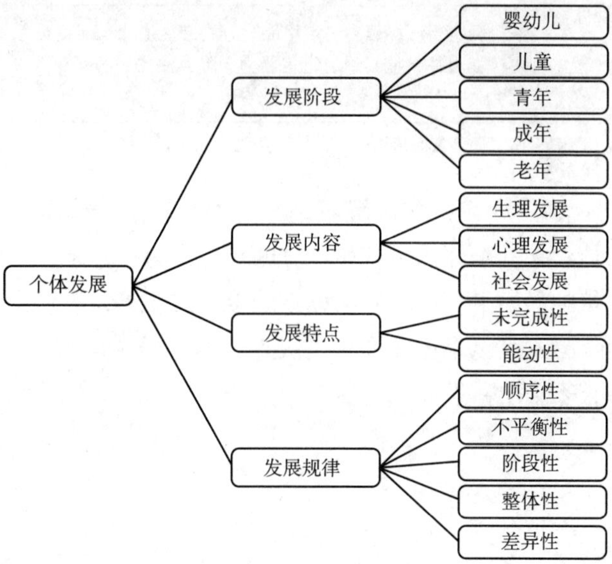

图 6－6　个体发展的内涵

二、个体发展的阶段

个体发展的生命全程包括个人从胚胎到死亡这个过程中系统的连续性的变化。从发展阶段来看，每个人从出生到死亡都要经历产前期、婴幼儿期、儿童早期、儿童后期、青春期、成年早期、成年中期和成年晚期等多个不同发展阶段，每个发展阶段的发展任务各有侧重、发展特点各有差异。表 6－4 对上述人生各阶段的主要发展任务和发展特点进行了归纳与概括。

表 6－4　人生各阶段的主要发展任务和发展特点

发展阶段	年龄段	发展任务和发展特点
产前期	受孕至出生	生理发展
婴幼儿期	0～3 岁	身体成长和动作发展；社会性依附：亲子关系；初步的认知能力、语言发展
儿童早期	3～6 岁	力量增加、粗大和精细动作发展；认知发展：创造力、想象力；社会化发展：自我意识
儿童后期	6～12 岁	力量和运动技能发展；认知发展：有逻辑的具体思维、书面语言、记忆；社会化发展：同伴关系、自我概念与自尊
青春期	12～20 岁	生理发展：身体的迅速改变、生殖成熟；认知发展：抽象思维；社会化发展：人格独立、两性关系建立
成年早期	20～40 岁	职业与家庭；认知能力处于巅峰之后逐渐下降；社会化发展：父母角色、社会职业角色
成年中期	40～60 岁	生理机能出现某些衰退、活力下降；认知技能复杂化：解决实际问题能力提高，但学习新知识的能力下降；社会化发展：性格有一定改变，对时间的取向改变
成年晚期	60 岁至死亡	生理机能衰退；智力与记忆能力有些许衰退、反应变得缓慢；需调适多方面的损失（如身体机能衰退、记忆能力下降、失去所爱的人、退休后收入减少等），找出生命的意义，面对越来越近的死亡

资料来源：彭聃龄，丁国盛. 心理学纵横谈 [M]. 南京：江苏人民出版社，2017：202.

需要说明的是，表 6－4 中的年龄段不是绝对的。对于个体发展来说，存在两种年龄：一种是自然年龄，是从个体出生开始计算的年龄；另一种是身心的发展年龄，指个体身心发展顺序的年龄。如果一个人的两种年龄接近或相等，表示个体发展正常；如果发展年龄大于自然年龄，表示个体发展比一般人早熟（身体上或心理上的）；如果发展年龄低于自然年龄，表示个体发展比一般人晚熟。①

---

① 黄希庭. 心理学导论 [M]. 重庆：西南大学出版社，2021：99.

三、个体发展的内容

个体发展的内容非常广泛。主要包括生理发展、心理发展和社会发展三个方面。

（一）生理发展

生理发展关注的是人作为自然的人的发展，也即是动物属性的人的发展。主要包括人的机体的正常发育如身高体重的持续增长，体质的不断增强，神经、运动、生殖等系统的生理功能的逐步完善等。

（二）心理发展

心理发展关注的是人作为精神的人的发展。主要包括感觉、知觉、注意、记忆、思维、言语等认知的发展，需要、兴趣、情感、意志等意向的形成，能力、气质、性格等个性的完善。

（三）社会发展

社会发展关注的是人作为社会的人的发展。主要包括科学文化知识和社会经验的掌握，社会关系的积累和行为规范的习得，成长为具有社会意识、人生态度和实践能力的现实的社会个体，能够适应并促进社会发展的人。

以上三个方面既有一定的相对独立性，又密切地联系在一起，相互制约、相辅相成，有机地促进了个体的德智体美劳全面发展（见图 6 – 7）。

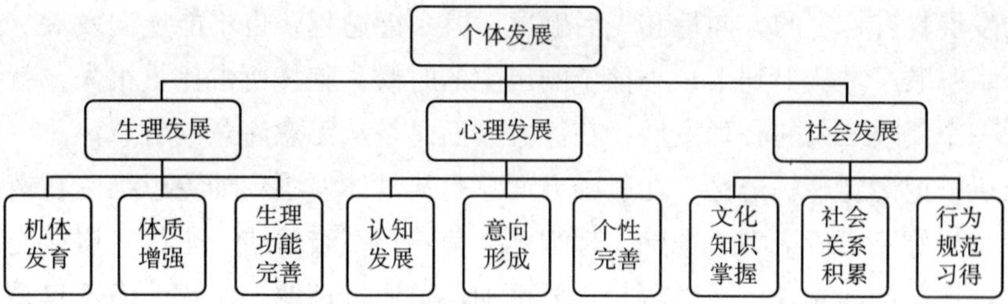

图 6 – 7　个人发展的主要内容

资料来源：王道俊，郭文安，教育学［M］. 北京：人民教育出版社，2017：27 – 28.

四、个体发展的特点

（一）未完成性

人是未完成的动物。人刚生下来，非常软弱，要发展到比较成熟的阶段，大约需要

18 年，这是一个非常缓慢的过程。小动物一生下来，马上能够站立，能够走，很短时间内会跑，在较短时间内就发展成熟了。

人的未完成性与人的非特定化密切相关。动物一生下来，基本上特定化了，其未来发展可以大致预测。而人则不是这样，人生下来，没有特定化，其将来发展有无限的可能。例如一个小孩画一幅画，如果用成人的标准来衡量会认为很差，但如果用儿童的标准来衡量，就会发现其间有很多儿童特有的想象、创造，是非常了不起的。

人的发展的未完成性蕴含着人的发展的不确定性、可选择性、开放性和可塑性，潜藏着巨大的生命活力和发展可能性。这非常宝贵，非常值得珍惜。

（二）能动性

既然人是未完成的，那么人是如何完成或者说是如何完善的呢？与动物不同，人是能动地完成的或完善的。例如，一只小狗，将来要想成为一只什么样的狗，它自己没有选择，也没有设计。而人将来要成为一个什么样的人、能成为什么样的人？虽然要受到遗传、环境和教育等的影响，但人自己大有可为。人类发展的经验表明，一个人将来是什么样子，在很大程度上都是自己所选择、所决定的。

人在发展过程中表现出的能动、自主、自觉、自决和自我塑造等能动性，是人的生长发展与自然界发展变化及动物生长发展最重要的不同。

五、个体发展的规律

（一）顺序性

人的发展具有一定的方向性和先后顺序，既不能逾越，也不能逆向发展。人的神经的发展，基本顺序是从上到下，小孩子刚出生的时候，脑袋所占比重很大，就是这个基本顺序的一个反映。人的心理发展，在注意方面总是从无意注意到有意注意，在记忆方面总是从机械记忆到理解记忆，在思维方面总是从具体思维到抽象思维，在情感方面总是从喜怒哀乐等一般情绪到道德感、理智感、美感等高级情绪。个体发展要充分认识并遵循这一规律，例如大学生在学习时，要更加注重通过理解、领悟，而不仅是靠背诵来掌握知识。

（二）不平衡性

人的发展并不总是匀速前进的。表现在两个方面：一方面，不同系统的发展速度、起始时间、达到的成熟水平是不同的，例如人的智商在成人以前基本发展成熟，而人的情商在成人之后还有很大的发展空间；另一方面，同一机能系统在不同的发展阶段有着不同的发展速度，例如人的身体发展有两个加速期，一个是幼儿阶段，另一个是青春期。

（三）阶段性

人的发展变化既体现出量的积累，又表现出质的飞跃。当某些代表新质要素的量积累到一定程度时，就会导致质的飞跃，即表现为发展的阶段性。这个特点与人们平时的感觉不太一样，不少心理学家对人的发展阶段进行了划分，每一个阶段都有独特的、典型的、本质的特征（见表6－4）。

（四）整体性

人的发展是一个整体性的发展，既包括生理发展、心理发展和社会发展，也包括作为个体的个性发展，这些部分既相互独立，又相互影响、交织发展，呈现出“整体大于各部分总和”的特点。例如儿童在生理上的逐渐成熟会慢慢引发其产生对异性的爱恋，进而促进其心理发展、社会发展直至整个人的全面成长；再如成人参加工作后可能会发现其在知识学习方面存在的不足，由此进行目的性、针对性更强的学习，这将进一步促进其社会发展，更好地融入社会和服务社会。

（五）差异性

尽管正常人的发展要经历一些共同的基本阶段，但个别差异仍然非常明显，每个人的发展方向、速度和水平往往是千差万别的。生物学家说世界上没有两片完全相同的树叶，同样的道理，世界上也没有完全相同的两个人。

对于个体来说，要充分认识到自己的独立性与差异性，找到适合自己的发展方向，才有可能以相对较快的速度达到较高的发展水平。

第三节　大学阶段的个人发展目标

大学是人生一个重要的阶段，也是个人发展的一个加速阶段和提升阶段。对于高职院校的大学生来说，主要有两个方面的发展目标：一是提升知识和技能，尤其是专业知识与技能，这是未来就业和职业发展所需。从人力资本理论的视角来看，这个目标可以表述为提升个人的人力资本。二是提升包括体能、健康、德行等在内的综合素质，虽然就业与职业发展对于个人来说很重要，但远不是人生的全部。大学生要想追求一个积极健康、有价值有意义和快乐幸福的人生，必须要具备良好的个人综合素质。一句话，提升人力资本和综合素质应成为大学阶段个人的主要发展目标。

一、人力资本提升

人力资本是指通过人力资本投资开发形成的人的各种能力的总和。需要指出的是，人力资本是直接指向产品或服务生产的能力，也即是个体生产和创造财富的能力，而产品或服务的生产是人类主要的活动，但还不是人类全部的活动。因此，对于个体来说，提升人力资本是个体发展的主要但不是全部目标。

（一）人力资本的分类

根据人力资本适用范围的不同，可以将人力资本划分为通用性人力资本和专用性人力资本两类，通用性人力资本还可以进一步细分为跨行业通用性人力资本和行业通用性人力资本，具体如图 6－8 所示。

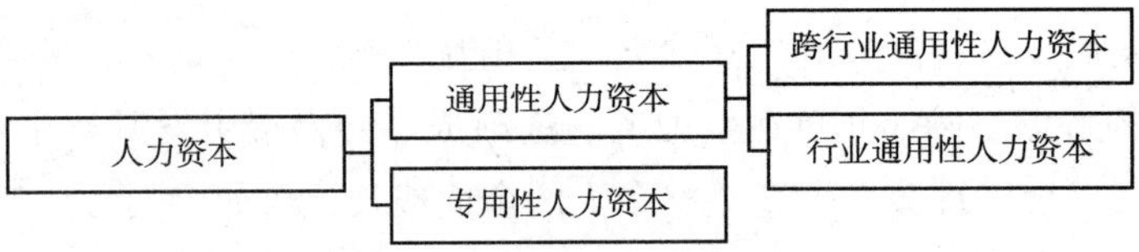

图 6－8　人力资本的分类

1. 通用性人力资本

通用性人力资本指个体获得的人力资本具有通用性质，不仅适用于某个行业、企业或岗位，也适用于其他行业、企业或岗位。例如表达能力，绝大多数的行业、企业和岗位都需要用到，是一种典型的通用性人力资本。通用性人力资本的主要特征是通用性，也即是可迁移性，能从一个行业、企业或岗位迁移到另一个行业、企业或岗位。

在通用性人力资本中，跨行业通用性人力资本适用两个或两个以上的行业，包括人的体能、德行，以及智能中的科学文化常识（涉及自然、社会和人自身的一些常识性知识）、方法能力（学习能力、工作能力）、社会能力（共处能力、合作能力）、常用操作技能（计算机操作、办公设备操作、汽车驾驶）等。

行业通用性人力资本在某一个行业内不同企业之间有通用性，是一个行业所需要的基础知识与基本技能。例如，财经法规、会计准则、核算技能、财务软件操作技能等是所有会计从业人员都需要掌握的基础知识与基本技能，这些都是会计行业通用性人力资本。

【知识链接】重要的通用性人力资本——方法能力和社会能力

方法能力和社会能力是两种至关重要的跨行业通用性人力资本。方法能力是从事职业活动所需要的工作方法、学习方法方面的能力，是一个人处理职场中事务的重要支撑能力，其核心是学会学习和学会工作，主要包括思维、分析、判断、决策、信息接收和处理、自学、独立制订计划、开拓创新等能力。社会能力是从事职业活动所需要的社会行为方面的能力，是一个人处理职场中人际关系的主要支撑能力，其核心是学会共处和学会合作，主要包括组织协调、交往合作、适应新环境、批评与自我批评、口头表达、书面表达、心理承受能力和社会责任感等。

2. 专用性人力资本

专用性人力资本是指个体获得的人力资本具有专用性质，仅适用于某个特定企业或岗位。例如掌握的关于某个企业内部组织机构的知识，一旦离开了这个企业，就基本没有价值了。专用性人力资本的主要特征是专用性，也就是不可迁移性。特定企业特有的内部文化、组织架构、规章制度、生产流程、技术技能、操作工艺等都具有较强的专用性，这些知识与技能对于其他企业的价值不大或没有价值，都属于专用性人力资本。

通用性人力资本和专用性人力资本的适用范围及应用举例具体如表6－5所示。

表6－5　　通用性和专用性人力资本的比较

类别	适用范围	应用举例
跨行业通用性人力资本	所有或部分行业通用	体能、德行，以及智能中的科学文化常识、方法能力、社会能力、常用操作技能等
行业通用性人力资本	某一个行业内部通用	某个行业所需的基础知识与基本技能。如会计行业的财经法规与会计准则、核算与财务软件操作技能等
企业专用性人力资本	某一个企业内部专用	某一个企业特有的企业文化、组织架构、规章制度、生产流程与技术工艺等

（二）人力资本提升的途径

第二章中曾经提到，人力资本投资主要有五种形式，分别是保健投资、教育投资、职业培训、人力迁移投资和信息投资。事实上，这是站在投资的视角来探讨如何提升个人的人力资本，除了这五种人力资本投资形式之外，职业实践也是人们提升人力资本的重要途径。与上述五种人力资本投资有所不同的是，对于个人来说，职业实践并没有通过牺牲当前可用的消费资源来提升人力资本，而是个人在处理工作事务的实践过程中熟能生巧，也可以说是实践出真知。所以，尽管职业实践对个人人力资本提升的促进作用非常之大，但不是人力资本投资。

综合来看，站在人力资本提升途径的角度来看，主要有六种途径，即保健投资、教育投资、职业培训、人力迁移投资、信息投资和职业实践（见图6－9）。下面介绍其中主要的三条途径——教育投资、职业培训和职业实践。

图6－9　人力资本投资的途径

1. 教育投资

教育投资指的是正规学校教育，第二章中提到了教育对于个人有四种效应，分别是人工效应、配置效应、创新效应和道德效应，正规教育就是通过这四种效应来促进个人人力资本提升的。大学是正规学校教育体系的重要组成部分，上大学就是在进行人力资本投资。在大学期间，学习的基本途径是课程和课外活动。

课程是大学培养学生的主要途径。高职院校的课程一般包括公共基础课和专业课两大类，公共基础课所涉及的知识与技能一般都是可以跨行业通用的，而专业课所涉及的知识与技能一般都是与这个专业相对应行业的通用性知识与技能，也即是人们通常所说的专业知识与专业技能。表 6 –6 列出了高职工业设计专业的课程体系，其公共基础课包括必修课和选修课两类，专业课包括专业基础课、专业核心课和专业拓展课三类。

表 6 –6　　高职工业设计专业课程体系

课程大类	课程类别	具体课程
公共基础课程	公共基础必修课	思想政治理论、中华优秀传统文化、体育、军事理论与军训、大学生职业发展与就业指导、心理健康教育
	必修课或选修课	党史国史、劳动教育、创新创业教育、大学语文、信息技术、高等数学、公共外语、健康教育、美育课程、消费心理学、职业素养
专业课程	专业基础课	设计思维与创意方法、设计概论、构成基础、测绘与制图、产品工学基础、模型制作
	专业核心课	工业设计程序与方法、工业产品计算机辅助设计、产品优化设计、材料工艺、产品形态研究、人机交互工程、产品专题设计
	专业拓展课	设计管理、市场营销、产品包装设计、品牌设计、产品展示设计、公共设施设计、旅游产品设计、动画设计、玩具设计、机械创新设计、高级建模、模具知识、逆向技术、3D 打印技术、数控加工技术、智能制造

资料来源：高等职业学校工业设计专业教学标准［EB/OL］. 职业教育国家教学标准体系专题网，http：//www.moe. gov. cn/s78/A07/zcs_ztzl/2017_zt06/.

课外活动是大学培养学生的重要途径，某种程度上可以视为课程的延伸或拓展，因此也有将课外活动称为第二课堂的说法。课外活动也包括一般性的课外活动和专业性的课外活动两类，分别涉及跨行业通用的和行业通用的知识与技能。例如，某高职院校大数据与会计专业的课外活动安排主要包括技能竞赛、科技创新项目、校园创业、职业资格（技能等级）考证、社会实践、企业实习、专业社团活动、志愿者服务、网课学习、阅读等。这些活动中，一部分与大数据与会计专业的专业知识与技能紧密相关，而另一部分则与专业知识与技能学习关联不大。

综上可见，就人力资本而言，大学主要提升学生的跨行业通用性人力资本和行业通用性人力资本。

2. 职业培训

职业培训是针对在岗或求职人员而言的，包括在职培训和离职培训两种情况。

在职培训是（企业）员工在岗位上边干边学的情况，也即是一边从事生产活动一边接受职业技能培训，例如白天上班、晚上培训，或者半天上班、半天培训，或者平时上班、双休日培训等。企业的核心竞争力在于人才，为了提高员工的管理水平与生产能力，或多或少都会组织一些与本企业生产经营密切相关的在职培训项目，在这些培训项目中，相当比例的会采取在职培训的形式。

离职培训是（企业）员工或求职者集中参加职业技能培训的情况。例如，企业员工脱岗一段时间，不从事生产，而是集中时间接受培训；对于求职者也是这样，连续一段时间接受有关职业技能培训，在具备一定职业技能的情况下再去求职。

相对于教育投资或大学教育而言，职业培训涉及的知识与技能有较强的针对性。对于（企业）在岗员工而言，职业培训的内容主要是本企业生产所需要用到的知识与技能，可能会同时涉及跨行业通用的知识与技能、本企业所属行业通用的知识与技能和本企业专用的知识与技能。而在通常情况下，行业通用性知识与技能和企业专用性知识与技能（尤其是后者）会是企业员工职业培训的主要内容。对于求职者来说，培训的内容主要是求职目标行业或企业所需要用到的知识与技能，可能会同时涉及跨行业通用的、行业通用的知识与技能。但通常情况下，行业通用的知识与技能会是求职者职业培训的主要内容。综合来看，职业培训主要提升员工或求职人员的行业通用性人力资本和专用性人力资本。

3. 职业实践

职业实践指的是员工在岗位上的工作实践。员工通过在岗位上的持续不断的工作实践，其对知识的学习理解不断深化，技术技能技艺技巧逐渐熟练精进，工作经验和解决实际生产问题的能力不断积累，在此过程中，职业道德和职业精神也同步养成，因而其人力资本也即是生产能力不断得到提升。

就知识与技能的类型来说，职业实践会同时涉及跨行业通用的、行业通用的和企业专用的知识与技能，因而员工在职业实践中提升的人力资本既包括跨行业通用性人力资本，也包括行业通用性人力资本，还包括企业专用性人力资本。

将上述教育投资、职业培训和职业实践三种人力资本提升的结果综合起来，可以得到图6－10。图6－10显示，包括大学教育在内的正规教育主要培养的是跨行业通用性人力资本和行业通用性人力资本，而职业培训和工作实践则可以同时提升跨行业通用性人力资本、行业通用性人力资本和专用性人力资本。

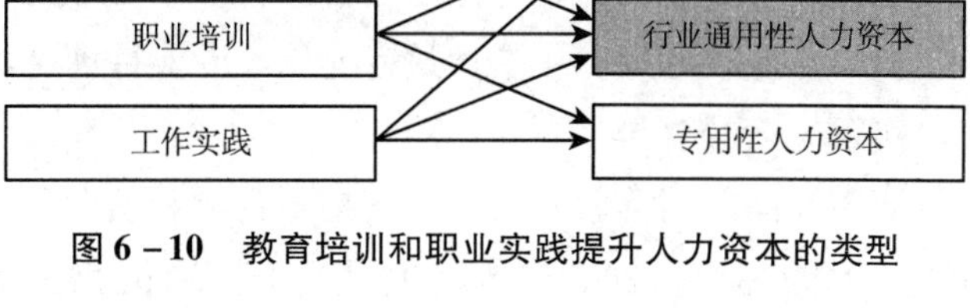

图6－10　教育培训和职业实践提升人力资本的类型

（三）人力资本提升的内在机制

站在学习者角度来看，通过接受教育培训或职业实践来提升人力资本，主要有“干中学”“看中学”“听中学”三种内在机制，如图 6－11 所示。

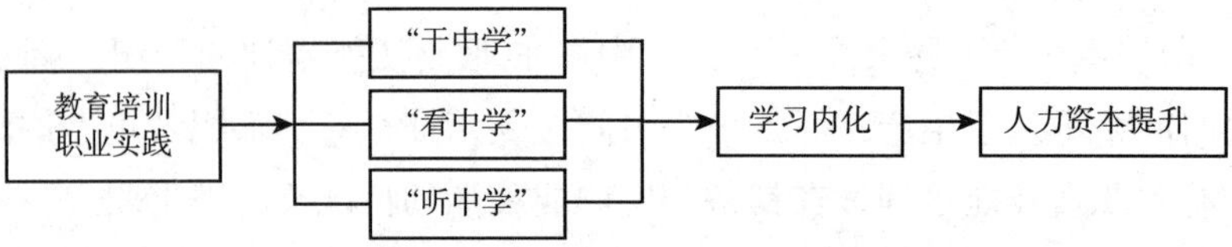

图 6－11　人力资本提升的三种内在机制

1. “干中学”

“干中学”指的是学习者在实践中学习。人们常说，实践出真知，对于在校生来说，这个实践主要包括校内的实验实训、技能训练、课外活动（如技能竞赛、社团活动、志愿者服务等），还有校外的社会实践和企业实习等。对于企业员工（包括在企业实习的学生）来说，这个实践主要是其本人在岗位上的工作实践。

2. “看中学”

“看中学”指的是学习者在观察、模仿（效仿）他人的言行中学习知识和掌握技能。对于在校生来说，“看中学”的对象主要是老师和同学。对于企业员工（包括在企业实习的学生）来说，“看中学”的对象主要是领导、同事（师傅）和同行专家等。

3. “听中学”

“听中学”指的是学习者在听讲或接受指导中学习。对于在校生来说，“听中学”主要包括听课、听讲座、听报告和接受老师（同学）指导等；对企业员工（包括在企业实习的学生）来说，“听中学”主要包括听领导讲话、听报告、听讲座和接受领导同事（师傅）或同行专家的指导等。

（四）跨行业与行业通用性人力资本的关系

高职教育属于正规教育体系，因而主要培养学生的通用性人力资本。大学生在学校学习期间，就人力资本而言，主要是提升的是通用性人力资本，其中包括跨行业通用性人力资本和行业通用性人力资本。如前所述，跨行业通用性人力资本包括体能、健康和德行，以及科学文化常识、方法能力、社会能力和常用操作技能等，主要通过公共课、一般性课外活动和社会实践等途径获得；行业通用性人力资本也即是与大学生所学专业相对应行业的专业知识与专业技能等，主要通过专业课、专业性课外活动、专业性社会实践和企业顶岗实习实践等途径获得。

高职教育是以就业为导向的高等教育，获得支撑自身顺利就业和可持续发展的职业能力是高职院校学生学习的主要目标。在大学生寻找工作岗位和实现职业发展的过程中，既离不开跨行业通用性人力资本，也离不开行业通用性人力资本，两者相辅相成，缺一不可。因此，大学生在校学习期间，要妥善处理好公共课与专业课，一般性课外活动、社会实践与专业性课外活动、社会实践等之间的关系，努力实现跨行业通用性人力资本与行业通用性人力资本齐头并进、协调发展。

此外，我国高职教育倡导工学结合、知行合一的人才培养模式，大学生在校学习期间有相对较多的机会与时间在相关企业实习实践，还有一些大学生会参与“订单式”、现代学徒制等人才培养模式改革项目，到相关企业实习实践的机会与时间更多。在这种情况下，大学生在企业不可避免地会接触和学习专用性人力资本。

对于大学生来说，专用性人力资本的学习与提升可能是一柄“双刃剑”。一方面，学习和提升相关企业的专用性人力资本，有助于获得这个企业的工作岗位、更快地进入工作角色和更高的工资收入。另一方面，大学的时间与精力是有限的，用于学习和提高专用性人力资本的时间多了，通用性人力资本的提升就会受到影响，并且专用性人力资本是与特定企业紧密联系的，一旦离开特定企业，其生产功能与价值就会部分甚至全部丧失，这意味着如果大学生最终未在特定企业就业，其所获得的该企业的专用性人力资本就会变成“沉没成本”。对此，大学生要有清醒认识，要科学、理性地处理好专用性人力资本的学习与提升的问题。

二、综合素质提升

（一）全面发展

1. 处理三种关系能力的发展

大学生提升自己的综合素质，首先要全面发展自己。从人要处理的与现实生活的关系来看，个人的全面发展主要是处理三个方面关系能力的发展。一是处理与自然关系的能力，这是应对个人如何与自然和谐相处的能力，如学习能力、工作能力、生产能力、研究能力等；二是处理与社会关系的能力，这是应对个人如何与他人和社会和谐相处的能力，如共处能力、合作能力等；三是处理与自我关系的能力，这是个人自我激励、自我管理与自我控制的能力，如自知能力、自省能力、自律能力等。如果一个人在这三个方面都形成了健全的能力，那么，这个人就会与自然、社会和自身形成和谐的关系，这个人的发展就称得上是全面发展。

2. 德智体美劳全面发展

从国家、社会和家庭对于个体进行培养与教育的组织体系来看，个体的全面发展包括德智体美劳诸方面的发展。德，包括价值观念、道德品质、政治态度、遵守法纪、文明行为等基本要素。我国《教育法》强调要培养“社会主义的建设者和接班人”，主要是要求学习者能从广大人民的根本利益出发，处理个人与自然、与社会的关系，爱党、爱国、爱人民。智，包括知识和技能的掌握、智力的发展，也就是通常所说的有文化。

体，主要指身体的生长、发育，生理机能的成熟，体力、体能、体魄、体质的增强。美，包括感受美、鉴赏美的能力以及高尚的审美情操等方面的发展，也即是个体对美的追求。劳，指掌握劳动知识和劳动技能，形成劳动意识和劳动习惯。

在德智体美劳诸方面当中，体是个体生存与发展的基础；德能引导个体向善向好发展；智是个体发展的主要内容，直接关系个体能否解决自身和社会生产与生活的实际问题；美有利于提高个体生活情趣和人生境界；劳能促进德智体美的发展。

全面发展对于个人的职业发展和人生发展来说非常重要，如果一个人在某一方面存在着明显不足，就有可能会产生不良甚至严重的后果。例如西汉著名军事家周亚夫，军事才能卓著，平定了“七国之乱”，但却因政治才能有所欠缺，最终冤死狱中。

【案例 6－2】西汉军事家周亚夫

周亚夫（前？—前 143 年），沛郡沛县（今江苏丰县）人，西汉开国功臣绛侯周勃次子，著名军事家。汉文帝后元二年（前 162 年），汉文帝刘恒念及其父周勃功高于国，且周亚夫有贤德，乃封其为条侯。

在汉文帝时代，周亚夫驻军于细柳营，因忠于职守、治军严明而受到器重，汉文帝死前告诉太子刘启（即后来的汉景帝）周亚夫可当大任。公元前 154 年，吴王刘濞为首发动“七国之乱”，汉景帝任命周亚夫为太尉，领兵平叛，取得成功，维护了国家统一，加强了中央集权，周亚夫因军功而升任丞相。担任丞相期间，周亚夫居功自傲，因政治才能有所欠缺，不能妥善处理帝相关系、废立太子等重大政治问题，被汉景帝疏远，进而被免职。公元前 143 年，汉景帝设宴招待周亚夫，想试探他脾气是否改了，给他肉却不给餐具，周亚夫大声呵斥侍者并索要餐具，汉景帝认为他桀骜不驯，不能辅佐年少太子刘彻（即后来的汉武帝）。后来，周亚夫因其儿子为他偷买五百具甲盾作为将来他去世后陪葬之用，违反了西汉政府的规定，而被诬告谋反，含冤下狱，最终不堪屈辱，绝食而死。

周亚夫是汉朝文帝、景帝时期的重臣，他治军严谨，平定了“七国之乱”，为汉朝统治的稳定和国家政权的统一作出了巨大贡献，但是由于不善于应付政治斗争，重视谋国忽略谋身，不为帝王所喜，最终落得个横死的下场，是一出令人慨叹的政治悲剧。

资料来源：刘晓伟，李卫东．西汉军事家周亚夫的政治悲剧［J］．兰台世界．2015（6）：191－192.

思考：周亚夫的人生经历对于后人有何启示？

（二）多元智能理论与个性发展

大学生提升自己的综合素质，还离不开自己的个性发展。个性是一个人的主体性、独立性、创造性和自由性在社会关系中的集中体现，是处理人与自然、与社会和与自我关系的能力，或者说德智体美劳诸方面素质在个体身上的特殊组合。每个人都要处理与自然、与社会和与自身的关系，都要德智体美劳全面发展，但这些能力和素质在每个人身上的组合都是独特的而非同质化的。这种独特和非同质化的个性发展应该得到保护、尊重和倡导。对于现代社会来说，个性发展非常强调个体的批判精神、创新精神和超越精神，这三种精神对于个体基于遗传因素，在后天与环境、教育相互作用的过程中形成具有个人标识度的较为稳定和独特的心理行为模式非常重要。

在个体的全面发展中，智能的发展至关重要。传统理论认为人的智力是以语文和逻辑为主，以整合方式存在的一种智力。而美国心理学家霍华德·加德纳认为这种智力观过于狭窄，忽略了对人的发展具有同等重要性的其他方面的智能，如音乐、空间感知、肢体动作、人际交往等，以这种智力观为基础的智力测验与考试，主要集中在语言表达和数理推断方面，不能全面反映人的能力。

加德纳指出，人类具有的智能，是一种解决问题或创造产品的能力，这些问题的解决和产品的创造，为特定文化背景下的社会团体所需要。解决问题的能力，就是能够针对某一特定的目标，找到通向并实现这一目标正确路线的能力。人们需要解决的问题或创造的产品的范围非常广泛，从构思一部小说的结尾，到下棋时预料每走一步棋的后果，甚至修补一床棉被，都需要解决问题，而科学理论、音乐作品等都是人们创造的文化产品。① 基于上述定义，加德纳提出了人类所拥有的八种智能——音乐智能、身体动觉智能、逻辑－数学智能、语言智能、空间智能、人际智能、自我认知智能和自然观察智能。

1. 音乐智能

音乐智能指的是人感受、辨别、记忆、改变和表达音乐的能力，表现为个人对节奏、音调、音色和旋律的敏感，以及通过作曲、演奏、歌唱等形式表达自己的思想或情感。这一智能在作曲家、演奏家、歌唱家、音乐评论家等的身上表现比较突出。②

加德纳以小提琴家耶胡迪·梅纽因为例说明这一智能。耶胡迪·梅纽因在 3 岁时被父母带去欣赏旧金山交响乐团的音乐会，被路易斯·帕辛格美妙绝伦的小提琴演奏深深打动，于是他向父母要一把小提琴作为自己的生日礼物，并且一定要帕辛格做他的老师。他的这两个愿望都实现了，10 岁时，耶胡迪·梅纽因已经成为世界知名的小提琴家。他身上的音乐智能，甚至在他还没有接触小提琴、尚未接受任何音乐训练的时候，就表现出来了。他对那种特殊声音的强烈反应，以及他在小提琴演奏技术上的飞速进步，表明他从生理上具备发展音乐智能的先天条件。

2. 身体动觉智能

这一智能指的是人的身体协调、平衡能力和运动的力量、速度和灵活性等。一个人使用自己的身体表达一种感情（在跳舞时）、从事一种游戏（在运动场上）或创造一种

---

① 加德纳．沈致隆，译．多元智能新视野［M］．北京：中国人民大学出版社，2012：10－21.

② 欧阳芬．多元智能与建构主义理论在课堂教学中的应用［M］．北京：中国轻工业出版社，2004：6－12.

产品（设计发明），都是运用身体或身体认知的例证。舞蹈演员、运动员、外科医生、服装设计师、技师、能工巧匠等都表现出了良好的身体运动智能。[①] 加德纳引用了蒂姆高尔威关于“击中一个网球究竟需要哪些特定的基本能力”的总结来说明解决某种需要身体运动的特殊问题。

【案例 6－3】击中一个网球究竟需要哪些特定的基本能力

球离开发球者球拍的一刹那，大脑就得在几分之一秒的时间计算出：球大约在哪里着地和球拍应在哪里回击。这种计算包括判断球的初速度、使球减速的因素、风的作用和球的反弹等。同一时刻，大脑还要对肌肉下达运作的命令。不仅仅下一次命令，而是需要时时根据最新信息加以修正。肌肉必须配合，脚一移动，就得将拍向后拉，且拍的正面必须保持一个特定的角度。精确的击球点的位置取决于发出的命令，是要回击到对方球场的底线，还是让球刚好过网。大脑必须在几分之一秒的时间里分析对手的移动和平衡情况，作出回球的决断。为了接一个发球，你大概只有一秒钟的时间做以上这一切事情。要每次都能击中球，似乎很不容易，但一般人往往都可以做到。这是因为每个人的身体本身都具有非凡的创造性。

资料来源：加德纳．沈致隆，译．多元智能新视野［M］．北京：中国人民大学出版社，2012：12.

3. 逻辑－数学智能

逻辑－数学智能指的是一个人的数学和逻辑推理能力及科学分析能力，包括对逻辑模式、相互关系、陈述、命题、函数及其他抽象事物的敏感性，以及通过数理运算和逻辑推理进行思维，并科学地研究问题的能力。这一智能的运用通常包括类聚、判别、推理、概括、计算、假设和检验等。数学家、科学家、统计学家、财务专家、程序员等都是这一智能较强的人。[②]

【案例 6－4】“数学王子”高斯

卡尔·弗里德里克·高斯，生于 1777 年，这位被铭刻在 18～19 世纪历史上的德国数学家被有些历史学家和心理学家评价为“有史以来最聪明的人”。传说他在 3 岁时指出了父亲在计算工人工资时犯的错误。他自己也说过，他在开口说话之前就会计数。10 岁时，老师要求学生写一下 1～100 所有整数并求和。话音未落，高斯已经算出答案，即 $50\times101=5050$，他是凭直觉发现的。后来，老师说他再也没

---

① 欧阳芬．多元智能与建构主义理论在课堂教学中的应用［M］．北京：中国轻工业出版社，2004：6－12.
② 刘竑波．多元智能与教师［M］．上海：上海教育出版社，2005：4－5.

有什么可以教给小高斯了，并说服高斯的父亲让他继续求学。这个建议因为一个普鲁士公爵愿意出钱而实现，这位公爵对他的才华惊叹不已。

资料来源：罗贝尔·克拉克．李强，译．超级人脑：从异赋到天才［M］．天津：天津人民出版社，2003：17－18.

4. 语言智能

语言智能主要指听、写的能力，表现为个人能顺利而高效地利用语言描述事件、表达思想并与人交流的能力。这种能力在记者、编辑、文学家、演说家和政治领袖人物等身上有较为突出的表现。① 例如托马斯·艾略特②在 10 岁时创办了一份名为《壁炉旁》的杂志，他是这本杂志的唯一撰稿人。寒假中，他在三天时间里出了 8 期。每一期杂志里都有诗歌、探险小说、随笔和幽默故事，其中一些流传至今，展示了诗人的特殊才能。

5. 空间智能

空间智能是人们在脑中形成一个外部空间世界的模式并运用和操作这一模式的能力。包括对色彩、线条、结构、形态和空间关系的敏感性，以及通过平面图形或立体造型等形式再现空间关系的能力，还包括发达的空间思维和定位能力。③ 加德纳发现，加罗林群岛（位于太平洋西侧）的土著居民在航海时不用仪器，他们除了依靠星座和视线中出现的岛屿来确定船舶的位置以外，气候的特点、海水的颜色都是他们判断地理方位的依据。④

6. 人际智能

人际智能的核心是留意他人之间差异的能力，特别是观察他人的情绪、性格、动机、意向的能力。人际智能包括对他人的面部表情、声音及姿态的敏感性，在许多不同类别的人和线索间进行区分的能力，采取实用方式对线索进行有效反应的能力。成功的销售商、政治家、教师、心理医生、宗教领袖等，都是拥有高度人际智能的人。

人际智能较强的人往往显现出以下特征：与父母关系密切并善于与他人交往；乐于建立并能保持多方社会关系；能认识并使用各种方法与他人联系；能察觉别人的感情、思想、动机、行为和生活方式；能与团队合作，在群体活动中能够担当下至组员上至领导者的各种适当角色；能影响他人的意见或想法；能通过书面与非书面的方式进行有效的理解与沟通；能够根据不同的环境或团体及别人意见，调整自己的行为；能洞察各种社会或政治议题的不同观点；能够调解、为特定目的组织他人或不同年龄或背景的人一起工作；对教学、社会工作、咨询、管理或政治等具有人际交往取向类型的职业感兴趣。⑤

7. 自我认知智能

自我认知智能指的是人们对于自己内心世界的认知：了解自己的感情生活与情绪变

---

① 林宪生．多元智能理论在教学中的应用［M］．北京：开明出版社，2003：7－8.

② 托马斯·艾略特（1888－1965），美国诗人、文学评论家、剧作家，1948 年获诺贝尔文学奖。

③ 刘竑波．多元智能与教师［M］．上海：上海教育出版社，2005：4－5.

④ 加德纳．沈致隆，译．多元智能新视野［M］．北京：中国人民大学出版社，2012：10－21.

⑤ 林宪生．多元智能理论在教学中的应用［M］．北京：开明出版社，2003：13.

化，有效地辨别这些感情，最后加以标识，成为理解自己和指导自己行为准则的能力。具有较好自我认知智能的人，脑中有关于自己的一个积极的、可行的、有效的行为模式，能够准确描述自己，了解自己内心的情绪、意图、动机、气质及愿望，自知、自律和自尊能力较强。这种智能在哲学家、律师等人群中表现较为突出。

8. 自然观察智能

自然观察智能是对周围环境的动物、植物、人工制品，及其他事物进行有效辨识及分类的能力。具体地说，自然观察智能不只包括了对动植物的辨识能力，也包括从引擎声中辨识汽车，在科学实验室中辨识新奇样式，以及艺术风格与生活模式的察觉能力等。这种智能在植物学家和厨师等人群中有重要的体现。①

从多元智能理论的角度来看，人们的智能有四个特点。第一，每个人都同时拥有 8 种智能，但不是这 8 种智能同时发挥作用。大部分普通人只有部分智能处于优势，或多种智能组合发挥作用。对于杰出的人来说，会在所有或大部分智能方面处于优势。对于一些因各种原因而致残的人来说，表面上看是失去了部分智能，但事实上他们可能拥有其他方面较强的智能，如音乐家贝多芬等。第二，每一种智能存在多种表达形式。例如某些不会阅读的人，却具有较强的口头表达能力，一个在运动场合表现笨拙的人可能在手工制作方面有着超常的智能。这充分表明，智能的表达方式多种多样，不存在某一种单一或固定的模式。第三，多数人其中一种智能水平能发挥到较高水平。在正常条件下，只要有适当外界刺激与个体努力，每个人都能发展或加强自己的任何一种智能，并将其中一种智能水平发展到较高的程度。第四，各种智能以组合的方式共同发挥作用。各种智能是相对独立存在的，但却是以组合方式发挥作用的。这从一个侧面说明全面发展的重要性。

值得注意的是，尽管八种智能以及其不同组合之间并没有优劣高下之分，但在我国，由于受到“劳心者治人、劳力者治于人”和重学历、轻技能等传统文化与思维定式的影响，技能型人才和技能型岗位经常被视为低人一等。例如，中考以考入普通高中为荣，以考入职业高中（技术学校、中等专业学校）为耻；高考以考入普通本科院校为荣，以考入高职院校为耻。殊不知，劳动只有分工不同，没有高低贵贱之分，天生我材必有用，不同的人才类型，不同的工作岗位，只要肯努力，都将大有可为。在当前国家大力建设技能型社会的大背景下，作为高职院校的学生，对此应该理性地认识、科学地评价，应牢固树立和不断强化技能报国理念，要有自信，不要妄自菲薄，要有坚持，不要知难而退。

更进一步看，高职学生在校期间要妥善处理好全面发展与个性发展的关系。一方面，要在认真学习课内知识与技能、广泛参与各种课外活动和社会实践的过程中努力发展自我，实现德智体美劳诸方面协调发展，全面提升处理与自然关系、与社会关系和与自我关系的能力。另一方面，还要结合自身实际，通过学习效仿先进榜样、听取他人意见建议、自我反思和科学取舍等有效途径，找到本人的兴趣特长爱好，再有的放矢地发展和强化自身的优势智能，从而在全面发展的基础上实现个性发展。

---

① 欧阳芬．多元智能与建构主义理论在课堂教学中的应用［M］．北京：中国轻工业出版社，2004.

【本章小结】

1. 人的发展就是人的变化过程，包括人的整体发展和人的个体发展。其中，整体发展主要表现为国家发展，尤其是经济发展。

2. 个体发展是个人从胚胎到死亡的变化过程，分为婴幼儿、儿童、青年、中年和老年五个时期，包括生理、心理和社会发展，具有未完成性和能动性两个特点，遵循顺序性、不平衡性、阶段性、差异性和整体性等规律。

3. 大学阶段个人发展的主要目标是提升人力资本和综合素质。在人力资本提升方面，要处理好跨行业通用性人力资本与行业通用性人力资本之间的关系。在综合素质提升方面，要平衡好全面发展与个性发展之间的关系。

【知识结构】

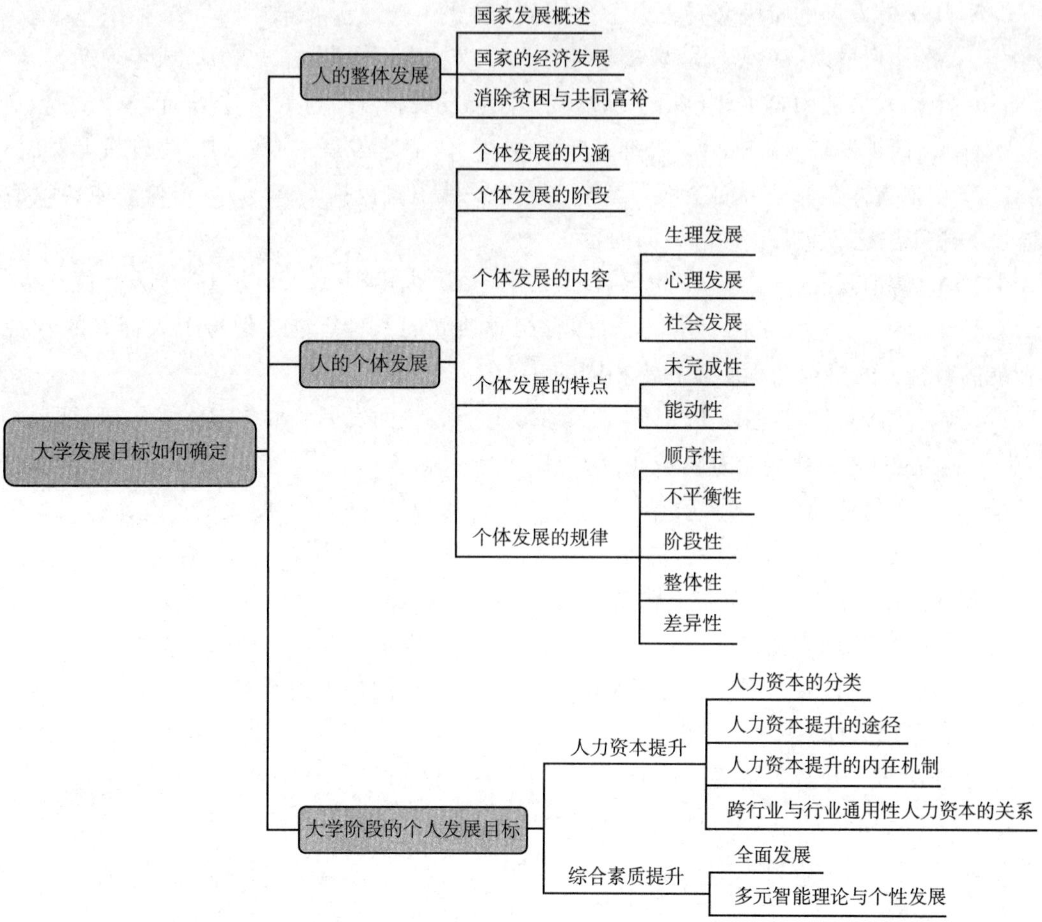

【课后练习】

一、单项选择

1. 人的发展包括整体发展和（　　）。

A. 经济发展　　B. 个性发展　　C. 全面发展　　D. 个体发展

2. 我国"五位一体"总体布局包括政治建设、经济建设、社会建设、生态文明建设和（　　）。

A. 文化建设　　B. 精神文明建设　　C. 文化自信　　D. 物质文明建设

3. 衡量一个国家经济产出的主要指标是（　　）。

A. 社会商品销售总额　　B. 居民总收入

C. 国家财政收入总额　　D. 国内生产总值

4. 当前我国已经到了扎实推动（　　）的阶段。

A. 全面小康　　B. 共同富裕　　C. 现代化　　D. 信息化

5. 从个体发展的阶段来看，大学生处于人生的（　　）阶段。

A. 儿童早期　　B. 成年早期　　C. 成年中期　　D. 成年晚期

6. 个体发展的内容主要包括生理发展、社会发展和（　　）三个方面。

A. 精神发展　　B. 思维发展　　C. 心理发展　　D. 生理机能发展

7. 在德智体美劳诸方面全面发展中，德的发展主要包括（　　）、道德品质、政治态度、遵守法纪、文明行为等方面内容。

A. 价值观念　　B. 世界观　　C. 人生观　　D. 个人品德

8.（　　）认为，每个人都同时拥有相对独立的八种智能，但每个人拥有的八种智能的组合方式、组合程度是各不相同的。

A. 多维智能理论　　B. 个性发展　　C. 全面发展　　D. 多元智能理论

9. 方法能力和社会能力属于（　　）。

A. 跨行业通用性人力资本　　B. 专用性人资本

C. 某个行业的通用性人力资本　　D. 企业专用性人力资本

10. 包括大学教育在内的正规教育主要培养学生的（　　）。

A. 专用性人资本　　B. 电子行业通用性人力资本

C. 金融行业通用性人力资本　　D. 通用性人力资本

二、多项选择

1. 下列属于个体发展规律的有（　　）。

A. 能动性　　B. 不平衡性　　C. 整体性　　D. 差异性

2. 下列途径能提升人力资本的有（　　）。

A. 教育投资　　B. 职业培训　　C. 职业实践　　D. 保健投资

3. 下列属于特定企业专用性人力资本的有（　　）。

A. 该企业特有的文化　　B. 该企业特有的组织架构

C. 该企业特有的规章制度　　D. 该企业特有的生产流程与技术工艺

4. 下列属于人类智能的有（　　）。

A. 音乐智能　　B. 身体动觉智能

C. 逻辑－数学智能　　D. 空间智能

5. 从人要处理的与现实生活的关系来看，个人的全面发展主要是处理几个方面关系能力的发展，具体包括（　　）。

A. 处理与社会关系的能力　　B. 处理与自然关系的能力

C. 处理与自我关系的能力　　D. 处理与工作关系的能力

三、判断正误

1. 人类作为一个整体，其最基本、最常见的发展单位是国家。（　　）

2. 人均 GNI 指的是人均国民总收入。（　　）

3. 广义的个体发展指的是儿童的发展或者是未成年人的发展。（　　）

4. 心理发展关注的是人作为自然的人的发展。（　　）

5. 个体发展的特点包括未完成性和能动性。（　　）

6. 人的发展具有一定的方向性和先后顺序，既不能逾越，也不能逆向发展。（　　）

7. 根据人力资本适用范围的不同，可以将人力资本划分为通用性人力资本和专用性人力资本两类。（　　）

8. 在通用性人力资本中，跨行业通用性人力资本适用两个或两个以上的行业。（　　）

9. 个性是一个人的主体性、独立性、创造性和自由性在社会关系中的集中体现。（　　）

10. 多元智能理论是美国教育家杜威提出来的。（　　）

四、简答

1. 人力资本如何分类？高职院校的公共基础课与专业课分别对应哪类人力资本？

2. 人力资本提升的主要途径有哪些？

3. 通过接受教育培训或职业实践来提升人力资本的内在机制有哪些？内涵是什么？

4. 德智体美劳的基本内涵是什么？

5. 多元智能理论认为人类拥有哪几种智能？

五、思考

有人认为大学阶段应以提升综合素质（跨行业通用性人力资本）为主要发展目标，有人认为大学阶段应以提升专业知识与技能（与所学专业相对应行业的通用性人力资本）为主要发展目标。对此，你怎么看？

六、撰写学习心得体会

对照本章教学目标，从以下四个方面撰写心得体会：一是知识学习情况；二是能力提升情况；三是情感、态度和价值观改进情况；四是自身不足与努力方向。要求不少于1000字。

七、学习效果自评

1. 学习本章之后，我的总体收获（　　）。

A. 非常大　　B. 比较大　　C. 一般　　D. 比较小　　E. 非常小

2. 学习本章之后，我（　　）了解人的整体发展的内涵。

A. 非常　　B. 比较　　C. 一般　　D. 比较不　　E. 非常不

3. 学习本章之后，我（　　）熟悉个体发展的内涵、阶段、内容、特点和规律。

A. 非常　　B. 比较　　C. 一般　　D. 比较不　　E. 非常不

4. 学习本章之后，我（　　）理解人力资本的分类、提升途径与机制。

A. 非常　　B. 比较　　C. 一般　　D. 比较不　　E. 非常不

5. 学习本章之后，我（　　）理解个体全面发展的内涵。

A. 非常　　B. 比较　　C. 一般　　D. 比较不　　E. 非常不

6. 学习本章之后，我能（　　）科学地制定大学阶段的个人发展目标。

A. 非常　　B. 比较　　C. 一般　　D. 比较不　　E. 非常不

7. 学习本章之后，我能（　　）妥善地处理大学阶段自身全面发展与个性发展的关系。

A. 非常　　B. 比较　　C. 一般　　D. 比较不　　E. 非常不

8. 学习本章之后，我（　　）明显地强化了自信自立的人格修养和好学力行的进取精神。

A. 非常　　B. 比较　　C. 一般　　D. 比较不　　E. 非常不

9. 学习本章之后，我（　　）明显地增强了人力资本投资的成本意识和回报意识。

A. 非常　　B. 比较　　C. 一般　　D. 比较不　　E. 非常不

自评结果统计：

自评等级	A	B	C	D	E
各等级数量					
自评得分					

注：A、B、C、D、E分别计10分、8分、6分、4分、2分，满分90分，及格线54分。

▸▸ 第七章 大学学习选择问题如何解决

【学习目标】

知识目标

- 了解选择问题的内涵与解决方法
- 理解形式教育论与实质教育论的基本主张
- 理解“主知主义”与“行动主义”教学理论的基本观点

能力目标

- 能妥善解决掌握实用知识与提升形式能力的选择问题
- 能妥善解决读书成才与活动成才的选择问题

素质目标

- 强化自信自立的人格修养和好学力行的进取精神

【本章主题】

本章主题是“大学学习选择问题如何解决”。受制于时间与精力的有限性，大学生面临着学习目标与内容、学习路径两个方面的选择问题。根据机会成本原理，在学习目标与内容的选择方面，高职学生应以掌握实用知识为主，注重汲取其中的形式能力价值；在学习路径的选择方面，高职学生在教学路径以读书成才为主的客观条件下，应积极发现和利用一切可能的活动成才机会。

第一节　经济学的选择问题

一、资源的稀缺性

每个人来到这个世界上都会面临着两大问题：生存与发展，并且人们都希望自己能更好地生存和发展，这是人类的欲望，经济学称为需要。人们要想使自己的需要得到全部或部分满足，就必须要消费一定数量的物品，供人们消费的物品可以分为经济物品和自由物品两种。自由物品是大自然直接提供给人类的，相对于人的欲望来说，其数量是无限的，且取用时不需要花费成本，如空气、阳光等。经济物品需要人类投入劳动、资本、土地、企业家才能等资源（生产要素）去生产，是需要花费成本的。

人类生产出来用于满足自身生存与发展需要的经济物品被称为产品，包括有形的产品（如手机、汽车等）和无形的劳务（如美发、教育、旅游等）。当今社会，人们欲望的满足绝大多数是依靠产品的。例如，食物能满足人们饥饿的需要，手机等通信设备能满足人们互相交流的需要，教育能满足人们提高人力资本和了解未知的需要，流行音乐能满足人们听觉上的审美需要等。经济学将人类制造产品的行为称为生产，将人类利用产品来满足自身需要的行为称为消费。人类生产产品需要投入的各种资源，具体包括劳动、资本、土地和企业家才能四类。

所谓稀缺性，指的是相对于人类的无限欲望来说，可用来满足人们需要的经济物品以及生产经济物品所需的生产要素是有限的，这种有限性就是稀缺性。一方面，可投入生产的资源是有限的，大自然和人类自身不可能做到无限供给资源。以自由物品为例，在历史上曾经是自由物品的新鲜空气、洁净水源等，由于工业化及其速度加快导致的环境污染与水资源过度开发等原因，在当下不少国家或地区都变成了稀缺资源。另一方面，人类能够生产出来的经济物品也是有限的。经济物品需要人类投入生产要素、运用技术手段去生产，而人类的生产行为总是受到资源供给与生产技术的限制，因而能够产出产品的数量和质量同样是有限的，无论是历史上还是当今社会，总是有些人的消费需要得不到满足。

稀缺性是一个相对的概念，即相对于人类欲望的无限性来说，经济物品和资源总是有限的。当然，稀缺性又是绝对存在的，它存在于人类历史的各个时期和一切社会，例如在原始社会中很多人没有足够的食物，封建社会中有很多农民没有足够的土地等。从现实来看，在全球范围内，总是有部分国家或地区出现诸如“粮荒”“电荒”“油荒”“气荒”等各种“荒”，不少低收入国家的居民没有足够就业岗位和收入，一些高收入国家由于人口老龄化而面临着劳动力供给不足的困境等，都是这种稀缺性绝对存在的具体表现。

二、“大炮与黄油的矛盾”

通常情况下，每项经济资源都有一系列可供选择的用途，即某种特定的资源可用于多种产品的生产或满足人们不同的消费需要。例如，土地既可以用于生产粮食，也可以用来建造工厂或道路、桥梁；一位劳动者，既可以被 A 企业聘用，也可能到 B 企业工作。对于大学生来说，其在校时间也有不同用途可供选择，例如用于学习或者闲暇。

人们都希望自己的欲望能够得到满足，但能够满足人们欲望的经济物品和资源又是稀缺的。也就是说，人类无限的欲望与有限的资源与经济物品之间是互相矛盾的，经济学把这个矛盾称为“大炮与黄油的矛盾”。

在这里，大炮代表武器，能满足国民安全的需要，黄油代表食物，能满足国民吃饭的需要，二者都是经济物品，都需要消耗资源才能生产出来。在经济资源和技术水平一定的情况下，多生产武器势必导致少生产食物，多生产食物则会导致少生产武器，这类似于我国古代大思想家孟子所说的“鱼和熊掌不可兼得”的情况。

假定一个社会拥有一定量的资源，在技术水平不发生重大变化的情况下，如果全部用于生产武器可以生产 15 万门武器，如果全部用于生产食物可以生产 5 万吨食物，在这两种极端的可能性之间，还存在着同时能产出武器与食物不同数量的组合，具体如表 7－1所示。

表 7－1　　两种产品的不同生产组合

可能性	食物（万吨）	武器（万门）
A	0	15
B	1	14
C	2	12
D	3	9
E	4	5
F	5	0

根据表 7－1，可以作出图 7－1。在图 7－1 中，连接 *A*、*B*、*C*、*D*、*E*、*F* 点的 *AF* 线是在资源既定和技术水平不发生重大变化的条件下所能达到的武器与食物最大产量组合，被称为生产可能线或生产可能性边界。*AF* 线上的任何一点（如 *C* 点，代表了 2 万吨食物和 12 万门武器）都是资源被充分利用时所能达到的最大产量组合。*AF* 线内的任何一点（如 *G* 点，代表了 2 万吨食物和 6 万门武器）都是现有资源条件和技术水平下能达到的产量组合，但是存在着资源闲置或资源浪费的现象。*AF* 线外的任何一点（如 *H* 点，代表了 4 万吨食物和 12 万门武器）是现有资源和技术水平条件下无法达到的产量组合。

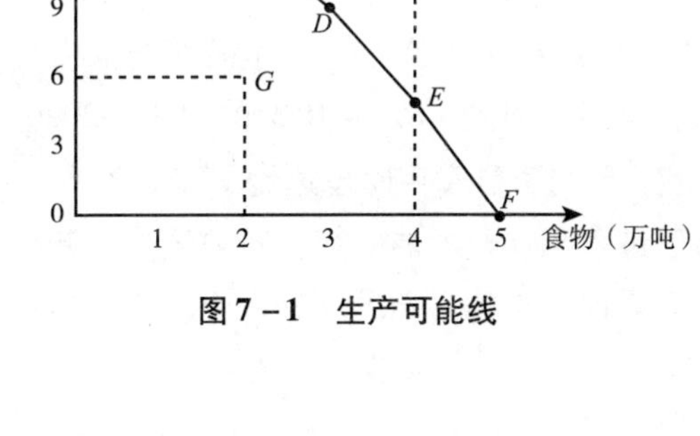

图 7－1　生产可能线

如果沿着生产可能线从 A 点向 F 点移动，表明社会在增加武器的同时将减少食物的生产。生产可能线凹向原点的特征表明从一种产品的生产转移为另一种产品的生产，其所付出的代价也即是机会成本是递增的。例如，社会不断地将用于食物生产的资源撤出转而用于武器的生产，随着武器产量的不断增加和食物产量的不断减少，每增加一门武器的生产，所放弃的食物生产的数量就越来越大。

【案例 7－1】如何坚决守住 18 亿亩耕地红线

1992～1993 年，全国各地“开发区热”造成大量耕地占用，一年时间耕地锐减 830 万亩。1996 年我国耕地数量 19.51 亿亩，2005 年下降到 18.3 亿亩，9 年间减少 1.21 亿亩。人们担心：按照这样的减少速度，中国的耕地还能不能养活中国人？对此，1997 年，国家提出实施基本农田保护和耕地总量动态平衡制度。2006 年，国家“十一五”规划明确：“十八亿亩耕地是一个具有法律效力的约束性指标，是不可逾越的一道红线。”此外，《全国土地利用总体规划纲要（2006－2020 年）》提出，中国耕地保有量到 2010 年和 2020 年分别保持在 18.18 亿亩和 18.05 亿亩。

18 亿亩耕地红线是国家根据人均用粮标准、粮食自给率、粮食单产、复种指数、粮食需求预测以及耕地需求量预测等多方面因素，经过反复研究论证提出来的。考虑到复种指数，18 亿亩耕地对应每年的农作物播种面积为 24 亿亩。其中，粮食播种面积约 17 亿亩，其余用于棉、油、糖、菜等种植。从另一个角度看，我国粮食亩均单产不到 800 斤，以 17 亿亩的播种面积计算，对应的产量是 1.3 万亿斤以上，这正是目前粮食产量所站稳的台阶。近年来，我国进口大量农产品，等于变相利用国外耕地。以进口量最大的大豆为例，2021 年进口 9652 万吨，如国内生产，以亩产 130 公斤计算，需要 7 亿多亩播种面积。考虑到粮食需求还在增长，红线已退无可退。

1991 年全国耕地为 20.23 亿亩，2009 年全国耕地为 20.31 亿亩，2011 年全国耕地为 20.2857 亿亩，2015 年全国耕地面积为 20.25 亿亩。根据 2020 年第三次全国土地调查数据，我国现有耕地 19.18 亿亩，设施农业用地 0.15 亿亩，农地总量为 19.33 亿亩。总之，从 1991 年到 2020 年，我国耕地面积一直保持在 19 亿亩以上，基本稳定。近年来，全国粮食产量连续多年保持在 1.3 万亿斤以上，人均粮食 440 公斤以上，连续多年超过 400 公斤的国际粮食安全标准线，我国粮食消费库存比远高于联合国粮农组织提出的 17%～18% 的水平，2020 年大米、小麦消费库存比达到 100% 以上，玉米的消费库存比也达到 97%。

目前我国经济已进入高质量发展阶段，一方面，依赖大规模土地投入的工业化已经完成，工业化后期每年需要占用的土地大为减少，城市化需要的建设用地可以通过城乡建设用地增减挂钩得到满足；另一方面，2021 年人口自然增长率已下降到 0.34‰，人口增长已接近峰值，耕地需求的压力已大大减轻。综合来看，我国 18 亿亩耕地红线是可以守得住的。

资料来源：蔡继明．如何坚决守住 18 亿亩耕地红线 [J]．中国党政干部论坛，2022 (4)：43 -47.

思考：(1) 当前我国土地有哪些主要用途？哪种用途最有可能导致耕地减少？(2) 国家应该（继续）采取哪些措施坚守 18 亿亩耕地红线？

三、选择问题及其解决

（一）选题问题的内涵

人们一旦选择了资源的某种用途，就意味着失去了将这种资源用于其他用途的可能。由于资源稀缺性的存在，人类的生产行为必然受到资源不足的限制。因此，不论是社会还是个人，都面临着资源的选择问题——人们不得不在资源有限的条件下进行选择。选择问题也称为资源配置问题，指的是由于资源稀缺性而导致人们要在资源的不同用途之间进行取舍的问题。具体包括以下五个问题：

1. 生产什么

一种资源有多种用途，人们首先要选择其用途，这是最重要的选择问题。例如在电影《头文字 D》中，歌手周杰伦扮演了一个卖豆腐且车技过人的青年人，如果在现实中周杰伦真的选择了当一个外卖工或是赛车手的话，无论对于其自身来说还是对外部社会来说可能都不是最佳选择。对其自身来说，他可能无法在音乐、电影艺术等方面获得现在这么大的成功，从而损失了大量的财富和名誉；对于外部社会来说，人们就欣赏不到那么多悦耳动听的歌曲和精彩的电影了。由此可见，选择资源的用途至关重要。

2. 生产多少

生产多少强调的是产品的数量问题。对于一个国家或社会来说，某种产品生产多了会造成资源与经济物品的浪费，生产少了又会造成供给不足，两者都会造成居民经济福利的下降。因而在实际生产中，必须要确定合理的产品生产数量。

3. 怎样生产

怎样生产指的是选择何种生产方式来生产的问题。不同生产方式的生产结果是不同的。例如在传统的主要依靠人力和畜力进行生产的小规模、分散化农业生产方式中，1 位农民大约能养活 2 ~4 人，而在现代的主要依靠农业机械与农业科技进行生产的大规模、集约化农业生产方式中，1 位农民可以养活 50 ~100 人。由此可见，不同生产方式的效率差异是很大的。从生产者的角度来看，追求利润最大化的一个重要前提是生产效率最大化，即投入既定的资源产出最大数量的产品，或者投入最少的资源产出既定数量的产品。

4. 何时生产

何时生产指的是生产时机的选择问题。其强调的是在正确的时机生产合适的产品或劳务，如果生产时机选择不当，从社会层面来讲可能会导致资源或经济物品浪费，从厂商角度来讲可能会导致亏损。例如，如果当前一家汽车企业仍然计划大量投资燃油汽车的生产线，那么这家车企将有较大可能面临投资损失，原因在于汽车行业中，电动汽车逐步取代燃油汽车的趋势已经比较明显。在这种背景下，再持续加大燃油汽车的生产规模，显然是时机不当。

5. 为谁生产

为谁生产指的是生产出来的产品和劳务分配给谁的问题，这也就是第五章讲到的收入分配问题。以 2019 年为例，当年全球的人均国民总收入（GNI）达到 11498 美元①，但与此同时，全球 23% 的人口生活在 3.65 美元/天的贫困线之下，47% 的人口生活在 6.85 美元/天的贫困线之下。② 为什么会出现这种情况呢？原因在于生产出来的产品和劳务主要是按照贡献标准来分配的，而不是简单地按人口进行平均分配。可见，为谁生产是一个非常重要的选择问题，需要慎重对待、合理解决。

（二）选题问题的解决方法

1. 四种经济体制

选择问题的实质是资源的有效配置和充分利用问题。经济学将资源配置和利用方式称为经济体制问题。从整个社会层面来看，迄今为止，人类在经济活动中形成的经济体制主要有自给自足经济、计划经济、市场经济和混合经济四种类型。

第一，自给自足经济。即每个家庭或村落生产其所需要的大部分物品，不与或者少与家庭或村落以外的人进行交换。这种经济体制由于缺乏分工和专业化，经济效率低下。

第二，计划经济。即生产资料由政府代表的国家所有，政府用行政计划来解决生产什么、如何生产、生产多少、何时生产和为谁生产等问题。从苏联、原东欧社会主义国家和我国计划经济时代经济发展的实际来看，这种经济体制对于信息不对称问题、激励问题等的解决不够好，效率也不高。由此产生了包括我国在内的社会主义国家以市场经济为取向的经济体制改革问题。

第三，市场经济。这一经济体制主要通过市场价格机制来解决资源配置与利用问题，其特点是产权明晰，经济决策高度分散。从有关国家的经济实践来看，这一经济体制效率较高，但市场在配置和利用资源的有些领域和有些时期会存在失灵的情况，市场失灵会产生很多不利于经济发展和民生改善的不良后果。因此，完全的市场经济并不可取。

---

① 世界银行．按图表集法衡量的人均国民总收入（GNI）（现价美元）［EB/OL］. https://data.worldbank.org.cn/indicator/NY.GNP.PCAP.CD?view=chart，2023-04-14.

② 世界银行．全球半数人口生活在 6.85 美元/天的贫困线之下［EB/OL］. https://www.jianpincn.com/zgjpsjk/gwzkkjp/671866.html，2022-12-08.

第四，混合经济。混合经济是为了弥补市场经济的不足而形成的，其特征是市场经济与政府宏观调控相结合，自由竞争与国家干预相结合，让市场在资源配置与利用中发挥基础性作用，通过政府干预来应对市场失灵。目前大多数国家都采用这种经济体系。

【案例7-2】正确认识和处理好政府与市场的关系

我国的社会主义市场经济体制改革目标是在1992年10月召开的党的十四大上明确的，其中的核心问题“是正确认识和处理计划与市场的关系”。对此，党的十四大报告明确：“我们要建立的社会主义市场经济体制，就是要使市场在社会主义国家宏观调控下对资源配置起基础性作用。”

1993年11月发布的《中共中央关于建立社会主义市场经济体制若干问题的决定》指出：“社会主义市场经济体制是同社会主义基本制度结合在一起的。”2003年10月14日，中共十六届三次全会通过的《中共中央关于完善社会主义市场经济体制若干问题的决定》强调要“更大程度地发挥市场在资源配置中的基础性作用，增强企业活力和竞争力，健全国家宏观调控，完善政府社会管理和公共服务职能，为全面建设小康社会提供强有力的体制保障”。

2013年11月，中共十八届三次全体通过的中共中央《关于全面深化改革若干重大问题的决定》进一步明确：“使市场在资源配置中起决定性作用和更好发挥政府作用。市场决定资源配置是市场经济的一般规律，健全社会主义市场经济体制必须遵循这条规律，着力解决市场体系不完善、政府干预过多和监管不到位问题。”习近平总书记在2020年5月23日看望全国政协十三届三次会议的经济界委员时指出：“党的十八届三中全会一锤定音：让市场在资源配置中起决定性作用，同时要更好发挥政府作用。经过改革实践，我们认识到，绝不能不克服市场的盲目性，也不能回到计划经济的老路上去。要努力将市场的作用和政府的作用结合得更好一些，这是一个止于至善的过程。”

资料来源：习近平：让市场在资源配置中起决定性作用，不能回到计划经济的老路上去[EB/OL]. 中国政府网，http://www.gov.cn/xinwen/2020-05/23/content_5514220.htm，2020-05-23/2020-11-04.

思考：（1）我国的社会主义市场经济体制是不是混合经济？（2）为什么让市场在资源配置中起决定性作用的同时要更好地发挥政府作用？

2. 机会成本原理

从单个经济主体层面来看，解决选择问题的主要依据是机会成本。生产可能性曲线（见图7-1）表明，“鱼和熊掌不可兼得”，也即是在资源有限和技术既定的前提下，人们要想多得到“鱼”，就必须放弃一部分“熊掌”。同样，要想多得到“熊掌”，也必须放弃一部分“鱼”。这一解决单个经济主体选择问题的方法被称为机会成本原理，其基本内涵是：经济主体作出任何经济决策都要使得收益大于或至少等于机会成本（具体参见第三章有关内容）。①

例如，我国人多地少，如何选择土地的用途就显得非常重要，目前我国退耕还林、还草已基本告一段落，现阶段最突出的用地矛盾就是耕地和非农建设用地，前者是保障国家粮食安全的需要，后者是国家经济社会发展尤其是城镇化的需要，两者不能兼得。从国家长远发展来看，必须妥善处理好这对矛盾，也正为如此，国家才划定并严格坚守18亿亩耕地红线（参见【案例7－1】）。

这就是说，资源在不同用途之间是不能兼顾的，也即是“鱼”和“熊掌”之间是互为机会成本的。机会成本原理为单个经济主体解决选择问题提供了一把钥匙，具体就是人们选择资源能够带来最大收益的那项用途。例如，某块土地投入同样的成本，可能有三种结果：一是种植棉花，产值3400元；二是种植小麦，产值2400元；三是种植蔬菜，产值2800元。那么，对于土地经营者来说，最佳选择就是生产棉花。如果选择种植棉花，他就放弃了生产小麦和蔬菜的机会，此时他的机会成本是种植蔬菜可能带来的2800元收益。这个2800元的机会成本的意义在于，如果土地经营者种植棉花最终获得的实际收入低于2800元，就应该改种蔬菜。

第二节　大学学习目标与内容的选择

学习有多种目标与内容可供选择。对于任何人来讲，时间与精力都是稀缺的，大学学习期间更是如此，大学生要在不同的学习目标与内容之间进行权衡，以确定主要的学习目标与内容。关于学习的目标与内容，在教育理论与实践发展过程中，先后出现了形式教育论与实质教育论两种观点相反的教育主张，形式教育论认为教育旨在使学生的天赋官能或形式能力得到发展，强调是教育的“形式目的”，实质教育论则认为教育在于使得学生获得实用知识，强调教育的“实质目的”。

一、形式教育论与提高形式能力

（一）形式教育论概览

形式教育也称“形式训练”“形式陶冶”“心智训练”或“心智陶冶”，是一种认为教育应以训练官能、发展形式能力为主要任务，并据此设置课程和选择教材的教育理论与实践。在这里，形式能力指的是人的感觉、思维、记忆、表达，以及情感和意志等方面的心理机能，也即是通常所说的一个人在知、情、意方面的能力。

---

① 马克·利伯曼，罗伯特·霍尔．程坦，译．经济学导论［M］．大连：东北财经大学出版社，2003：22.

形式教育论的思想和主张可以追溯到古希腊哲学家柏拉图和古罗马教育家昆体良等。作为一种教育理论体系，形式教育论形成于17世纪，当时的代表人物主要是英国教育家洛克；兴盛于18世纪、19世纪，当时的代表人物是瑞士的教育家裴斯泰洛齐；没落于20世纪初。

古希腊哲学家柏拉图认为，每个人心灵里都有一种官能，当它被蒙蔽或毁坏之后，可以通过算学、几何学、天文学等的学习澄清或重新点燃它。古罗马教育家昆体良被认为是形式教育思想最早的明确表述者之一，他主张教学不在于使学生掌握关于事物的知识，而在于"能力""口才""形式"的训练。①

主要生活在17世纪的英国教育家洛克认为，人们生来就具有几乎能做任何事情的官能和能力，但只有通过对官能和能力的操练才会使人们具有做任何事情的能力和技能，使人们达到完美的状态。

生活在18世纪、19世纪的瑞士教育家裴斯泰洛齐认为，教育是未成年人的全部官能都得到自然、匀称与和谐的发展，而官能的发展取决于对学生能力进行适当和反复操作而形成的习惯，而不是取决于知识。因此，他认为教学的主要目标不是掌握知识或技能，而是发展和增强心灵的能力。在他的教育方案中，知识的传递和具体技能②的训练只处于从属地位，教育不应该只是考虑如何向儿童传递知识，而首先应该考虑儿童已拥有什么官能；如果儿童的官能还没有得到发展，那么至少使他们有关的官能能够发展起来；教师的主要任务不是教，而是使学生回忆起他所拥有的天赋官能。③

（二）形式教育论的理论基础

形式教育论的理论基础是唯理论和官能心理学。唯理论认为人具有内在的理性能力，人们可以通过认识一些基本原则，并运用这些原则推理、归纳其他的认识，因而非常重视推理的作用。④ 例如当时德国著名的哲学家、数学家莱布尼兹认为，人有固有的观念，一切可靠的、普遍的、必然的知识只能来自理性，感觉不能提供这类知识，感觉只能提供一些特殊的、个别的事例。

官能心理学又叫机能主义心理学，它把人的心理在总体上划分为不同的官能（机能）构成，一般包括认知、情感和意志三个部分（通常简称为知、情、意）。其中，认知机能包括感觉、想象、记忆、注意、悟性等。在官能心理学看来，学习的本质在于发展个体心理结构中天赋的各种官能，使个体在认识能力、情感态度以及意志品质上得到良好的发展。⑤

---

① 顾明远．教育大辞典：简编本［M］．上海：上海教育出版社，1999：524.

② 这里的具体技能是相对于前文提到的形式能力而言的，可以理解为能够解决具体生产和生产实际问题的能力。

③ 瞿葆奎，施良方．"形式教育"与"实质教育"（上）［J］．华东师范大学学报（教育科学版），1988（1）：9－24.

④ 张敏杰，吴锐．经验论与唯理论视角下认识来源的对立统一对教育的启示［J］．贵阳学院学报（社会科学版），2019（2）：104－107.

⑤ 刘佳．形式教育与实质教育的心理学基础再探［J］．集美大学学报，2001（1）：49－52.

（三）形式教育论的理论主张

总体来说，形式教育论主张“形式能力重于实用知识”①。具体包括以下三个方面的主张：

1. 教育的任务是训练心灵官能

心灵官能，也即是心灵的认知、情感和意志的机能。人的心智的能力，只有用练习才能使它们发展起来。教育的主要任务，就是要发现那些能够有效地训练学生各种官能的心智练习。教育的本质不是在接受和掌握内容（知识），而是在于把内容（知识）作为一种手段，借以促进受教育者身体能力、心灵和智力的形成、发展与成熟。年青一代通过这种训练获得的能力，可以迁移到其他方面。按照这一观点，教学中必须选择具有最大可能性发展学生能力的内容作为训练手段。

2. 教育的目的是提高形式能力

形式能力指的是人在知、情、意等方面的心理官能（机能）。形式教育论者认为，影响学生今后生活的教学内容（知识）无以数计，在教育中传授知识远不如训练官能或方法来得重要。如果人们的官能或方法，如思维的方法、感情和价值标准等，由于训练而发展了，任何知识随时都可以吸收。教育应着眼于学生掌握各种形式能力。知识的价值在于作为训练的材料，即便学习的内容被遗忘了，却仍然留下了一种永久的、更有价值的效果。因此，不必看重课程和教材的实用性，而要看重它们的训练作用。

3. 形式能力训练的结果会产生学习迁移

形式教育论者认为学习迁移是心灵官能或方法能力得到训练后自动产生的结果。通过一定的训练，使心灵的官能或某些方法能力得到发展，而这些发展能够迁移到其他方面的学习上去。正因为如此，形式教育论者主张学生优先学习拉丁文、希腊文和数学等课程，因为他们认为此类课程会较好地促进学生形式能力的发展，进而对学习其他课程和教材有很大的帮助。②

（四）形式教育论的影响及评价

在17世纪到19世纪前期之间，形式教育论在欧洲产生了很大影响。一方面，当时学校一直把古典语言（例如希腊文、拉丁文）和数学作为训练学生心灵最好的课程。当时的拉丁文学校、文法学校主要根据这一理论开设课程和实施教学。另一方面，学校教育确实具有一定程度的形式能力训练价值，也即是教育的确能提高学习者的心理官能（机能）、开发人的潜能，这一理念至今仍被广泛认同和实践。

随着教育心理学研究和教育实践的发展，人们发现形式教育论的主张是失之偏颇的。美国心理学者詹姆士曾做过一项实验。他首先测量被试者学习一个诗人某些诗句的

---

① 汪小红．形式教育与实质教育关系再论［J］．教学与管理，2015（1）：4-6.

② 顾明远．教育大辞典：简编本［M］．上海：上海教育出版社，1999：524.

速度，然后训练他们记忆另一个诗人的某些诗句，最后再回到第一个诗人的诗句学习上来，目的是确定被试者是否比以前更快地记住这个诗人的诗作。实验结果表明，先掌握这位诗人的某些诗作，对于后面学习这位诗人的诗作没有什么帮助。这意味着，形式教育理论所主张的形式能力能够迁移到其他学习上去的观点是经不住实践检验的。

另一位心理学者桑代克认为，如果某些课程在发展心智方面比其他课程更有效的话，那么这一事实必然反映在一般心理能力的测验结果上。为此，他在 1924 年对 8500 名中学生的成绩与智商分数之间的迁移问题进行了深入调查。三年之后，他又与同事一起对另外 5000 名学生重复进行了这一实验。实验结果表明，由于某些课程引起的理智能力的提高是极为有限的。学习传统课程（如拉丁语、几何学、英语和历史等）的学生，并没有比那些与他们智商相同、学习实用课程（如算术、簿记和家政等）的学生在理智能力上有更大的提高。从实验结果来看，一门具体课程对于学生理智能力提升的价值，主要取决于这门课程所必然会产生的特定的信息、习惯、兴趣、态度和观念，而非其他。学校选择开设哪些课程，应根据这些课程可能产生的专业技能训练而不是形式能力训练，数学与语言等课程在发展学生能力方面并没有特殊的优越性。

综合来看，一切课程都有锻炼学习者心智的作用，只重视课程或教材的形式能力训练作用，而忽视其具体内容的价值是不正确的。形式教育论者所主张的学习以提升形式能力为主的教育路径（学习路径）是行不通的，人的能力发展是在有意义的内容学习基础上和过程中实现的。学习一门课程或教材的关键在于掌握其具体的内容，并在此过程中实现形式能力的协同发展。

19 世纪末 20 世纪初以来的教育心理学研究和教育实践都表明，任何知识和能力的获得都是在有意义学习的过程中实现的，形式能力也不例外。这意味着，作为一种理论派别的形式教育论已经“死亡”。尽管如此，在当前的教育理论与实践中，有形式教育倾向的人和事还大量存在，例如中小学教育的“刷题”现象，虽然有应试教育的诱因，但究其根本，还是形式教育的思想在背后主导。

【案例分析 7－3】学会如何学习

科学技术的时代意味着：知识正在不断地变革，革新正在不断地日新月异。所以大家一致同意：教育应该较少地致力于传递和储存知识（尽管我们要留心，不要过于夸大这一点），而应该更努力寻求获得知识的方法——学会如何学习。

一个人的完善过程，就是智力、体力、情感、意志、美感等各方面能力的均衡发展，也就是不断学习的过程。“学会生存”首要的是“学会学习”，具备“学会学习”的能力无疑是顺利进入现代化世界的敲门砖。“学会学习”能力的形成，将给予我们自由广阔的翱翔空间，将是我们生活乐趣的来源和个人实现的武器。掌握“学会学习”的能力，才能具备高度文明，才能欣赏或享受人类丰富的精神文明成果，才能提高生活质量，更好地生存。

资料来源：联合国教科文组织国际教育发展委员会著．华东师范大学比较教育研究所译．学会生存［M］．上海：上海译文出版社，1980：14；杨萍．学会生存首要的是学会学习——罗杰斯人本主义学习观的启示［J］．教育与职业，2003（7）：21－22，32.

思考：（1）上述两段内容背后隐含着什么样的教育思想？（2）你是否认同上述两段内容所陈述的观点？为什么？（3）掌握学习方法与掌握知识本身哪个更为重要？为什么？（4）学习中能否同时做到掌握具体知识和提升形式能力？如果能，怎么做到？

二、实质教育论与掌握实用知识

（一）实质教育论概览

实质教育也称实质训练、实质陶冶，是一种认为普通教育应以获得实用知识为主要任务，并据此设置课程、选择教材的教育理论与实践。在这里，实用知识指的是对人们解决社会生活和生产实际问题有用的知识与技能。作为与形式教育论相对立的一种教育思想，实质教育论出现在18世纪末19世纪初，其渊源可以追溯到17世纪捷克教育家夸美纽斯所倡导的泛智论。

夸美纽斯生活于欧洲文艺复兴、宗教改革与启蒙运动之间，当时是欧洲封建社会开始解体、资本主义制度开始形成的时期，人类在天文、地理、物理、化学、生物等方面有了一系列重要的发现和发明，开始形成近代自然科学体系，这对当时的教育实践和教育思想产生了深刻影响。在这一背景下，夸美纽斯提出了泛智论。所谓泛智，指的是一般人所能够接受的关于自然和社会普遍知识的总和，泛智论主张“把一切知识传授给一切人”。夸美纽斯主张，应当把对年轻人终生有用的事物教给一切6～12岁的人，如阅读和书写本国语言、写作、计算、度量、唱歌、经济学等。

18世纪以后，由于机器化大生产和科学技术的蓬勃发展，仅仅强调发展学生思维能力而不重视传授有用知识的形式教育被认为不能适应客观的需要，社会外界要求学校教育要培养掌握实用知识的人，这种呼声日益高涨。在实践当中，欧洲开始出现了教授自然科学知识的学校。在理论上，英国科学家赫胥黎主张将自然科学列入学校课程，另一位英国思想家斯宾塞在1859年发表了《什么知识最有价值》一文，他给出的答案是“科学知识最有价值”。以他们为代表的一批思想家和教育家，反对古典主义教育，积极倡导“教育为人的完满生活做准备”，强调教育应当从古典主义的传统中解放出来，以适应社会生活和生产实际的实际需要，促进经济、社会向前发展，为此，学校要大力开展（自然）科学教育，教学应使学生更多地获得社会生活和生产实际所需要的知识与技能。人们把这种主张重点学习实用知识的教育理论称为“实质教育论”。

【知识链接】斯宾塞论“什么知识最有价值”

“什么知识最有价值，一致的答案就是科学……为了直接保全自己或者维护生命和健康，最重要的是科学。为了那个叫作谋生的间接保全自己，有最大价值的知识是科学。为了正当地完成父母的职责，正确指导的是科学。为了解释过去和现在的国家生活，使每个公民能合理地调节他的行为所必需的不可缺少的钥匙是科学。同样，为了各种艺术的完美创作和最高欣赏所需要的准备也是科学。而为了智慧、道德、宗教训练的目的，最有效的学习还是科学。”

资料来源：斯宾塞．胡毅，王承绪，译．斯宾塞教育论著选［M］．北京：人民教育出版社，1997：91.

（二）实质教育论的理论基础

实质教育论的理论基础包括经验论和联想心理学。经验论认为一切知识源于感知，因而注重学生从外界获取知识经验。联想心理学认为人的心灵出生时一无所有，建设它的原料是作为经验产物的各种观念。一切心理现象如感知、记忆、思维都是一系列经验或观念的联合，因而主张知识的获得比能力的训练更重要，学习在于连接新、旧观念以及已有的不同观念，形成人的内部心灵，获得的知识是以后习得知识的基础，不同知识之间在体系安排上要注意逻辑的相似性，这就是说教学中要重视各种知识的积累、联系和系统化。

（三）实质教育论的理论主张

总体来看，实质教育论的主张与形式教育论的主张相对立，认为实用知识重于形式能力。具体包括三个方面：

1. 教育的任务是建设心灵

实质教育论者认为人的心灵在初生时一无所有。心灵的机能（官能）不是现成存在的，心灵依赖于各种观念的联合，是经验的产物。因此，教育的主要任务就是以各种适当的观念充实心灵的内容，也即是教给学生对社会生活和生产实际有用的知识。教育的效果表现于学生掌握实用科学知识的数量，以及其能否为学生将来从事工商等职业活动作好准备。①

2. 教育的目的是获得实用知识

实质教育论者主张建设心灵的原料是各种观念（知识），这决定了提示和介绍外界事物、产生观念的课程和教授（教学）就具有首要的地位。因此，实质教育论者认为教育不应重视课程和教材的形式训练作用，或重视知识教学促进学生能力发展的作用，而应重视课程、教材的具体内容本身及其实用价值，从而使学生获得丰富的、能够解决社会生活和生产实际问题的知识。有的实质教育论者还认为，凡在指导学生行为方面最有价值的知识，必然具有对学习者心智能力训练的作用。

“实质教育论”据此主张学校重点开设物理、化学、地理、天文等自然学科课程以及现代语言等课程，相对来说忽视古代语言和古代史等古典主义课程。例如，这一理论的代表人物斯宾塞认为科学知识最有价值，他基于为人的完满生活做准备的教育宗旨，

---

① 顾明远．教育大辞典：简编本［M］．上海：上海教育出版社，1999：418－419.

提出了一个实用性很强的学校课程规划，包括生理学、物理学、化学、经济学、教育学、心理学等众多提供实用知识的课程。

3. 教学的组织与方法很重要

实质教育论者主张，人的心灵要靠观念（知识）的联合以组成概念和范畴。课程和教材的组织方式和具体程序，直接影响学习者心灵的组织方式和具体程序。因此，在具体的教学过程中，要高度重视课程体系构建、教学内容组织、教学方法选择等问题，以帮助学习者有效建构系统化的知识体系。

（四）实质教育论的影响及评价

实质教育论产生了三个方面重要影响。具体是：

1. 促进实科学校的发展

实质教育理论为欧洲 18 世纪出现的一种新型学校——实科学校提供了理论指导。实科学校是一种专门传授生产实际所需知识的学校，类似于当今的职业学校、技术学校、中等专业学校等。这类学校的出现，使得学校教育为生产劳动一线培养人才成为一种新的常态。

2. 推动自然科学知识进入学校课程体系

在以赫胥黎、斯宾塞等为代表的实质教育论者的推动下，自然科学类的课程和知识逐步进入了当时欧洲的学校课程体系，改变了此前学校以人文课程为主的课程格局，形成了人文课程和自然科学并重的课程结构，促进了学校课程体系和教学内容的现代化和多样化。

3. 提高学校教育的实用功能

实质教育理论强调教育内容应具有实际价值——能够解决生活和生产实际问题，这对于解决学校教育脱离社会生活和生产实际的老问题有促进作用，使得学校教育有了更强的实用功能。

当然，实质教育论是一种具有明显的功利主义色彩的教育理论，这一理论主张及教育实践的出现，对于解决学校教育脱离社会生活和生产实际的问题具有历史进步意义。但是，需要说明的是，“什么知识最有价值”是一个仁者见仁、智者见智的问题，在不同的社会历史条件下，每个人的答案可能都不尽相同。对于大学生而言，这是一个值得严肃、认真和深入思考与对待的重要问题。

【案例 7 - 4】幸福知识最有价值

人类的终极目的是追求幸福，人类最大的、终极的需要是幸福。从满足自身需要、努力追求幸福的角度出发，人们通常将能否满足自身的需要作为判断某一事物是否有价值的尺度，因此，“幸福是判断一切事物价值的尺度”，或者说“能使人幸福的事物就是最有价值的事物”。

教育或者说学习，作为人类一种重要的社会活动，其终极目标是“培养幸福的人”或者说“追求幸福的人生”。在学校教育中，课程知识是教育的主要载体，课程知识的选择、组织、教学等行为所指向的目标一定是教育的终极目标，也即是“培养幸福的人”或者说“追求幸福的人生”。

至此，我们找到了打开“课程知识价值选择”难题的金钥匙：判断事物价值的尺度是人的需要，判断事物价值大小的尺度是人的幸福，判断“什么知识最有价值”的尺度也是人的幸福，而判断“什么课程知识最有价值”的尺度就是学生的幸福。总而言之，幸福知识是最有价值的知识。

资料来源：陈铁成，熊梅．什么知识最有价值——基于斯宾塞课程思想的思考［J］．外国教育研究，2013（5）：73－79.

思考：你同意本案例所阐述的观点吗？为什么？如果你不同意本案例所阐述的观点，那么你认为什么知识最有价值？为什么？

三、高职学生学习目标与内容的选择

（一）实用知识与形式能力是两种不同的学习目标与内容

形式教育论和实质教育论的主张和观点表明，提高形式能力和掌握实用知识是两种不同的学习目标与内容。大学期间，在时间和精力稀缺的前提下，以提高形式能力为主还是以掌握实用知识为主，是大学生在学习方面要解决的首要选择问题。

这一选择问题的核心是实用知识与形式能力之间的关系问题。事实上，对于人的全面发展而言，实用知识与形式能力是并重的，是相互依存和相互促进的关系——知识是能力的基础、能力的发展有助于知识的掌握。正如苏联教育家凯洛夫指出的，掌握知识和发展能力这两者必须统一在使学生掌握系统的科学知识的基础上。① 就教育或学习而言，“不以掌握知识为基础的能力训练是低效的，只以掌握知识为目标而忽略能力训练的学习也是低效的”②。教育者和学习者应努力实现知识习得和能力发展和谐统一。

（二）掌握实用知识与提升形式能力一定程度上互为机会成本

值得注意的是，强调知识与能力相统一，并不意味着掌握知识和提升能力能在教育或学习中自然而然地实现。事实上，掌握知识和发展能力两者在实现方面存在“剪刀差”，要在教育或学习中同时完成掌握知识和发展能力的双重任务，需要进行特殊的设计与安排。有关研究表明，掌握知识和发展智力的统一是有条件的，要在课程的体系、结构、性质、内容，以及教学组织模式、教学方式方法乃至考试办法等多方面创造条件，才有可能促进学生同时在知识与能力方面获得发展。

---

① 王策三．教育论集［M］，北京：人民教育出版社，2002：241.
② 汪小红．形式教育与实质教育关系再论［J］．教学与管理，2015（1）：4－6.

这意味着，在高职学生时间与精力有限的情况下，掌握实用知识与提升形式能力在一定程度上是互为机会成本的，根据本章第一节所述的单个经济主体解决选择问题的机会成本原理，高职学生需要比较掌握实用知识与提升形式能力的收益大小，进而作出与自身大学阶段发展目标相匹配的决策。

（三）以掌握实用知识为主要学习目标与内容

高职教育是面向就业的高等教育类型，主要为社会培养技术技能人才。不同人才类型对于知识、能力、素质结构的要求是不同的，对于技术技能人才来说，其职业生涯中会不断地遇到和解决生产、建设、管理和服务一线的实际问题与困难，这需要用到大量的实用知识。对于高职学生来说，实用知识主要是所学公共基础课和专业课中包含的知识与技能，尤其是专业课中包含的知识与技能。相对而言，在高职学生未来的职业发展中，实用知识的重要性要强于知、情、意等形式能力。因此，对于高职学生来说，放弃以掌握实用知识为主的机会成本相对较高。根据机会成本原理，高职学生应以掌握实用知识，尤其是所学专业方面的专业知识与技能作为主要的学习目标与内容，努力将专业知识与技能学专、学精、学深，进而成长为本专业的能工巧匠、行家里手。

（四）注重汲取实用知识中的形式能力价值

以掌握实用知识为主，并不意味着形式能力不重要。事实上，在高职学生未来的职业生涯中，离不开形式能力的有效支撑。学习任何专业和课程都不要忽视其所含知识与技能背后的形式训练价值，尤其是这些知识与技能中蕴含的科学精神、人文精神、职业精神、工匠精神等精神价值、方法能力（学会学习、学会工作）和社会能力（学会共处、学会合作）等。对此，高职学生应高度重视，努力做到既学习知识、训练技能，又汲取精神价值，实现知识、能力和素质的全面提升。

第三节 大学学习路径的选择

学习有不同的路径可供选择，总体来说，有读书成才和活动成才两条路径。对于大学生来说，这也是重要的学习选择问题之一。关于学习路径的问题，在教育理论与实践发展过程中，曾经出现过旷日持久的“主知主义”教学理论与“行动主义”教学理论的争论，前者强调读书成才的学习路径，后者强调活动成才的学习路径。下面简要介绍这两种教学理论。

一、“主知主义”教学理论与读书成才

（一）“主知主义”教学理论概览

“主知主义”教学理论是一种重视传授系统知识和课堂教学的理论。“主知主义”

教学论产生于19世纪初的德国，代表人物是赫尔巴特。到了19世纪中后期得到了广泛传播和实践。20世纪三四十年代之后，基于对“行动主义”教学论的批判反思，这一理论又得到了进一步发展，出现了苏联的凯洛夫教学理论、美国的要素主义和永恒主义教学理论等。在教育学史发展上，“主知主义”是一种具有特殊规定性的教育思想，它主要是指以赫尔巴特和赫尔巴特学派为代表的教育思想流派。①

赫尔巴特是德国著名的教育家，著有《普通教育学》《心理学教科书》《学校与生活的关系》《教育学讲授纲要》等，被誉为“科学教育学的奠基人”。他以心理学为基础论证了教学过程的形式阶段，推动了班级授课制的发展，形成了相当完整稳定的教学模式，基本上取代了古代的个别教学，主导欧美教学理论和实践几乎达到半个世纪之久。② 他的诸多教育思想与主张都产生了很大影响，如教育性教学、基于多方面兴趣的课程、教学的形式阶段等。

（二）教育性教学

赫尔巴特在其名著《普通教育学》的“绪论”中指出：“我得立刻承认，不存在‘无教学的教育’这个概念，正如反过来，我不承认有任何‘无教育的教学’一样”③，从而提出了教育性教学的概念。

赫尔巴特认为，教育的最终目的是培养人的道德品格，例如明辨善恶、自由、公平、正义等，这是教育的根本任务。他强调培养人的道德品格一定要“通过教学”来进行，因为在现实中既存在着“无教学的教育”，例如，有些教学只重视学生的道德养成与人格训练，而忽视知识的传授，这样不但不能实现预期教育目的，反而会造成对学生的心灵伤害；也存在着“无教育的教学”，他指出，“绝不是所有教学都是教育性的。例如，为了得到收益而学习，为了谋求生存，为了娱乐，这些都和教育性的问题无关”④。

赫尔巴特之所以强调“教育性教学”，目的在于阐明“教学必须以教育人为目的”，换句话说，赫尔巴特只承认对人有教育性的教学才是真正的教学，他所要研究、提倡的是能使知识学习有利于形成人的性格和成就好人的教育性教学。因此，可以简单地说，所谓教育性教学就是“成人”的教学。⑤

理解和掌握赫尔巴特关于教育性教学的思想与主张，对于高职学生的学习有着重要的启示意义，那就是：在学习知识的同时，要注重发现、理解和吸收知识中隐含的精神价值，从而实现德技并修。

---

① 熊焰．主知主义教育思想在中国的传播和影响初探［J］．西南民族学院学报（哲学社会科学版），2002（5）：225－227.

② 王策三．教育论集［M］．北京：人民教育出版社，2002：242.

③ 赫尔巴特．普通教育学·教育学讲授纲要［M］．杭州：浙江教育出版社，2001：13.

④ 王凌．赫尔巴特论“教育性教学”［J］．云南教育：小学教师，1990（Z2）：18.

⑤ 王凯．“教育性教学”的误读——兼论赫尔巴特教学伦理思想［J］．全球教育展望，2007（11）：33－37.

（三）基于多方面兴趣的课程

赫尔巴特高度重视人的兴趣，因为“教育的主要目的是培养品德。而品德的发展依赖于从学科课程中获得的兴趣”①。他认为，“兴趣就是主动性”，是同“漠不关心”相对立的，即兴趣是一种积极、内在的活动和主观体验，是一种对所学事物保持有高度吸引力和高度注意力的内部心理状态。他把人的兴趣划分为认识自然现实的兴趣和认识社会生活的兴趣两类，前者具体包括经验兴趣、思辨兴趣和审美兴趣，后者具体包括同情兴趣、社会兴趣和宗教兴趣。

赫尔巴特认为，应根据人的多方面兴趣来设计多样化的课程。据此，他设计了两大类、六小类课程。②第一大类是与认识自然现实兴趣相关的课程，其中，与经验兴趣相对应的课程有物理、化学、地理等，以帮助学生获得自然的知识；与思辨兴趣相对应的课程有数学、逻辑学和文法等，以锻炼学生的思维能力；与审美兴趣相对应的课程有文学、绘画、音乐等，以提高学生的艺术鉴赏能力和审美情趣。第二大类是与认识社会生活兴趣相关的课程，其中，与同情兴趣相对应的课程有外国语与本国语等课程，旨在培养学生友爱和谅解的精神；与社会兴趣相对应的课程有历史、政治、法律等课程，旨在培养学生群体合作的精神；与宗教兴趣相对应的课程是神学课程，旨在培养恭顺与感激之情。

赫尔巴特赋予了“兴趣”丰富和深刻的内涵，他认为兴趣源于个体渴望求知的内在心理冲动，而后一步步地从个体通过直接经验积极主动地去观察和认识事物，发展到在社群生活交往中思考人类生存这一终极问题，其实质是指向认识不断深化、个性臻达圆满、德行趋于完善的人的和谐发展过程。③

（四）教学的形式阶段

赫尔巴特首次在理论上对教学过程做了阶段划分，提出了教学的形式阶段理论，将教学划分为“明了”“联合”“系统”“方法”四个形式阶段，对教育理论与实践产生了广泛和深远的影响。

在教学的四个形式阶段中，“明了”为教学的第一阶段，是静态的专心活动，学生的兴趣表现为注意。这一阶段主要为感知新材料的阶段，教学方法以叙述教学法为主，在教学继续实施中，随着提供给学生感知的新材料和新观念的性质、难易程度的变化等，教师还可相应地使用比较和直观等多种教学方法，目的是使学生获得大量彼此已经形成初步联系的个别观念。

“联合”为第二阶段，是动态的专心活动，学生的兴趣表现为期待。此时教学的任务已经转向帮助学生产生新老观念（概念）的联合，此时，师生可以进行自由交谈，教师通过分析的教学方法，帮助学生形成清晰、明了的“概念群”。

---

①② 冯加鱼，张艺钟．赫尔巴特课程思想新探［J］．新课程研究，2010（5）：10－11.

③ 冯加渔．赫尔巴特课程思想研究［D］．武汉：华中科技大学，2011：15.

“系统”为第三个阶段，是静态的审思活动，学生的兴趣表现为要求。在这一阶段，教师应采用综合的教学方法，严谨周密地陈述所教内容，分析、总结和概括新的教学内容并作出应有的结论，以帮助学生实现新旧观念之间的系统化，从而在脑海中形成新的概念。

“方法”为第四阶段，是动态的审思活动，学生的兴趣表现为行动。教师可采用练习的方法，使学生通过作业等方法应用所学知识，以掌握得更加熟练和牢固。至此，教学过程完成了一个完整的周期（见表7－2）。①

表7－2　　四个形式阶段的基本关系

维度	明了	联合	系统	方法
观念活动	静态专心	动态专心	静态审思	动态审思
兴趣特点	注意	期望	要求	行动
教学方法	叙述	分析	综合	应用

资料来源：赵敏．赫尔巴特形式教学阶段论及其发展［J］．襄阳职业技术学院学报，2007（3）：49－51.

学习形式教学阶段理论，对于大学生的学习有着重要的启示意义，那就是：在学习知识的过程中，要注意理解新知识的内涵，善于发现所学新旧知识之间的联系，努力促成自身知识的系统化，在此基础上，再持续不断将所学知识运用于实践。

（五）“主知主义”教学理论的影响及评价

以赫尔巴特为代表的“主知主义”教学理论强调三个中心，即教师中心、系统书本知识中心和课堂讲授中心，从而为教师（学生）提供了读书成才这样一条教学（学习）路径的原理和策略。读书成才学习路径强调对系统书本知识的传授、科学有序的课堂教学组织和提升教学的教育性等，对教育的理论与实践产生了全球性重要影响。

一方面，“主知主义”教学理论促进了课堂教学质量的提高。在赫尔巴特及其众多追随者的努力下，教学的形式阶段理论实现了通俗化和实用化，在全球范围内被广泛推广和应用，有力促进了学校课堂教学质量的提升。在这一理论影响下，苏联的凯洛夫教学理论对包括我国在内的社会主义国家的教学理论与实践产生了重大影响，到目前为止，我国学校教育仍然高度重视系统地传授知识和高质量地课堂讲授。

另一方面，“主知主义”教学理论促进了学生系统地掌握科学文化知识。“主知主义”教学论把学校教学视为人类科学文化知识个体化的过程，强调的是个体通过读书来成才的间接发展道路。在这一理论的影响下，学校教育强化了分科分课系统化的呈现知识和教师系统化的课堂教授，有力促进了学生系统地掌握科学文化知识。

---

①　赵卫．试析赫尔巴特教学阶段的逆行特征及其他［J］．教育科学，1990（1）：31－35.

二、"行动主义"教学理论与活动成才

（一）"行动主义"教学理论概览

19 世纪末，欧洲出现"新教育"运动，美国出现了"进步主义"教育，美国教育家杜威（1859～1952 年）对此进行了理论总结，进而形成了自成体系的实用主义教学理论。在有关论著中，杜威把以赫尔巴特为代表的教育思想与主张称为"传统教育"，把自己所主张的教育思想与主张称为"进步教育"。这里需要说明的是，这里的"传统"不意味着落后，"进步"也不代表先进，仅是对两种不同教育理论派别的称谓而已。

与"主知主义"教学理论的思想与主张相对立，"行动主义"教学理论反对脱离生活的书本学习和僵化固定的课堂教学，倡导学生动手操作以获得直接经验，主张学生在学习过程中自主探讨与建构知识，这就是活动成才的教学（学习）路径。为此，"行动主义"教学理论也提出了三个中心，与"主知主义"的三个中心相对立，即学生中心与教师中心的对立、个人直接经验中心与系统书本知识中心的对立、活动中心与课堂传授中心的对立。

"行动主义"教学理论倡导的活动成才学习路径，其背后隐藏着一个朴素的生活经验——实践出真知。例如在【案例 7－5】中，雷东风师傅初中毕业后就入行镗工，一做就是几十年，通过在岗位工作实践中的"干中学""看中学""听中学"，从一名工人成长为技师、高级技师和国家技能大师，用他的职业生涯完美诠释了活动成才这一学习路径的有效性。

【案例 7－5】雷东风：干一行精一行，产业工人"圆梦"大学讲台

雷东风是长沙三一重工泵送事业部的一名镗工，他初中毕业后即入了行，在数十年的一线工作中，从一名工人成长为技师、高级技师和国家技能大师，后又转行担任了国家技术考评员，临退休前还登上了大学讲台，与大学生们分享他作为一名工匠最初的梦想与坚持。

入行做镗工：参与制造中国首台 37 米泵车。1997 年，雷东风作为一名经验丰富的镗工，加入三一重工。当年，厂里启动 37 米的长臂泵车项目，但根本没有像国外一样能做长臂泵车长度的设备，雷东风和同事们找来一辆拖车，上面架起千斤顶，然后开动它和设备同步，硬是将长臂泵车作出来了。他说："从 1999 年我们做了第一台泵车，到 2000 年我们一个月能做 50 台，再到 2003 年一个月做到 100 台，我们在艰苦的条件下，不断取得进步，为每一次小小的突破兴奋不已。2003 年时，我的月收入有 5000 多元了，对工人而言，在当时已是非常高薪了。"

练就"绝技"：听声音判断镗刀行走状态。在车间工作多年，雷东风练就了一

套独特本领：只要听机床发出的声音和硫化油流动的声音，就能判断刀在行走时的状态，以及机床运转是否正常；看铁屑的形状和电流表的读数，大致判断出直线度和光洁度，以及刀杆每分钟行走的距离和尺寸精度等。2008 年，雷东风逐步脱离一线岗位，积极参与集团制造变革岗位作业标准编写与修订工作，先后完成 1800 多人的镗工技能等级认证考评，孜孜不倦培养优秀的青年技师。“年轻学员们的一声‘雷师傅’叫得我感觉浑身是劲。”雷东风说。

退休前“圆梦”：产业工人登上大学讲台。工作了大半辈子，雷东风虽然荣誉得了不少，但只有初中文化程度的他始终觉得这辈子还有些遗憾。2019 年 4 月 19 日，他圆梦了，当天受邀到湖南大学进行一堂主题讲座，他给同学们讲了专业技术，分享了工作中的酸甜苦辣。在即将下课时，他的几位徒弟、女儿、外孙也来到课堂。他们给雷东风送上了花。三代产业工人与一家三代同站在一个讲台上，这是雷东风做梦都没想到的情景。他在朋友圈里分享了这样一段话：“初中毕业的我站在大学教室里，给大家分享匠人精神。儿时的我一直有一个梦想，做一行爱一行精一行，经过几十年的奋斗，终于换来今天的幸福。”

资料来源：雷东风：干一行精一行，产业工人“圆梦”大学讲台［EB/OL］. 央视网，http：//news. cctv. com/2019/05/29/ARTIlmvki5QermUNUsjHNeDd190529. shtml，2019－05－30.

思考：（1）与读书成才学习路径相比，活动成才有哪些特点？（2）雷东风师傅的成才路径，对高职院校学生有何启示？

（二）实用主义教育哲学思想

杜威基于实用主义教育哲学思想，提出了“教育即生活”“教育即生长”“教育即经验的改造”三大教育哲学命题。

1. “教育即生活”

“教育即生活”主张未成年人的生长及经验的改造表现为社会性的活动即生活，杜威反对“教育是为了未来生活做准备”的观点，认为“教育最广的意义即生活的社会延续”①，强调教育就是未成年人现在生活的过程，而不是未来生活的预备。② 在此基础上，杜威进一步提出了“学校即社会”的观点，认为学校主要是一种社会组织，教育既然是一种社会过程，学校便是社会生活的一种形式。因此，学校不能仅仅成为传播知识的场所，而是一种经过“简化”和“净化”的雏形社会。

依据杜威的观点，学校生活应当从未成年人已经熟悉的家庭活动中发展出来，使未成年人逐渐了解它们的意义，明确自己在其中的作用，这是未成年人心理的需要，是继续生长的唯一方法，也是社会发展的需要。因此，教育即生活的观点包括学校与社会生活相结合、学校与儿童生活相结合两层含义。③

---

① 杜威．王承绪，译．民主主义与教育［M］．北京：人民教育出版社，2001：25.

② 顾明远．教育大辞典：简编本［M］．上海：上海教育出版社，1999：417.

③ 臧兴妍．论约翰·杜威实用主义教育思想［D］．长春：吉林大学，2007：23－24.

理解“教育即生活”“学校即社会”，对于大学生的学习有着重要的启示意义，那就是：学校是经过人为设计和改造的特定教育环境，在校学习，既要向老师学、向教材学，也要汲取和感悟其他人和校园中一切有益的知识和精神文化要素。由此再引申开来，校内外一切有益的人和事都值得大学生学习，一句话，学习无处不在、无时不在。

2. “教育即生长”

“教育即生长”中的生长指的是未成年人的发展。在杜威看来，“生长”是一种积极的正面的力量，因此学校教育的目的就是要通过组织来保证生长的各种力量，保证教育得以继续进行。这一主张认为，教育应根据未成年人的天赋能力，使之成为未成年人自身的本能、兴趣、能力的生成过程，未成年人应在实际生活过程中成长，单纯外来的灌输不是真正的教育。正如杜威所强调的：“教育就是不断生长；在它自身以外，没有别的目的。学校教育的价值，它的标准，就看它创造继续生长的愿望到什么程度，看它为实现这种愿望提供方法到什么程度”，“真正的教育除了更多的生长之外，其他的都居于从属地位。”①

3. “教育即经验的改造”

在这里，经验指的是个体利用理性、智慧与外部环境相互作用的过程，经验的积累不仅包括知识的获得，还有品德的形成以及生活能力的提高。② 杜威指出：“教育就是经验的改造或改组。这种改造或改组，既能增加经验的意义，又能提高指导后来经验进程的能力。”③

根据这一主张，教育的内容是经验，教育的方法是学习者的经历与体验，教育的目的是改造或改组学习者的经验。未成年人的生长是通过一系列的活动——经验的不断改组、改造的过程而实现的；学校和教师的主要责任就是正确判断每种经验对未成年人的好奇心与创造力的作用程度，以及通过必要的、适当的指导与改造使其向良好的方向发展。

（三）从“做中学”的教学方法

杜威认为教育是个体经验的不断改造，应由学生自主探讨和建构知识，因而主张采用“做中学”的教学方法。从“做中学”也就是从活动中学、从个人的经验和经历中学。从“做中学”主张从经验中积累知识、从实际操作中学习，要求学生运用自己的手脑耳口等感觉器官亲自接触具体的事物，通过思考从感性认识上升到理性知识，最后亲自解决问题。④ 杜威指出：“儿童的‘做’涉及一切活动，只要可以让儿童在为了取得活动结果的过程中有目的地思考、有意识地操作并为之努力的活动。它可以是有意识地通过材料、工具的使用获得的各种技能技巧，可以是对原材料的加工进行有目的地建

---

① 杜威．王承绪，译．民主主义与教育［M］．北京：人民教育出版社，2001：61－62.

② 李强，吴国清．杜威实用主义教育思想及其现代启示［J］．宁波教育学院学报，2021（3）：93－96.

③ 杜威．王承绪，译．民主主义与教育［M］．北京：人民教育出版社，2001：87.

④ 赖红梅．浅论杜威从“做中学”的理论内涵及对我国基础教育的启示［J］．当代教育论坛，2008（8）：32－34.

造和发明，也可以是艺术和手工活动。”①

杜威认为，传统的教学方法只是在固定的教室地点直接传授书本上的知识，严重脱离了学生的社会生活与实际需要，这种灌输式的教学无法充分地调动学生兴趣与个人爱好，更不能启发想象力与创造力。所以不应当只是一味地灌输书本知识，而要通过“做”让学生在切身参与中获得知识与经验。强调“做中学”，就是引导学生从亲身参与、具体操作中学习知识与技能，要求学生通过运用多种感觉器官去感受现实事物，在获取经验的基础上不断成长，拥有幸福生活的能力。

从操作层面来看，“做中学”将教学分为五个步骤，所以也被称为五步教学法。这五个步骤是：设置问题情境，提出问题和任务，提出解决问题各种方案，实施活动方案和解决问题，评价检查与经验反思。

从“做中学”的学习方法于大学生的学习有着重要的启示意义，那就是：学习不能只是被动地听老师讲授、被动地等老师布置作业，要积极参与课堂教学和课外活动，主动发现问题和任务，在探索和实践的过程中实现自我建构。

（四）“行动主义”教学理论的影响与评价

“行动主义”教学理论自19世纪末诞生以来，在20世纪初快速风靡全球，到20世纪30年代后，由于其忽视系统知识传授导致教学质量低下而影响力下降。尽管如此，这一教学理论至今仍有较大影响。一方面，“行动主义”教学理论强调教学与生活的联系，重视直接经验，倡导活动成才的教学路径，把教学过程理解为个体重新经历人类认识发现的过程。另一方面，“行动主义”教学理论强调以学生为中心，基于学生的兴趣和需要来设置课程，强调学生的生活经验的改造，对于优化课程设计、改进教学方法和发挥学生主观能动性有积极意义。

总体来看，“行动主义”教学理论提供了活动成才学习路径的理论与策略，一定程度上弥补了以系统知识学习和课堂教学为主的学校读书成才学习路径的局限性。学校教育和学生对两种不同的学习路径加以科学合理的综合运用，将有利于提高教育质量和学习成效。

三、高职学生学习路径的选择

“主知主义”教学理论和“行动主义”教学理论的观点表明，读书成才和活动成才是两种不同的学习路径，采取或者说主要采取哪种学习路径，是大学生在学习方面要解决的重要学习选择问题之一。关于这一学习选择问题，应注意以下三个方面：

---

① 杜威．王承绪，译．民主主义与教育［M］．北京：人民教育出版社，1990：212.

（一）高职教学路径以读书成才为主

我国高职教育自20世纪90年代末以来快速发展，规模不断扩大。在此期间，国家一直通过有关政策引导高职院校形成产教融合、校企合作的办学模式和工学结合、知行合一的人才培养模式，许多职业教育方面的专家学者和院校的管理者也一直强调加强实践教学，为学生提供更多更好的动手操作、实验实训实习的机会，尤其是在企业真实职业氛围中实习实践的机会，部分高职院校和专业在此方面取得了很大进展。但总体来看，读书成才仍然是当前高职院校主要的教学路径，这意味着当前我国高职教学依然存在着脱离社会生活与生产实际和僵化固定等缺陷。对此，高职学生应有清醒认识。

（二）活动成才是高职学习的有效路径

不同类型人才的成长成才路径是不同的，从人类社会生产发展，以及学徒制和职业教育等发展的历史与现实来看，技术技能人才的职业知识与技能主要是在工作实践中习得的。这表明，活动成才路径，也即是“做中学”是技术技能人才成长的有效路径。高职院校主要培养技术技能人才，因此，对于高职学生来讲，活动成才是比较理想的学习路径选择。更进一步看，“做中学”有利于高职学生发现所学知识与技能的实用价值和自身未来职业发展的前景，从而引领高职学生进入有意义学习的境界。

需要说明的是，作为一条学习路径，活动成才存在两个明显不足：一是知识学习缺乏系统性，这将制约着学习者未来的可持续发展；二是学习效率不高，原因在于个人的时间与精力是有限的，不可能重新经历前人认识发现的完整过程。因此，强调活动成才的学习路径是高职学生的理想选择，并不意味着要放弃读书成才的学习路径，而是强调在当前我国高职教学路径仍以读书成才为主的情况下，高职学生应努力通过活动成才来克服读书成才过程中脱离社会生活与生产实际和僵化固定等不足。

（三）发现和利用一切可能的活动成才机会

鉴于前面提到的两个现实因素，即活动成才是技术技能人才成长的有效路径和我国高职院校的教学路径仍以读书成才为主，对于高职学生来说，要善于发现和利用一切可能的活动成才的机会。这些机会包括课堂提问、课堂研讨、课内实训、课后练习、技能竞赛、社团活动、志愿服务、企业实习实践、创新创业活动和社会实践等。大学生们应积极主动地参与这些活动，以弥补读书成才学习路径的局限与不足，发现自身的问题与缺点，找到学习的意义，明确前进的方向，进而实现学习知识、提升技能、积累经验和养成态度等多方面目标。

【本章小结】

1. 稀缺性导致人们总要面临和处理选择问题。选择问题的实质是资源配置与利用问题，整个社会通过市场经济、混合经济等经济体制解决选择问题，单个经济主体遵循机会成本原理解决选择问题。

2. 时间与精力的稀缺导致大学生面临学习目标与内容、学习路径的选择问题。

3. 关于学习目标与内容，形式教育论主张提升形式能力，实质教育论强调掌握实用知识。高职学生应以掌握实用知识为主，注重汲取其中的形式能力价值。

4. 关于学习路径，“主知主义”教学理论主张读书成才，“行动主义”教学理论强调活动成才。高职学生在当前教学路径以读书成才为主的客观条件下，应积极发现和利用一切可能的活动成才机会。

【知识结构】

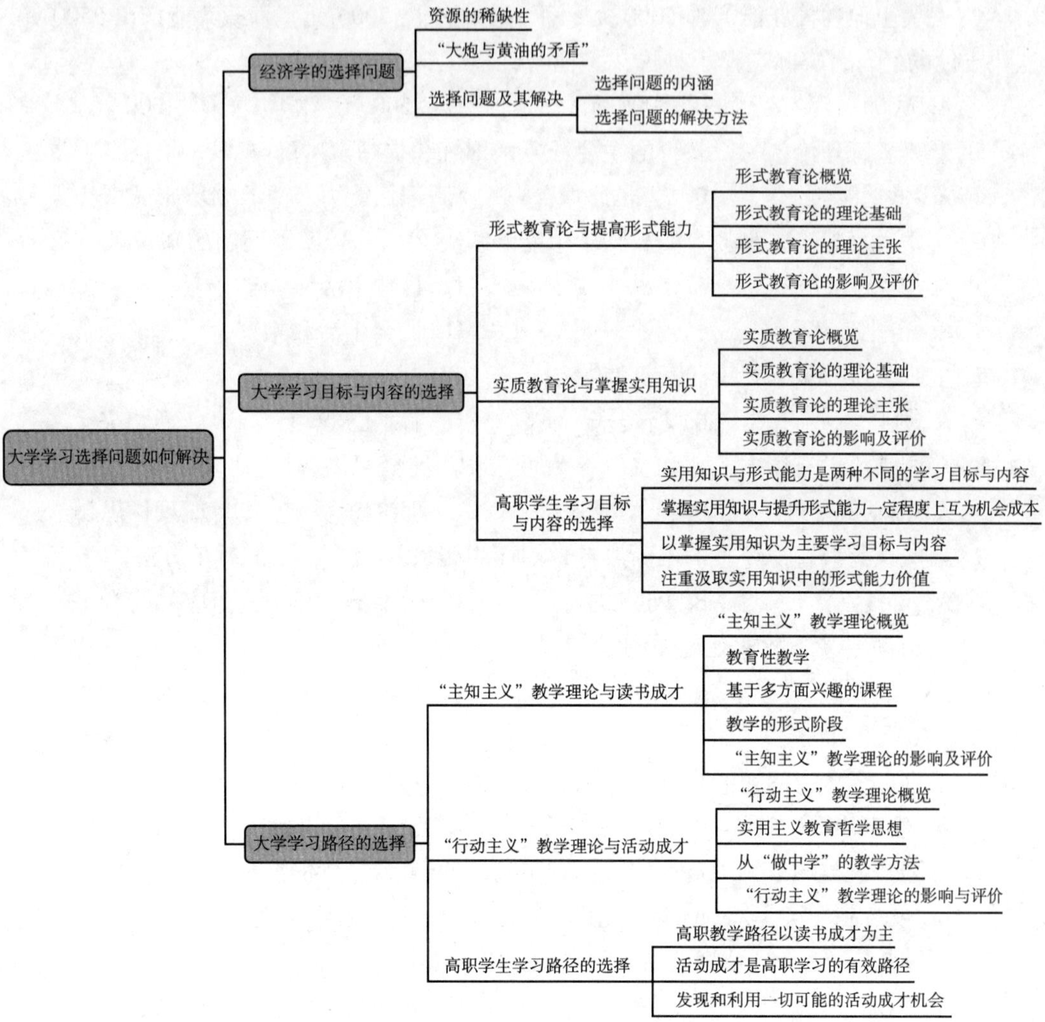

【课后练习】

一、单项选择

1. 人们消费的物品包括自由物品和（　　）。

A. 服务产品　　B. 有形产品　　C. 经济物品　　D. 自然资源

2. 在“大炮与黄油的矛盾”中，大炮代表武器，黄油代表（　　）。

A. 服装　　B. 食物　　C. 资本　　D. 技术

3. 生产可能线或生产可能性边界是在（　　）和技术水平不发生重大变化的条件下所达到的最大产量组合。

A. 政治制度　　B. 经济制度　　C. 资源　　D. 资本供给

4. 一块土地种棉花能产出6000元，种小麦能产出5000元，种蔬菜能产出5500元，这块土地的经营者实际选择了种棉花。他的机会成本是（　　）。

A. 6000元　　B. 5000元　　C. 5500元　　D. 4000元

5. 形式教育理论认为，教育的主要任务是训练和提高学生的（　　）。

A. 感觉能力　　B. 思维能力　　C. 记忆能力　　D. 形式能力

6. 实质教育理论主张教育要教给学生能够解决（　　）实际问题的知识。

A. 消费选择　　B. 日常生活

C. 企业管理　　D. 社会生活和生产

7. 主张“科学知识最有价值”的是（　　）。

A. 杜威　　B. 斯宾塞　　C. 赫尔巴特　　D. 凯洛夫

8. 总体来说，有读书成才和（　　）两条学习路径可供选择。

A. 活动成才　　B. 自学成才　　C. 理论思考　　D. 理性思辨

9. 杜威认为教育即经验的不断改造，因而主张采取（　　）的教学方法。

A. 讲授　　B. 问答式　　C. 做中学　　D. 知行合一

10. “行动主义”教学理论强调以（　　）为中心。

A. 学生　　B. 教师　　C. 教材　　D. 课堂

二、多项选择

1. 下列属于选择问题的是（　　）。

A. 生产什么　　B. 生产多少　　C. 怎样生产　　D. 何时生产

2. 下列是人类用于解决资源配置和利用问题的经济体制的是（　　）。

A. 奴隶制经济　　B. 市场经济　　C. 混合经济　　D. 计划经济

3. 下列是官能心理学划分的心理机能的是（　　）。

A. 感性　　B. 认知　　C. 情感　　D. 意志

4. 实质教育论的理论基础有（　　）。

A. 唯理论　　B. 经验论　　C. 官能心理学　　D. 联想心理学

5. 杜威提出的三大教育哲学命题是（　　）。

A. 教育即生活　　B. 教育即发展

C. 教育即经验改造　　D. 教育即生长

三、判断正误

1. 经济物品由大自然直接提供，数量无限。（　　）

2. 稀缺性指的是用来满足人们需要的经济物品以及生产经济物品所需的生产要素是有限的。（　　）

3. 选择问题也称资源配置问题。（　　）

4. 形式能力指人的感觉、思维、记忆、表达，以及情感和意志等方面的心理机能，也即是通常所说的一个人在知、情、意方面的能力。（　　）

5. 形式教育论主张实用知识重于形式能力。（　　）

6. 泛智论由捷克教育家夸美纽斯提出，主张“把一切知识传授给一切人”。（　　）

7. 实质教育论认为教育的目的是获得实用知识。（　　）

8. 教育性教学理论对于高职学生的启示意义在于：在学习知识的同时，要注重发现、理解和吸收知识中隐含的精神价值，从而实现德技并修。（　　）

9. “主知主义”教学理论主张活动成才的学习路径。（　　）

10. “行动主义”教学理论主张读书成才的学习路径。（　　）

四、简答

1. 什么是稀缺性的相对性和绝对性？

2. 形式教育的理论主张是什么？

3. 简述实质教育的理论主张？

4. 教学形式阶段理论将教学划分为哪几个阶段？

5. “做中学”教学方法分为哪几个步骤？

五、思考

1. 结合自身实际，谈谈如何选择大学期间的学习目标与内容？

2. 结合自身实际，谈谈高职学生如何处理读书成才与活动成才的关系？

六、撰写学习心得体会

对照本章教学目标，从以下四个方面撰写心得体会：一是知识学习情况；二是能力提升情况；三是情感、态度和价值观改进情况；四是自身不足与努力方向。要求不少于1000字。

七、学习效果自评

1. 学习本章之后，我的总体收获（　　）。

A. 非常大　　B. 比较大　　C. 一般　　D. 比较小　　E. 非常小

2. 学习本章之后，我（　　）了解选择问题的内涵与解决方法。

A. 非常　　B. 比较　　C. 一般　　D. 比较不　　E. 非常不

3. 学习本章之后，我（　　）理解形式教育论与实质教育论的基本主张。

A. 非常　　B. 比较　　C. 一般　　D. 比较不　　E. 非常不

4. 学习本章之后，我（　　）理解“主知主义”与“行动主义”教学理论的基本观点。

A. 非常　　B. 比较　　C. 一般　　D. 比较不　　E. 非常不

5. 学习本章之后，我能（　　）妥善地解决掌握实用知识与提升形式能力的选择问题。

A. 非常　　B. 比较　　C. 一般　　D. 比较不　　E. 非常不

6. 学习本章之后，我能（　　）妥善地解决读书成才与活动成才的选择问题。

A. 非常　　B. 比较　　C. 一般　　D. 比较不　　E. 非常不

7. 学习本章之后，我（　　）明显地增强了自信自立的人格修养和好学力行的进取精神。

A. 非常　　B. 比较　　C. 一般　　D. 比较不　　E. 非常不

自评结果统计：

自评等级	A	B	C	D	E
各等级数量					
自评得分					

注：A、B、C、D、E 分别计 10 分、8 分、6 分、4 分、2 分，满分 70 分，及格线为 42 分。

第八章 如何让大学过得幸福

【学习目标】

知识目标

- 了解幸福的内涵
- 熟悉需要层次理论和效用理论
- 理解幸福方程式的内涵

能力目标

- 能妥善处理学习与闲暇之间的关系，实现大学生活幸福最大化

素质目标

- 强化自信自立的人格修养和好学力行的进取精神

【本章主题】

本章主题是“如何让大学过得幸福”。经济学中的幸福方程式表明，幸福是效用与欲望之间的比值。欲望指人的需要，包括生理、安全、归属和爱、尊重和自我实现五个层次。效用是人们消费产品或劳务时获得的满足程度。因此，个人提高幸福感的两条途径是既定欲望下增加效用和既定效用下控制欲望。大学生活幸福与否主要取决于学习与闲暇之间的均衡，学习关系到未来的幸福，闲暇能带来当下的幸福，大学生应平衡好当前与未来、享受与发展的关系，努力做到单位时间用于学习和闲暇所获得的边际效用相等，从而实现大学生活幸福最大化。

第一节　幸福的内涵

一、幸福是人生追求和行动目标

幸福是人类永恒的追求，获得幸福是所有人的生活目标，对于幸福的追求赋予每个

人以强大的行动内驱力。德国哲学家费尔巴哈说："对于幸福的追求是一切有生命和爱的生物、一切生存着的和希望生存的生物……的基本和原始的追求"，"人的任何一种追求也都是对于幸福的追求，因此追求可能把人支配到这种程度，以致满足这种追求对于他是唯一最大的幸福"①。

不同的人对于幸福的理解和追求各不相同。例如，对于留守儿童来说，最幸福的可能是假期可以去爸爸妈妈工作的地方，和他们在一起。对于中小学生来说，最幸福的可能是早上第一节没有课，可以睡到自然醒。对于父母来说，最幸福的可能是孩子身体健康，学业优良。对于农民来说，最幸福的可能是风调雨顺，粮食可以多收一点，收入更高一点。对于教师来说，最幸福的可能是看着学生成长成才。对于产科医生来说，最幸福的可能是听到初生婴儿的第一声啼哭。对于职业经理人来说，最幸福的可能是把企业做大做强，产品（服务）深受欢迎，员工"荷包"满满，股东利润丰厚，上缴税收很多。对于员工来说，最幸福的可能是工资高一点，加班时间少点，能多陪伴父母、妻子（丈夫）和孩子散步、逛街和出游。对于采矿工人来说，最幸福的可能是走出矿井的那一时刻。②

二、前人眼中的幸福

在我国古代，儒家倡导的幸福观是社会主流的幸福观。儒家认为判断幸福的标准是能否获得"五福"，即长寿、富贵、康宁、好德和善终。儒家主张人们通过主观的努力来获得幸福，其中的关键在于修身养性，形成好的德行。儒家强调幸福不仅是个人的事情，还是家事和国事，幸福还包括"父母俱在、兄弟无故"的天伦之乐，以及通过"修身、齐家、治国、平天下"而实现的"天下大同"的社会幸福。此外，道家主张的道法自然、佛教主张的苦乐圆融（苦即乐、无苦即无乐）也对我国古代幸福观产生了重要影响。③

在古代和近代的西方，形成了理性主义幸福观（也称实现论、德性论等）和感性主义幸福观（也称快乐论）两种具有代表性的幸福观。理性主义幸福观认为幸福依赖于德行（道德或理性），遵循理性的行为可使人获得幸福。这一观点主张抑制个人的物质欲望而追求精神层面的幸福，他们认为，幸福就是人们对于精神、灵魂的追求。感性主义幸福观认为幸福来源于人的本性，人生的目的就是追求快乐、享受幸福。他们主张感觉体验是幸福的直接来源，快乐即幸福。例如，英国功利主义哲学家杰里米·边沁认为，人的一切行为都是趋利避害、求乐避苦的，不仅人的本能倾向是避苦，而且人的义

① 路德维希·费尔巴哈．荣震华，等译．费尔巴哈哲学著作选集（下卷）［M］．北京：商务印书馆，1984：536.

② 张艳，王妍．幸福心理学［M］．重庆：重庆大学出版社，2016：1.

③ 雷鸣，王琛．幸福心理学［M］．武汉：华中科技大学出版社，2020：12－13.

务就是做让自己快乐的事情。[①]

三、心理学视野中的幸福

从本质上来看，幸福是个人的一种主观的感受，这种感受与个人所经历的体验相关，幸福的感受源于愉快的体验，不幸福的感受源于痛苦的体验。从心理学角度看，幸福是人类个体认识到自己需要得到满足以及理想得到实现时产生的一种情绪状态，是由需要（包括动机、欲望、兴趣）、认知、情感等心理因素与外部诱因的交互作用形成的一种复杂的、多层次的心理状态。[②]

（一）幸福的分类

幸福是心理学研究的一个重要领域。心理学对幸福有不同的分类，例如有人将幸福分为三类[③]：

1. 以外界标准界定的幸福

这种类型认为幸福是基于专家（观察者）的价值体系和标准，而不是基于行动者自身的主观判断，如将“成功”作为标准。这种观点只注意了幸福的外在方面，而忽略了幸福的内在主观体验，纯粹将幸福作为一种观念来认识，是不全面的。

2. 以内在情绪体验界定的幸福

这种类型认为幸福就是愉快的情绪体验，可以通过比较积极情感和消极情感何者占优势来判断。这种观点已经具备了一定的主观体验成分，但更多的还是将幸福视为一种观念，仍有一定的局限性。

3. 个体自我评价的幸福

这种类型认为幸福是依据行动者自己界定的标准，对其生活质量的一种整体评价，也即是对自己已有的生活状态正是自己心目中理想的生活状态的一种肯定的态度和感受。[④] 这也被称为主观幸福感，具有主观性、综合性和相对稳定性等特点。其中，主观性指的是幸福依赖于评价者本人的标准而不是他人的标准，整体性强调幸福包括积极情感、消极情感、对生活的满意度等多个方面，相对稳定性指的是虽然每次进行幸福感测量会受到当时的情绪和情境的影响，但从长期来看，幸福感有一个相对稳定的量值。

相对于前两种看法而言，这一看法更加全面，更接近于幸福是主观感受的本质。

（二）主观幸福感与心理幸福感

总体来看，当代心理学关于幸福的认识有两个方向，一个是主观幸福感，另一个是

---

① 傅红春．满足与幸福的经济学［M］．上海：格致出版社，2008：3－10.

② 陈秋玲，许玲丽，石灵云．幸福经济学［M］．上海：上海大学出版社，2015：2.

③ 段建华．主观幸福感概述［J］．心理学动态，1996（1）：46－51.

④ 娄伶俐．主观幸福感的经济学理论与实证研究［D］．上海：复旦大学，2009：18－19.

心理幸福感。主观幸福感从快乐论发展而来，认为人的幸福是由人的情感所表达的，幸福就是对生活的满意，拥有多的积极情感和少的消极情感。心理幸福感由实现论演化而来，认为幸福并不只是情感上的体验，而更应该关注个人潜能的实现。① 这两种理论的哲学基础、主要观点、强调重点、评价标准等具体如表 8－1 所示。

表 8－1　主观幸福感与心理幸福感比较

比较维度	主观幸福感	心理幸福感
哲学基础	快乐论（感性主义幸福观）	实现论（理性主义幸福观）
主要观点	幸福是一种快乐体验	幸福是人的自我实现，幸福是符合德性要求的现实活动
强调重点	主观，自我评价	客观，专家评价
评价标准	从自我评价的角度，以个人主观的标准来评定其幸福状态	基于专家（心理学家）的价值体系，以客观的标准来评定个人的幸福
指标体系	生活满意、积极情感、消极情感	自我接受、个人成长、生活目的、良好关系、情境把握、独立自主、自我实现、生命活力
结果与过程	重视结果，幸福就是欲望的满足	重视过程，幸福是活动的产物

资料来源：苗元江．心理学视野中的幸福［D］．南京：南京师范大学，2003：44；张陆，佐斌．自我实现的幸福——心理幸福感研究述评［J］．心理科学进展，2007（1）：134－139．

尽管在两者当中，主观幸福感理论的影响更大、接受范围更广，但心理幸福感理论的影响也不容小觑。在当前的心理学研究中，两者有融合的趋势。将主观幸福感和心理幸福感理论综合起来，可以把幸福感定义为人们所拥有的客观条件，以及人们的需求价值等因素共同作用，而产生的个体对自身生存与发展状况的一种积极的心理体验，它是满足感、快乐感和价值感的有机统一。②

四、经济学视野中的幸福

经济学的范畴里，被称为现代经济学之父的英国古典经济学家亚当·斯密认为幸福来自积极的生活和适度的财富，而不是来自懒惰、奢侈和过度的财富。在马克思的经济学框架里，幸福意味着人类在物质和精神上的全面发展和自由。美国经济学家加尔布雷斯在其 1958 年出版的《富裕社会》一书中，提出了“生活质量”的概念，他指出，当公众还在挨饿时，个人的高收入仅起到了非常有限的作用，因此，人的“生活质量”本质上是一种主观体验，它包括人对于一生遭遇的满足程度、内在的知足感，以及在社

① 张陆，佐斌．自我实现的幸福——心理幸福感研究述评［J］．心理科学进展，2007（1）：134－139；苗元江．心理学视野中的幸福［D］．南京：南京师范大学，2003：43－52.

② 邢占军．我国居民收入与幸福感关系的研究［J］．社会学研究，2011（1）：197－219.

会中自我实现的机会等。[①]

不丹国王旺楚克在1970年提出了“国民幸福总值”（一个可以参照的概念是国民生产总值），他认为人生的基本问题是如何在物质生活与精神生活之间保持平衡，政府施政应关注幸福并以实现幸福为目标；国家在制定政策时应考虑在实现现代化的同时，不要失去精神生活、平和的心态和国民的幸福。[②]

荷兰社会经济学家梵浩文认为，幸福是人们对自身目前生活质量进行积极评价的程度，即人们有多喜欢他们的生活。人们在评价生活质量时，一般采用两种表达方式：一种是基于情感的表达，即评价生活的总体感觉有多美好，是对享乐感受的评价；另一种是基于认知的表达，即人们对于自身实际生活有一个认知，对于理想中的生活也有一个认知，人们在对两者进行比较之后给出的满足程度的评价。他将这两种表达分别称为幸福的“情感构成”和“认知构成”，前者包括积极情感和消极情感，后者是对总体生活的满意度评价。[③]

经济学的研究发现存在着“幸福悖论”，即高收入并不必然会提高幸福感。经济学家伊斯特林在1974年发现，收入和幸福之间并不存在明显的正相关性，不同国家，甚至一国内部，人均收入与平均幸福感之间没有明显的相关性，贫穷国家和富裕国家之间的幸福感差异并不明显，在收入达到某一点之后，快乐与收入之间的关系不再明显。另一位经济学家西托夫斯基认为，在富裕社会中消费物品的增加没有使人们感觉更幸福，高水平的财富带来的持续不断的舒适，妨碍了新颖的创新和期望得到实现时所带来的乐趣。[④] 田国强和杨立岩通过研究发现，对中国居民来讲，存在一个临界的收入水平，当人们尚未达到这个临界的收入水平时，增加收入能够提高社会的幸福感，而一旦达到或超过这个临界水平，增加收入反而会降低总体幸福水平。[⑤] 因此，随着社会收入水平的提高，政府应当提高非物质需要方面的公共支出，这些需要包括心理满足感、家庭生活质量、健康水平、生态环境、公平正义、减少贫富差距等，以提高整个社会的幸福度。此外，经济学的研究还发现，不同于收入与幸福之间的复杂关系，失业和通货膨胀等经济因素会明显降低人们的幸福感。

邢占军根据有关理论研究成果和我国经济社会发展实际，将我国居民的幸福感分为身心健康体验和享有发展体验两个大的方面，具体包括知足充裕体验、心理健康体验、成长进步体验、社会信心体验、目标价值体验、自我接受体验、人际适应体验、身体健康体验、心态平衡体验、家庭氛围体验10个维度[⑥]，具体如图8-1所示。

在经济学领域，由经济学家萨缪尔森在他1948年出版的著作《经济学》中提出的

---

① 傅红春．满足与幸福的经济学［M］．上海：格致出版社，2008：12.

② 傅红春．满足与幸福的经济学［M］．上海：格致出版社，2008：14.

③ 傅红春．满足与幸福的经济学［M］．上海：格致出版社，2008：13.

④ 娄伶俐．主观幸福感的经济学理论与实证研究［D］．上海：复旦大学，2009：38-41.

⑤ 田国强，杨立岩．对“幸福—收入之谜”的一个解答［J］．经济研究，2006（11）：4-15.

⑥ 邢占军．我国居民收入与幸福感关系的研究［J］社会学研究，2011（1）：197-219.

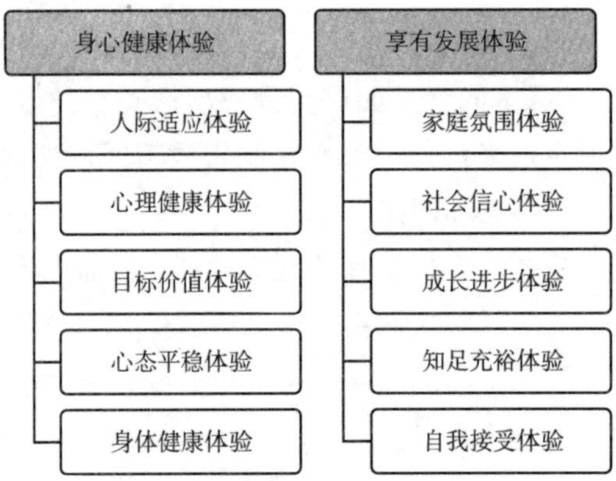

图 8－1　我国居民幸福感结构模型

幸福方程式，对于个体理解幸福和追求幸福具有较强的指导性，因而产生了较大的影响。幸福方程式的表述是：幸福＝效用/欲望。在这里，效用指的是人从消费产品中所得到的主观满足程度，欲望指的是一个人的全部需要。这样，幸福就被表述为一个人获得满足的需要占其全部需要的比重，因而是一个大于0小于1的相对数值。这个相对数值越接近于0，表明个体越不幸福；反过来，这个相对数值越接近于1，表明个体越幸福。[①] 理解幸福方程式，涉及人的需要层次理论和效用理论，本章将在第二节和第三节分别介绍。

第二节　需要层次理论

需要层次理论由美国心理学家马斯洛创立。他在1943年出版的《动机与人格》一书中，将人类的需要归纳为由低到高的五个层次，分别是生理需要、安全需要、归属和爱的需要、尊重需要和自我实现需要（见图8－2）。在1954年再版时，他进一步发展了这一理论，在尊重需要后面补充了认知需要和审美需要，形成了七个层次的需要理论。但是，人们广为接受的还是他最早提出的五个层次的需要。

一、人的五个层次的需要

（一）生理需要

生理需要指人们对衣食住行等维持生命存在最原始、最基本的需要，是人的各种需要的基础。吃饭、穿衣、住宿、医疗等方面的需要是人的最强烈和不可避免的最底层需

① 傅红春．满足与幸福的经济学［M］．上海：格致出版社，2008：13－14．

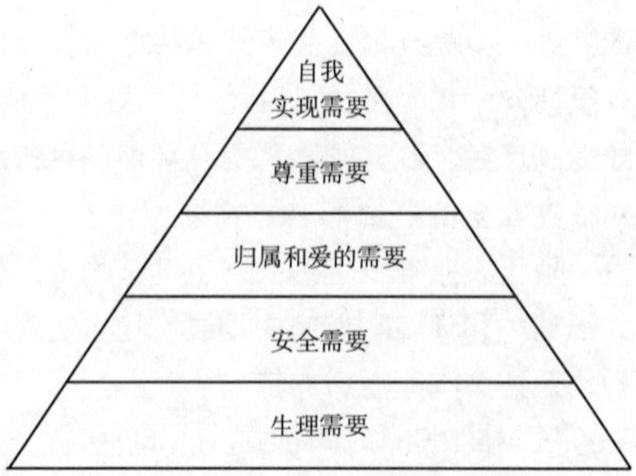

图 8－2　马斯洛的需要层次理论

要，也是推动人们行动的强大动力，必须首先得到满足。如果这些需要得不到满足，个人的生理机能就无法正常运转。马斯洛认为，当一个人存在多种需要时，如同时需要食物和饮用水、安全、亲情等，总是首先满足对食物和饮用水的需要。也就是说，当人们为生理需要所困时，其他需要都只能退到次要地位。

【案例 8－1】全球粮食危机的影响与应对

进入 21 世纪以来，因粮食价格暴涨引发的粮食危机频发，目前已经是继 2007～2008 年、2010～2011 年之后的第三次全球粮食危机。

2018 年世界粮食价格开始上涨，粮食安全状况逐渐恶化。联合国粮农组织（FAO）数据显示，2022 年全球食品价格指数为 143.7，比 2021 年上涨 14.3%。其中，2022 年 3 月，全球食品价格指数平均为 159.3，大幅跃升至该指数自 1990 年设立以来的最高水平。与此同时，一些不发达国家国内食品价格水平处于历史新高，如 2022 年第三季度，斯里兰卡食品价格同比上涨 100%。

联合国世界粮食计划署发布的《2022 年全球粮食危机报告》显示，全球面临粮食不安全并需要紧急粮食援助和生计支持的人数以惊人的速度增长。2021 年全球受饥饿影响人数约 8.28 亿人，占世界人口的 9.8%；面临或正在遭受严重粮食不安全的人数从 2019 年的 1.3 亿人增加到 3.45 亿人。

为应对粮食危机，降低其对全球和各国粮食安全的影响，国际社会应制定和实施更为系统的应对和防范措施。从短期看，国际社会和各国需进一步完善全球粮食治理机制、增强机构协调能力。粮食贸易在应对粮食危机中发挥着关键作用，应取消粮食出口禁令和限制，稳定全球粮食价格和确保粮食安全。应建立和维护粮食供应绿色通道，必须保护粮食供应链尽量免受冲击。此外，应制定政策以防止粮食用于生产生物燃料导致粮食价格上涨，向小农户和小商户提供临时特别支持，并为妇女、儿童和老人等弱势群体提供生活和物资保障。

从长期看，各国需进一步提升粮食生产和供给能力。加大农业农村基础设施投资和建设。将补贴政策转向气候智能型、生态友好型、示范效应显著的公共投资，并推广多赢技术，如提高产量、改善营养和提升环境的可持续性技术。为应对粮食价格飙升并减轻其对粮食安全的负面影响，需要促进农业食物系统向着更可持续、更有韧性转型，包括：阻止农业食物生产向野生动植物自然栖息地的扩张；鼓励跨学科合作，以实现人、动物和环境和谐健康发展；稳定宏观经济政策，在宏观经济政策不稳定和农业食物系统之间建立缓冲等。

资料来源：徐向梅等．全球粮食危机的影响与应对［EB/OL］．经济日报网，http：//paper.ce.cn/pc/content/202302/10/content_268594.html，2023－02－10.

思考：全球粮食危机会给我国带来什么影响？我国应采取哪些措施保障粮食安全？

（二）安全需要

安全需要指人们对人身安全、生活稳定、免遭痛苦、威胁或病痛等方面的需要。在一个人的生理需要基本得到满足之后，就会产生安全需要。安全需要大致可以分为三个方面：一是生命安全与身体健康方面，例如，人们希望人身安全，身体健康，有医疗保障，职业活动没有安全威胁等；二是经济安全方面，人们希望有稳定的职业，可观的收入，平稳的生活，以及有失业、养老等方面的保障；三是心理安全方面，人们希望免于自然灾难和战争危险，社会有公平正义，不希望受到严酷监管与控制等。

（三）归属和爱的需要

归属和爱的需要也称社交需要，是人们对亲情、爱情、友情、信任、关怀以及隶属关系的需要。每个人都生活在特定的家庭、单位、团体、社区乃至民族、国家之中，身边有家人、亲戚、朋友、同事、邻居等，相互之间产生诸如关爱、信任、认同、理解、支持等方面的需要非常正常。

归属和爱的需要大致可以分为两类：一是社交需要，即与他人交往的需要；二是对于归属感的需要，即希望有所归属，成为某一个团体或组织的一员，在个人有困难时可以获得帮助，能够有熟识或信任的友人讲讲心里话、说说意见，乃至发发牢骚等。

这一需要中的爱的需要不仅指两性之间的爱，更是广泛意义上的爱，表现为人与人之间的信任、理解、支持、给予等方面，既包括接受爱，也包括给予爱。相对于生理需要而言，人在感情上的需要更为细致，它与个人的生理特性、经历、教育、宗教信仰等有密切关系。

（四）尊重需要

尊重需要包括自我尊重、信心、成就、对他人尊重、被他人尊重等，即人们希望自己拥有社会地位和名利，希望自己的能力和成就得到社会承认。尊重需要又可分为内部尊重和外部尊重。内部尊重指一个人希望在各种情境中有实力、能胜任、充满信心、能独立自主，这是人的自尊。外部尊重指一个人希望自己有声誉，在社会上有地位，在一定范围内有威信，能够受到别人的尊重、注意、欣赏、信赖和好评。

马斯洛认为，尊重需要得到满足，能使人们对自己充满信心，对社会充满热情，体验到自己的价值所在。显然，尊重需要得到满足的难度较大，但是，如果一个人的尊重需要得到了基本或部分的满足，会产生强大的行为动力，支撑一个人持续奋斗。

（五）自我实现需要

自我实现是个人最高层次的需要，即实现个人的理想和抱负，最大限度地发挥自身潜能并获得成就。自我实现的需要是最高层次的需要，得到满足之后，会给人们带来最大的快乐。每个人为了满足自我实现需要所采取的途径是各不相同的，例如，政治家的途径是执政为民，强国富民；教师的途径是教书育人，培养人才；企业家的途径是搞好生产经营，创造就业岗位，缴纳税收；技术工人的途径是精益求精，生产出符合消费者需要、品质功能俱佳的产品。

马斯洛认为，自我实现意味着充分地、活跃地、忘我地、集中全力和全神贯注地体验生活。成就感推动着人们追求自己的理想，废寝忘食地工作，把工作当作是一种创作活动，希望为人们解决重大课题，从而完全实现自己的抱负。①

二、五个层次需要之间的关系

人的这五种需要像阶梯一样，从低到高，逐级递增，但五者之间的排序不是完全固定的，而是可以变化的。

马斯洛将五种需要分为低级需要和高级需要两类。低级需要是沿着生物谱系上升方向逐渐变弱的本能和冲动，包括生理需要、安全需要、归属和爱的需要。低级需要是人的基本需要，这些需要得不到满足，意味着人的生存面临危机，其他需要诸如尊重需要、自我实现需要等也就无从谈起，就像饥荒中的灾民一样，首先得让自己先活下来。低级需要通过外部条件可以得到满足。高级需要是随生物进化而逐渐显现的潜能和需要，包括尊重需要、自我实现需要即属于高级需要。高级需要主要通过个人的内部因素才能得到满足，通常可以在环境和教育的影响下发展。总体来看，人的需要是从外部得来的满足逐渐向内在得到的满足转化。

每个人都同时有着五种不同层次的需要，不同情况下，各种需要的迫切程度有所差异。一般是低层次的需要得到了适当满足之后，高层次的需要才会出现。当人的低层次需要得到适当满足之后，其对于人的行为的激励作用就会降低，高层次需要对于人的行为的激励作用就会增加。低层次的需要不会因为高层次需要的发展而消失，各种需要相

---

① 戈布尔．吕明，陈红雯，译．第三思潮：马斯洛心理学［M］．上海：上海译文出版社，1987：105－106.

互依赖与重叠。总的来看，人的五种需要不可能完全得到满足，越是低层次的需要，其越容易得到满足，能够满足的比例越高；越是高层次的需要，其得到满足的难度越大，能够满足的比例越低。在特定的时空条件下，多种需要共同支配人的行动，但总是最迫切的需要成为激励人行动的主要原因和动力。

第三节　效 用 理 论

一、效用的概念

效用是人们消费产品或劳务时获得的满足感或满足程度。一种产品或劳务给消费者带来效用的大小，取决于消费者对这种产品或劳务所产生的欲望的强度。在不同的条件下同一种产品满足同一个消费者欲望的能力有所不同，相同条件下同一种产品满足不同消费者的能力也会不同。因此，对特定产品或劳务而言，效用是消费者在一定条件下对这种产品或劳务满足其自身欲望能力的一种主观心理评价。于是，消费者在选择消费产品时总是努力寻求最大的满足程度，也即是追求效用最大化。

消费者消费某种产品或劳务获得的满足程度越大，效用就越高，满足程度越低，效用就越低。如果消费者从消费某种产品或劳务中感受到痛苦或不适，则为负效用。

效用与使用价值不同。使用价值是物品本身所具有的属性和功能，它由物品本身的物理或化学性质所决定。使用价值是客观存在的，不以人的主观感受为转移。例如手机，无论对于使用者或非使用者，其信息沟通的使用价值都是客观存在的。效用强调了产品或劳务给消费者带来的主观上的满足程度，是一种主观感觉和主观评价，不同的消费者对于同种产品的效用评价是不相同的。例如手机，有些人很喜欢用，打电话、上网、购物等非常便利，对于这些人来说，手机的效用很高。但也会有些人会因为手机经常有营销电话、网络广告、欺诈信息等而感到厌烦，对于这部分人来说，手机的效用就不见得很高了。

二、基数效用论

（一）基数效用论概述

基数效用论是研究消费者行为的一种理论，认为效用可以计量并可加总求和，其主要分析方法是边际效用分析法。这一理论涉及总效用和边际效用两个重要概念。总效用指消费一定数量某种物品中所得到的总满足程度，可用数学公式表达为：

$$TU = f(X) \tag{8.1}$$

式中，X 为某种被消费的物品，TU 为总效用。

边际效用指某种物品的消费量每增加一单位所增加的满足程度。边际的含义是由自变量增加所引起的因变量的变动量。在边际效用中，自变量是某物品的消费量，因变量是满足程度或效用。消费量变动所引起的效用的变动量即为边际效用，可用数学表达式为：

$$MU = \Delta TU/\Delta X \tag{8.2}$$

式中，MU 为边际效用，ΔTU 为总效用的增加量，ΔX 为 X 产品的增加量。

在表 8-2 中列出了小王同学吃不同数量巧克力所获得的总效用和边际效用。第一列是巧克力的数量，第二列是吃巧克力获得的效用总量，第三列是每多吃 1 块巧克力获得的效用增量，也即是边际效用。

表 8-2　　巧克力的总效用和边际效用

巧克力的消费量	总效用	边际效用
0	0	0
1	15	15
2	25	10
3	30	5
4	30	0
5	25	-5

从表 8-2 的数据来看：小王没有吃巧克力时，没有满足感，因而总效用和边际效用都为 0。

小王吃了 1 块巧克力后，获得了 15 个单位的效用，这是 1 块巧克力的总效用；与没有吃巧克力相比，吃第 1 块巧克力给小王增加了 15 个单位的效用，这是第 1 块巧克力的边际效用。

小王吃了第 2 块巧克力后，共计获得了 25 个单位的效用，这是 2 块巧克力的总效用；与只吃 1 块巧克力相比，吃第 2 块巧克力给小王增加了 10 个单位的效用，这是第 2 块巧克力的边际效用。

以此类推：吃 3 块巧克力的总效用是 30，第 3 块巧克力的边际效用是 5；吃 4 块巧克力的总效量也是 30，这表明对于小王来说，吃 3 块和吃 4 块巧克力，总效用是相同的，因而第 4 块巧克力的边际效用是 0；吃 5 块巧克力的总效用是 25，这表明对于小王来说，吃的巧克力过量了，总效用不上反降，因而第 5 块巧克力的边际效用是 -5。

上述数据所表示吃巧克力的感受，这与人们日常生活的经验是一致的，吃东西要适量，少吃会饿，多吃会撑。根据表 8-2，可以画出图 8-3 与图 8-4。

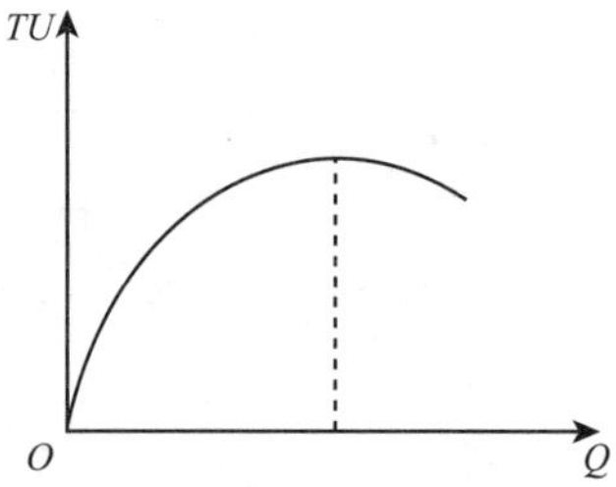

图 8－3　总效用

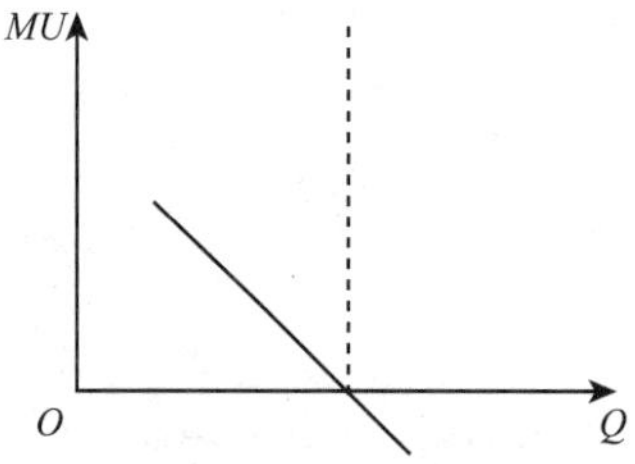

图 8－4　边际效用

在图 8－3 中，横轴代表巧克力的消费量，纵轴代表总效用。总效用线是一条先升后降的曲线，表示刚开始时，总效用随着消费量的增加而增加，当总效用达到最大值后，总效用随着消费量的增加而下降。

在图 8－4 中，横轴也代表巧克力的消费量，纵轴代表边际效用。边际效用线是一向右下方倾斜的直线，表示边际效用随着消费量的增加而下降。当总效用在增加时，边际效用为正值；当总效用达到最大值时，边际效用为零；当总效用下降时，边际效用为负值。

（二）边际效用递减规律

边际效用递减规律指在一定时间内，在其他产品或劳务的消费量不变的条件下，随着消费者不断增加某种产品或劳务的消费量，消费者从增加的一单位该产品或劳务的消费中所获得的效用增量是逐渐递减的。产品或劳务的边际效用之所以递减，可以从以下三个不同角度来解释：

首先，从人的需要角度来看，人们消费产品或劳务总是优先满足最重要的需要，所以最先消费产品或劳务的边际效用就大。其次，从人的生理或心理角度来看，消费一种产品或劳务的数量越多，即某种刺激的反复次数越多，会使人们在生理上的满足或心理的反应减少，从而导致满足程度减少。最后，从物品用途多样性角度来看，每一种产品和劳务都有多种用途，这些用途的重要性程度不同，消费者总是把产品或劳务先用于最重要的用途，后用于次要的用途。当消费者有若干这种产品或劳务时，总是把第一个用于最重要的用途，其边际效用就大，把第二个用于次要用途，其边际效用就小。按此顺序排列下来，用途越来越不重要，边际效用也随之逐步下降。

（三）消费者均衡

消费者均衡讨论的是消费者在收入既定的情况下，如何实现效用最大化的问题，也即是如何实现最优消费的问题。消费者均衡分析有三个前提假设：第一，产品价格既定；第二，消费者偏好既定；第三，消费者收入既定。在上述条件下，消费者效用最大化即是均衡的条件：消费者购买各种产品获得的边际效用与价格之比相等，并且都等于货币的边际效用。

假设消费者只消费两种产品 X 和 Y，总支出额为 M，X 和 Y 产品的价格分别为 P_x 和 P_y，该消费者消费两种产品的数量分别为 Q_x 和 Q_y，MU_x 和 MU_y 分别是消费者消费两种产品得到的边际效用。由此，消费者均衡应满足如下两个条件：

$$P_xQ_x + P_yQ_y = M \tag{8.3}$$

$$\frac{MU_x}{P_x} = \frac{MU_y}{P_y} = \lambda \tag{8.4}$$

其中，式（8.3）是限制条件，表明消费者用来消费的总支出金额是一定的。也就是说消费者购买产品 X 和 Y 的支出不能超过总金额，也不能小于总金额。超过支出金额是无法实现的，而小于支出金额也达不到既定支出额时的效用水平；式（8.4）是消费者均衡的条件，也就是说消费者所购买的 X 产品与 Y 产品带来的边际效用与其价格之比相等，即每 1 单位货币不论用于购买 X 产品，还是购买 Y 产品，所得到的边际效用都相等，等于 λ。λ 也被称为单位货币的边际效用。

下面用【案例 8－2】来说明消费者均衡的实现过程。

【案例 8－2】消费者均衡的实现过程

某消费者的消费预算 M 为 100 元，X 产品的价格 P_x 为 10 元，Y 产品的价格为 P_y 为 20 元，消费者消费产品 X 与 Y 的边际效用如表 8－3 所示。

表 8－3　　产品购买量与边际效用

Q_x	MU_x	Q_y	MU_y
1	10	1	15
2	8	2	12
3	6	3	8
4	4	4	4
5	2	5	1
6	0		
7	－2		
8	－4		
9	－6		
10	－8		

根据消费者的消费预算及 X、Y 产品的价格，消费者有（10，0）、（8，1）、（6，2）、

(4, 3)、(2, 4)、(0, 5) 六种购买组合，每种组合都花完了 100 元；结合表 8-2，可以列出消费者不同组合的总效用和单位货币的边际效用，即表 8-4。

表 8-4 产品购买组合、总效用与消费者均衡

组合方式	总效用	MU_x/P_x	MU_y/P_y	是否相等
$Q_x=10$，$Q_y=0$	10	-8/10	0/20	不相等
$Q_x=8$，$Q_y=1$	39	-4/10	15/20	不相等
$Q_x=6$，$Q_y=2$	55	0/10	12/20	不相等
$Q_x=4$，$Q_y=3$	63	4/10	8/20	相等
$Q_x=2$，$Q_y=4$	57	8/10	4/20	不相等
$Q_x=0$，$Q_y=5$	40	0/10	1/20	不相等

在表 8-4 中，组合（10，0）的总效用为 10，单位货币的边际效用分别为 -8/10 和 0，两者不等；组合（8，1）的总效用为 39，单位货币的边际效用分别为 -4/10 和 15/20，两者不等；以此类推，组合（4，3）的总效用为 63，是所有组合中总效用最大的，单位货币的边际效用分别为 4/10 和 8/20，两者相等，此时，该消费者达到了式（8.3）和式（8.4）规定的条件，实现了均衡，也即是实现效用最大化。

三、序数效用论

（一）序数效用论概述

序数效用论是另一种关于效用的经济学理论，这一理论认为效用是人的主观感受，无法准确计量并加总求和，但消费者可以对不同产品给其带来的效用进行排序，是谓序数效用论。序数效用论认为，消费者只要能对产品或劳务带来满足程度的高低进行排序，就可以选择效用最大的产品组合。假设一包方便面和一个面包的价格都是 3 元，如果吃一包方便面带来的满足程度低于吃一个面包带来的满足程度，消费者自然会选择购买面包而不是方便面。消费者根据消费的不同产品或不同产品组合的效用满足程度高低进行排序，在收入许可的范围内选择效用等级最高的产品组合。

序数效用论通过无差异曲线分析法来探讨消费者均衡的条件，其结论与基数效用论的结论完全相同，这个结论可以用一句话来表达：用在不同产品上的每单位货币获得的边际效用相等，也即是式（8.4）。

（二）无差异曲线

1. 无差异曲线的内涵

无差异曲线是用来表示两种产品的不同数量组合给消费者所带来的效用完全相同的一条曲线。

例如，现有 X 和 Y 两种产品，对于某消费者来说，有三种不同的 X、Y 组合方式能给其带来相同的效用水平，具体如表 8－5 所示。第一种组合 A（4，13），表示消费者得到 4 个 X、13 个 Y。第二种组合 B（7，6），表示消费者可以得到 7 个 X、6 个 Y，虽然 Y 的消费数量由 13 降低到了 6，但是 X 的消费量从 4 上升到了 7，X 产品数量的上升可以弥补 Y 产品数量下降的缺憾，因而 B 组合与 A 组合的效用水平仍是相同的。此外，还有第 3 种组合 C（11，3），其效用水平与 A、B 组合的效用水平也是相等的。上述情况用数学公式表述为：

$$U_A = U_B = U_C \tag{8.5}$$

表 8－5　　两种产品消费量的组合

组合方式	X 产品	Y 产品
A	4	13
B	7	6
C	11	3

上述三种组合对该消费者而言，具有相同的吸引力，也就是三者无差异。该消费者虽不能具体地描述这三个组合带来效用的具体数值，但当被问及是更喜欢哪一个组合时，他的回答是对三者同样喜欢。

根据表 8－5 可作出图 8－5，即为无差异曲线。此时，无差异曲线就是指产品 X 和 Y 的这些组合方式中的任何一种给消费者所带来的满足程度都是相同的。

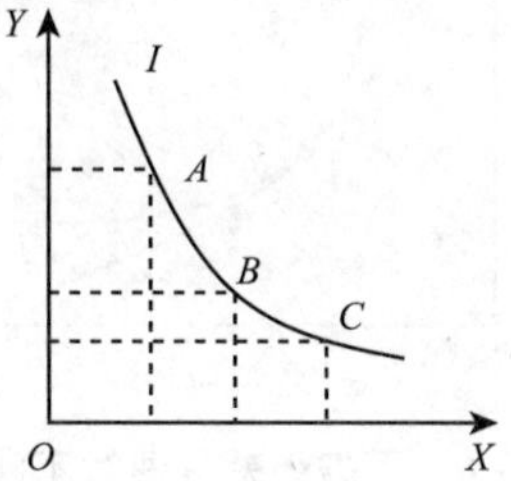

图 8－5　无差异曲线

在图 8－5 中，横轴代表 X 产品的数量，纵轴代表 Y 产品的数量，I 为无差异曲线，I 上的任何一点所代表的 X 与 Y 产品的数量组合虽然不同，但给消费者带来的效用是相同的。

2. 无差异曲线的特征

第一，无差异曲线是一条向右下方倾斜的曲线。无差异曲线的斜率为负，并凸向原点，这被称为边际替代率递减。边际替代率是指为了保持同等的效用水平，消费者要增加 1 单位 X 产品必须要放弃一定数量的 Y 产品，两者之间的比率，也即是 X 对 Y 的边际替代率等于 Y 的减少量除以 X 的增加量。

一般用 MRS_{XY} 来表示边际替代率，于是有：

$$MRS_{XY} = -\Delta Y/\Delta X \quad (8.6)$$

式中，ΔY 前面加负号表示增加 X 必须减少 Y，二者的变动方向相反。这表明在效用保持不变的条件下，一种产品消费数量的减少可以通过增加另一种产品的消费数量而得到补偿。消费者在用 X 替代 Y 或者用 Y 替代 X 时，总效用保持不变，因此有 $\Delta X \cdot MU_X = -\Delta Y \cdot MU_Y$，也就是说，边际替代率也可以表示为两种产品边际效用的比率，即：

$$MRS_{XY} = -\Delta Y/\Delta X = MU_X/MU_Y \quad (8.7)$$

第二，同一个平面上有无数条无差异曲线。在一条无差异曲线上，不同数量的 X、Y 产品数量组合代表的效用相同。不同的无差异曲线代表不同的效用，根据“多比少好”原则，靠近原点的无差异曲线代表的效用低，远离原点的无差异曲线代表的效用高。

第三，任意两条无差异曲线不能相交。这是由偏好的可传递性决定的。在图 8－6 中，存在两条无差异曲线 I_1、I_2，假设两者相交于 A 点，B 点、C 点分别在 I_1、I_2 上，U_A、U_B、U_C 分别代表 A、B、C 三种产品组合的效用水平。根据无差异曲线的定义，A 与 B 同在 I_1 上，有 $U_A = U_B$，A 与 C 同在 I_2 上，有 $U_A = U_C$，由此可得 $U_A = U_B = U_C$，也即是 A、B、C 三点所代表的效用水平是相同的。由此可知，A、B、C 三点在同一条无差异曲线上，这说明 I_1 和 I_2 不是两条无差异曲线，而是完全重合的一条无差异曲线，这与前面的假设（I_1 与 I_2 相交）相矛盾的，也即是两条无差异曲线相交是不成立的。由此可以证明，任意两条无差异曲线不能相交。

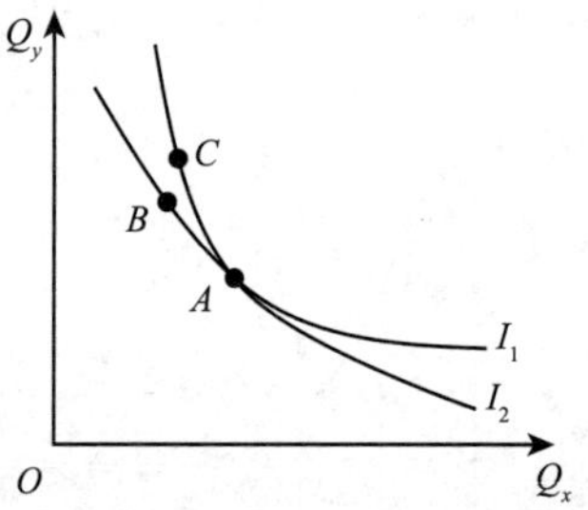

图 8－6　两条无差异曲线不能相交

（三）消费可能线

消费可能线又称等支出线、预算线，是一条表明在消费者收入和价格水平既定的条件下，消费者所能购买到的两种产品数量最大组合的线。消费可能线用公示表为：

$$M = X \cdot P_X + Y \cdot P_Y \quad (8.8)$$

式中，M 表示收入，X、Y 分别表示购买 X、Y 产品的数量，P_X 和 P_Y 分别表示 X、Y 产品的价格。

消费可能线表明了消费者行为的限制条件。假定某消费者可用于支出的总金额为 80 元，他可以购买 X 和 Y 产品，X 产品的价格为 20 元，Y 产品的价格为 10 元。如果该消费者将全部的收入都用于购买这两种产品，其可买到的产品组合如表 8 - 6 所示。

表 8 - 6　　　　消费可能组合

消费可能	*X* 产品	*Y* 产品
A	0	8
B	1	6
C	2	4
D	3	2
E	4	0

根据表 8 - 6，可作出该消费者的消费可能线，具体如图 8 - 7 所示。从图 8 - 7 来看，消费可能线是一条向右下方倾斜的直线，其斜率为 $-P_X/P_Y$。消费可能线是在消费者的收入和产品价格既定的条件下作出的，如果消费者的收入和产品的价格发生了变化，消费可能线也会相应发生移动。

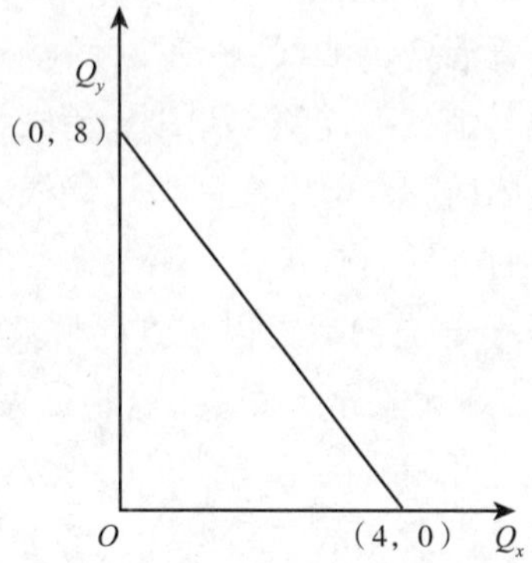

图 8 - 7　消费可能线

（四）消费者均衡的实现

在消费者收入和产品价格既定的条件下，当消费者选择的产品组合获得了最大效用满足并将保持这种状态不变时，消费者达到均衡状态。

既定收入和产品价格决定了消费者的消费可能线，消费可能线限定了消费者的选择范围，而消费者对这些产品的偏好又可以由无差异曲线表示出来。这样，可以把无差异曲线与消费可能线结合在一起分析消费者均衡的实现过程。

如图 8 - 8 所示，对应于可供消费者选择的所有产品组合，消费者根据自身的偏好对它们所产生的效用进行排序，从而得到一系列无差异曲线。图中的 I_0、I_1 和 I_2 是其中具有代表性的三条。另外，消费者由于自己的收入水平可以得到一条特定的预算约束线 *AB*。为了实现最大的效用满足，消费者将会在预算约束线限定的范围内选择某一产品组合，力图使得这一组合点远离原点，以便获得尽可能高的效用。因此，消费者的效用最大化点肯定位于消费可能线上。

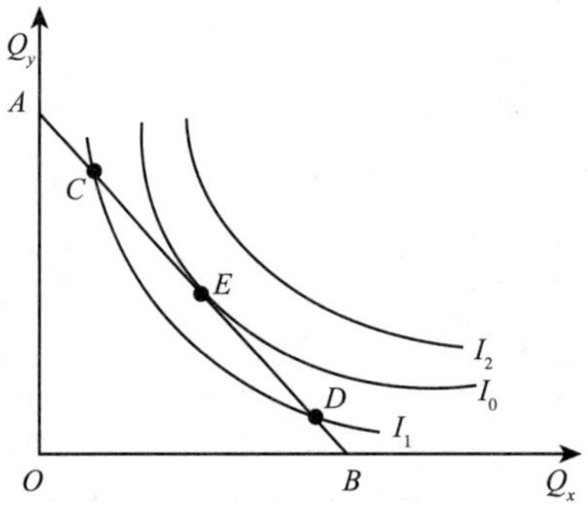

图 8-8　消费者均衡的实现

对于消费可能线上的任意一点，其给消费者带来的效用由过这一点的无差异曲线决定。在图 8-8 中，过 C 点的无差异曲线是 I_1，C 点同时是消费可能线 AB 与无差异曲线 I_1 的交点，I_1 与消费可能线 AB 还有另一个交点 D。这表明，消费者购买 C 或者 D 点的产品组合，将花费掉其全部收入，并达到 I_1 的效用。当然，理性的消费者不会只在 C、D 两点中进行选择，而是会沿着消费可能线 AB 不断调整购买的产品组合。最终，消费者会找到并选择无差异曲线 I_0 与消费可能线 AB 的切点 E，进而实现均衡。原因如下：

在图 8-8 中，I_2 代表的效用最高，但不在消费可能线 AB 上，而是在右上方的外侧，是消费者现有收入无法购买到的产品组合集，不用考虑。C、D、E 三点都在消费可能线 AB 上，均是消费者将现有收入全部支出后可以买到的最大产品组合，在这三点中，C 点和 D 点在无差异曲线 I_1 上，E 点在无差异曲线 I_0 上，根据无差异曲线的特点，I_0 代表的效用高于 I_1 代表的效用。根据消费可能线的定义，在现有收入和价格水平下，消费者只能 C、D、E 三者当中选择能带来最大效用的产品组合，由于 I_1 代表的效用大于 I_0 代表的效用，作为一个追求效用最大化的“经济人”，消费者理应选择购买 E 点的产品组合。

在图 8-8 中，E 点作为消费者的均衡点，是消费可能线 AB 和无差异曲线 I_0 的切点，在 E 点，消费可能线 AB 和无差异曲线 I_0 的斜率相等，即 $MRS_{XY} = -\Delta Y/\Delta X = MU_X/MU_Y = -P_X/P_Y$，由此可得：

$$MU_X/P_X = MU_Y/P_Y \tag{8.9}$$

综上可见，尽管序数效用论与基数效用率在观点上有所差异，但通过无差异曲线与消费可能线得出的消费者均衡条件与基数效用论的消费者均衡条件是相同的，即当消费者购买各种产品获得的边际效用与价格之比相等，并且都等于货币的边际效用时，消费者实现效用最大化。

第四节　幸福方程式

幸福方程式关于幸福的具体表述是：幸福 = 效用/欲望。这一方程式表明，幸福是一个大于0小于1的数值，其大小取决于效用与欲望这两个值的对比。

一、提高幸福感的两条途径

（一）既定欲望下增加效用

在幸福方程式中，作为分母的欲望，在某一个阶段可以认为它是既定、保持不变和相对稳定的。此时，幸福就取决于效用；效用越大，幸福感越强，效用越小，幸福感越弱。

效用是人们从消费产品中所获得的主观满足程度。任何一个理性的“经济人”，都会追求自身效用的最大化，原因很简单，即在一个人的欲望也即是需要既定时，其获得的效用越大，幸福的数值就越大，也即是幸福感越强烈。

在市场经济中，用自身拥有的货币收入（财富）去购买产品是获得产品的基本途径。个人的（货币）收入又是怎么来的呢？主要是根据自身拥有的生产要素在生产中作出的贡献而获得的。[①] 个人拥有的生产要素有两类：一类是自己作为劳动要素或企业家才能要素直接参与生产，再根据自己贡献的大小来获得收入分配；另一类是自己拥有的其他生产要素，如货币资本、房产等参与生产，再根据这些生产要素贡献的大小来获得收入分配。

这样看来，当一个人的欲望（需要）在某个阶段保持相对稳定时，幸福就取决于这个人所拥有的生产要素及其在生产中所做的贡献大小。这意味着，人们可以通过提升自己的生产能力也即是人力资本来提高幸福感，或者通过拥有更多的生产要素（如积累财富）来提高幸福感，或者是两者并举即同时提高自己的生产能力和拥有更多的生产要素来提高幸福感，具体如图8－9所示。

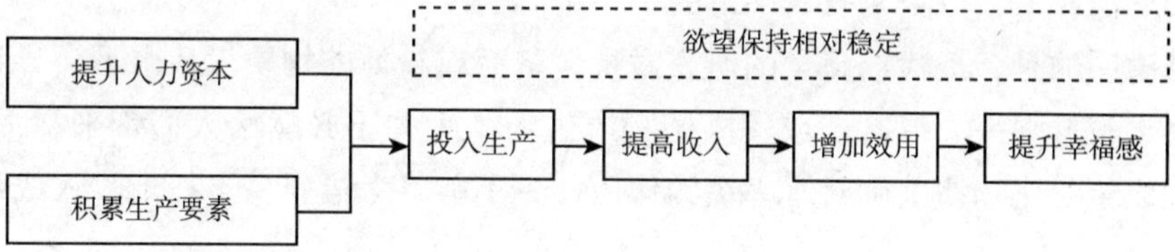

图8－9　提高幸福感的途径之一

（二）既定效用下控制欲望

在幸福方程式中，作为分母的欲望，也即是人的需要层次理论中提到的需要，包括生理需要、安全需要、情感和归属需要、尊重需要和自我实现需要。这些需要既有物质方面的需要，也有精神方面的需要，总体来说，除了维持人的生存的最基本的需要之外，其余都是人们可以通过自己的心理、思想、情感和意识等来进行适当调节的。

---

① 当然，个人还有其他途径可以获得收入，如继承遗产、获得亲戚朋友或其他人的赠与或捐赠，以及政府的无偿转移支付等。

因此，当经济主体在某个特定阶段所拥有的货币收入（财富）保持或稳定在一个既定水平时，也即是其可能达到的效用水平保持或稳定在一个既定水平时，经济主体可以通过调节、控制自己的欲望来增加幸福感。例如，保持清心寡欲，接受安贫乐道，追求小富即安，用“比上不足、比下有余”进行自我心理调节等，都能在一定程度上提高个人的幸福感，其背后的经济学道理就是如此。

当然，调节、控制自身欲望应该把握好度，人的需要层次理论表明，人的需要是人的行为动力，如果过分强调控制或克制自身需要，可能会导致个人乃至整个社会失去前进目标、丧失奋斗动力，变得低沉、消极和碌碌无为，从而不利于个人整个生活质量的提升乃至社会生产的发展和文明的进步。

二、幸福方程式的启示

幸福方程式从经济学的角度定义了幸福，并提供了两条增加幸福感的路径，这对于人们来说，有以下四点启示：

（一）幸福决定于物质基础

幸福方程式表明，幸福源于个人在消费产品（物品）中获得的效用，产品是构成幸福的物质基础。市场经济条件下，几乎没有个人或家庭能够做到生活必需物品的自给自足，人们日常消费的物品绝大多数是在市场上通过交易而获得的产品。个人或家庭要想购买产品，前提是必须拥有一定的收入（财富）。因此，对于个人来说，追求幸福，应在合理合法的前提下，努力提高自身人力资本和积累生产要素并将它们投入生产，进而获得较高的收入，以夯实自身幸福的物质基础。

需要说明的是，现代经济学的研究发现，贫穷或较低的物质生活水平会导致人们的幸福感处于较低水平，但富裕或较高的物质生活水平并不必然给人们带来幸福。因此，不能放大或绝对化物质基础对于幸福的作用，更不能将幸福完全寄托于收入或物质生活水平的提高。

（二）幸福有赖于个人修养

在人的各种需要中，吃穿住行等基本生理需要总是有限度的，这就使得在经济日益发达、物质生活水平不断提高的今天，幸福越来越取决于精神层面，也即是一个人是否感到幸福，很大程度上取决于人们能否有效调节和合理控制自己的欲望。

尽管人们都有五个层次的需要，但具体到每个人来说，其每种层次需要的重要程度、具体内容等既受到经济社会发展水平、社会风俗、文化传统等外界因素的影响，也受到自身的情感标准和认知标准的影响。这就是说，构成幸福方程式分母的欲望既可能因外界因素而变化，也能够被个人主观认识所调控。例如，很多乡村教师将培养学生视为人生目标与价值追求，虽然工资收入不高、物质生活清苦，但他们仍然感到比较幸福，原因在于他们的幸福方程式的“分母”中，物质需要所占比重有限，更多的是将学生成长成才视为自己的价值体现，因而当看到学生茁壮成长，或者看到自己的努力对学生产生了积极的、正向的影响时，他们就会感受到较高水平的幸福感。

中国自古以来有修身养性的传统，大学生可以学习和继承这一优良传统，通过学习、思考、实践和感悟，改进和完善自己关于幸福的情感标准和认知标准，如树立积极向上的人生观、乐观豁达的得失观等，从而将自身幸福方程式的“分母”——欲望控制在一个合理的水平，既能激发自己努力奋斗，又不让自己陷入一种好高骛远的尴尬境地，从而将自身的幸福感保持在一个较高的水平上。

（三）幸福受制于自我认知

通过幸福方程式可以看出，幸福是效用与欲望之间的对比。从数值上来看，欲望总是大于效用的。假定在一个特定时段，个人的收入（财富）水平和对产品的效用评价保持相对稳定，在这种情况下，个人可以买到的产品数量及从中获得的效用也相对稳定。再进一步假定，个人能够通过改变情感和认知来调控自身的欲望。在这种情况下，如果欲望和效用的差值过大（例如一个人收入或财富有限，但欲望很多），会导致幸福感较低，如果差值过小，则可能导致人生缺乏动力，进而导致庸庸碌碌、无所作为。可见，欲望和效用的差值过大或过小都不合理。

那么，一个人的效用与欲望之间究竟保持多大差值是合理的呢？心理学家维果斯基提出的“最近发展区”理论值得借鉴。这一理论认为，学生有两种发展水平：一种是现有的发展水平；另一种是在教师的指导下能够达到的较高水平，这两者之间的差距就是学生的“最近发展区”。通俗地讲就是到桃园里摘桃子，要找那些跳起来能够摘得到的桃子，而不应该把那些跳起来碰不到的桃子作为目标。这一理论对人们的启示是，个人追求幸福，应该对自我有准确的认知，也即是能够科学评价自身的发展现状和发展潜力，找准自身的“最近发展区”，从而将欲望与效用的差值保持在相对合理的区间，由此能将自身的幸福感保持在一个较高且相对稳定的水平上。

（四）幸福来自于平衡思维

通过幸福方程式可以看出，幸福是效用与欲望之间的平衡。上面讲到的合理确定个人的欲望水平，也是相对于个人的效用水平而言的，这背后是一种平衡思维，也即是说，一个人如果能够处理好欲望与效用之间的平衡关系，就能够获得相对较高的幸福感。具体而言，幸福的平衡思维包括以下三个方面的平衡：

首先，幸福是主观与客观之间的平衡。就幸福的形式、样态来说，它是主观的，是主观的心理体验；但就幸福的本性来说，它是客观的，具有不以人的意志为转移的客观本性。其次，幸福是快乐与意义的平衡。幸福追求以感性快乐为基础，但以精神内涵为本质，是对人生的积极肯定。最后，幸福是享受与发展的平衡。人既要生存也要发展，生存与发展是人性中不可或缺的两个部分。欲望（需要）是人的存在和发展的前提与动力，过度限制欲望就是限制人的存在和发展。但也要注意到，幸福并不能远离生活，如果为了得到幸福而远离人的生活，那么它就不是人的幸福。因此，享受与发展是人性不可或缺的两个方面，离开享受，发展就毫无意义；离开发展，人就只能处于原始状态，无法超越动物的存在。

这种平衡思维可以用来处理很多工作和生活中的选择问题或者说矛盾，例如大学期间的学习与闲暇之间的矛盾，工作之后事业与家庭之间的矛盾，追求事业过程中积极进取与安贫乐道之间的矛盾等，都可以运用这种思维方式来进行平衡。

第五节　大学生活幸福的基本途径

一、大学生活幸福的决定因素

根据消费者均衡的原理，大学生活的幸福主要取决于如何处理学习与闲暇之间的关系。大学的学习总体来说是为了提升人力资本和增强综合素质，目的是为未来的职业生涯和幸福生活打好基础。在这里，学习包括大学生在学期间参加的以提升人力资本和综合素质为目的各项课内外和校内外的学习与实践活动。闲暇指的是大学生在学期间参加的非学习与实践活动，如恋爱、交友、旅游、运动、游戏等，其目的是享受当前的大学生活。

作为一名在校大学生，时间总是有限的，或者说是稀缺的，这决定了选择将时间用于学习和用于闲暇是互为机会成本的。用于学习的时间多，用于闲暇的时间就会少，大学生活的幸福感可能因此下降，但未来的职业竞争力和整个人生的幸福感可能因此上升。用于闲暇的时间多，用于学习的时间就会少，大学生活的幸福感会可能因此上升，但未来的职业竞争力和整个人生的幸福感可能因此减少。可见，大学期间的学习关系到未来的幸福①，闲暇能带来当下的幸福，在大学时间有限的情况下，学习与闲暇是一对矛盾，需要大学生进行选择。

综上所述，大学生活幸福的主要决定因素是学习与闲暇，让大学过得幸福的基本途径是在两者之间进行科学的选择，处理好两者之间的矛盾，实现两者之间的均衡。

二、大学生活幸福最大化的基本条件

大学生应该如何实现两者之间的均衡呢？在不考虑其他因素如大学生的支付能力（学习要购买有关学习资料、文具、材料、设备等，闲暇要购买有关产品或劳务，这些

① 当然，学习本身也会给学习者带来满足感，此处为了说明问题，将学习者从学习过程中获得的满足感忽略不计。

都需要付费）的前提下，参照消费者均衡的条件，大学生在学期间实现幸福最大化的基本条件是：每单位时间用于学习和闲暇所获得的边际效用相等，并都等于时间的边际效用。具体如下面公式所示：

$$T_{学习} + T_{闲暇} = M \tag{8.10}$$

$$MU_{学习}/T_{学习} + MU_{闲暇}/T_{闲暇} = \lambda \tag{8.11}$$

其中，式（8.10）是大学生活幸福的约束条件，式（8.11）是大学生活幸福的均衡条件。$T_{学习}$、$T_{闲暇}$、$MU_{学习}$、$MU_{闲暇}$分别表示用于学习的时间、用于闲暇的时间、学习的边际效用、闲暇的边际效用。

通过式（8.10）、式（8.11）可知，大学生个体学习的边际效用值和闲暇的边际效用值是两个关键因素。边际效用是一种主观评价，不同的人从同一种产品或劳务中获得的效用是不同的，相同的人不在同时间、不同地点从同一种产品或劳务中获得的效用也是不同的。因此，不同大学生个体的学习边际效用值和闲暇边际效用值都是不同的。如果一位大学生认为学习相对而言更为重要，那么他的学习的边际效用值相对较大，其用于学习的时间就会相对较多；相反，如果一位大学生认为闲暇相对而言更为重要，那么他的闲暇的边际效用值相对较大，其用于闲暇的时间就会相对较多。

值得注意的是，大学生个体在评价自身的学习的边际效用值时，应站在职业生涯和人生发展的长远时间跨度来衡量；而闲暇的边际效用只要站在大学期间的时间跨度来衡量即可。只有这样，才能相对准确地估量出自身在学期间学习和闲暇的边际效用大小，从而为解决自身在学期间学习和闲暇的矛盾、实现大学生活和人生发展的幸福最大化奠定基础。

当然，以上是从理论层面说明大学生应该如何在大学期间科学合理地解决学习与闲暇的矛盾，只是一个思路。这一思路如何落实到大学生的个体实践中，还有赖于大学生个体的思考与实践。总之一句话，就大学生活而言，大学生要在为自己职业生涯和人生发展奠定扎实基础的前提下，努力追求大学生活幸福的最大化。

【本章小结】

1. 幸福是人生追求和行动目标，不同时期、不同地区和不同学科对幸福内涵的理解各不相同。经济学中的幸福方程式认为，幸福等于效用除以欲望，也即是个人需要得到满足的程度。

2. 欲望是人的全部需要，需要层次理论认为人类有生理、安全、归属和爱、尊重和自我实现五个层次的需要。

3. 效用是人们消费产品或劳务时获得的满足程度，消费行为的目标是效用最大化。在收入和产品价格既定的情况下，当消费者购买各种产品获得的边际效用与价格之比相等且都等于货币的边际效用时，消费者达到均衡状态，也即是实现效用最大化。

4. 个人提高幸福感的两条途径是既定欲望下增加效用和既定效用下控制欲望。从幸福方程式可知，幸福决定于物质基础、有赖于个人修养、受制于自我认知、来自于平衡思维。

5. 大学生活幸福的主要决定因素是学习与闲暇，基本途径是处理好两者的关系，实现两者的均衡。大学生活幸福最大化的基本条件是每单位时间用于学习和闲暇所获得的边际效用相等。

【知识结构】

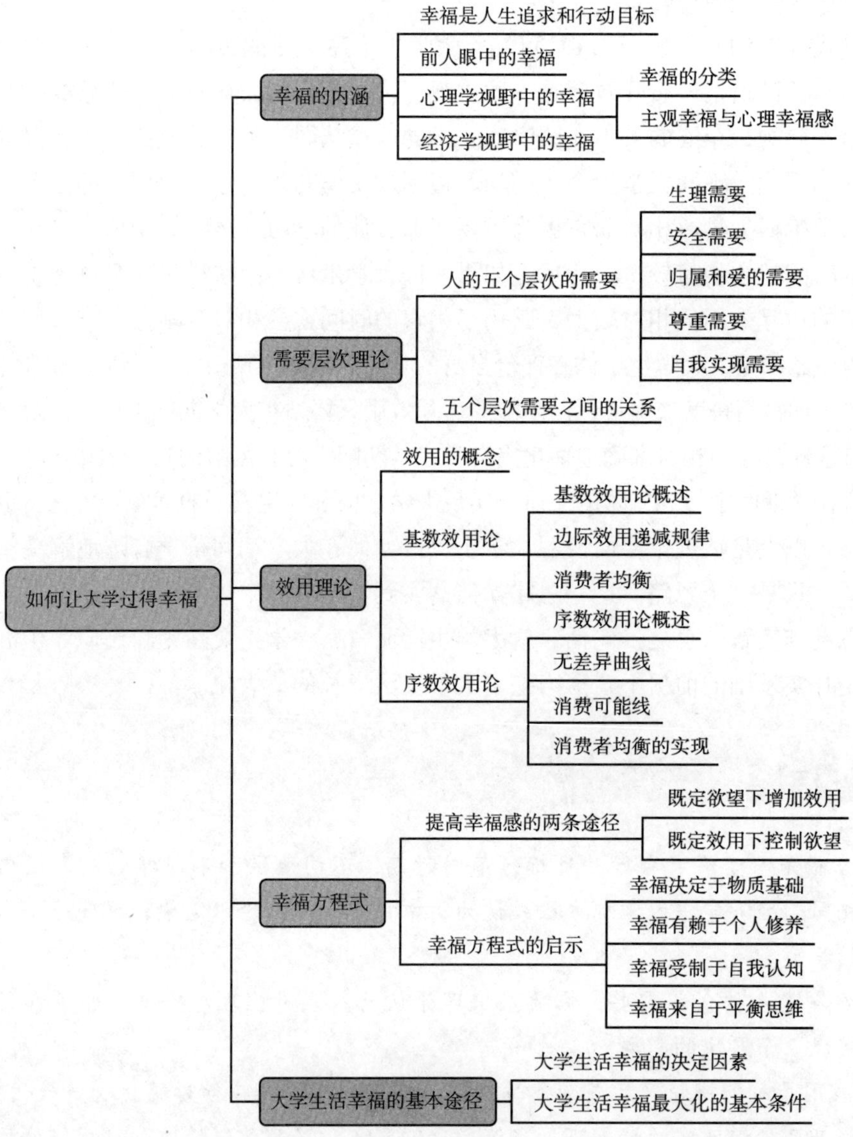

【课后练习】

一、单选选择

1. 我国古代儒家认为，判断幸福的标准是能否获得“五福”，即长寿、富贵、康宁、善终（ ）。

A. 好德 B. 快乐 C. 成功 D. 平和

2. 理性主义幸福观认为幸福依赖于（ ）。

A. 快乐 B. 享受 C. 愉悦 D. 德行

3. 下列关于幸福方程式的表述中正确的是（ ）。

A. 幸福＝快乐/需要 B. 幸福＝效用/需要

C. 幸福＝效用/欲望 D. 幸福＝快乐/欲望

4. 有关衣食住行的需要被马斯洛称为（ ）。

A. 生理需要 B. 安全需要

C. 情感和归属需要 D. 尊重需要

5. 某种物品的消费量每增加一单位所增加的满足程度被称为（ ）。

A. 总效用 B. 效用 C. 边际效用 D. 平均效用

6. 序数效用论探讨消费者均衡条件所采用的分析方法是（ ）。

A. 无差异曲线分析法 B. 边际效用分析法

C. 消费预算约束法 D. 总效用分析法

7. 在消费者收入和价格水平既定的条件下，表明消费者所能购买到的两种产品数量最大组合的线是（ ）。

A. 消费可能线 B. 无差异曲线 C. 总效用曲线 D. 边际效用曲线

8. 根据幸福方程式，幸福决定于（ ）。

A. 产品价格 B. 自控能力 C. 自我认知 D. 物质基础

9. 大学生活幸福的主要决定因素是学习与（ ）之间的关系。

A. 旅游 B. 实习 C. 实践 D. 闲暇

10. 闲暇的目的是（ ）。

A. 提升人力资本 B. 提升综合素质

C. 享受当前的大学生活 D. 提高整个人生的幸福感

二、多项选择

1. 下列指标中属于主观幸福观指标体系的有（ ）。

A. 生活满意 B. 积极情感 C. 消极情感 D. 自我接受

2. 下列指标中属于心理幸福感指标体系的有（ ）。

A. 生活满意 B. 自我接受 C. 个人成长 D. 良好关系

3. 下列属于尊重需要的是（ ）。

A. 自我尊重　　B. 信心　　C. 成就　　D. 被他人尊重

4. 无差异曲线的特征有（　　）。

A. 向右下方倾斜

B. 同一平面上有无数条无差异曲线

C. 任意两条无差异曲线不能相交

D. 离原点越近的无差异曲线代表的效用水平越高

5. 根据幸福方程式，提高幸福感的途径有（　　）。

A. 既定欲望下增加效用　　B. 既定效用下控制欲望

C. 既定收入下减少消费　　D. 既定价格下增加消费支出

三、判断正误

1. 不同的人对于幸福的理解和追求各不相同。（　　）

2. 感性主义幸福观认为幸福来源于人的理性，人生的目的就是追求快乐、享受幸福。（　　）

3. 根据幸福方程式，幸福是一个人获得满足的需要占其全部需要的比重，因而是一个大于0小于1的相对数值。（　　）

4. 需要层次理论由美国教育学家杜威创立。（　　）

5. 在需要层次理论中，人的五种需要之间的排序不是完全固定的，是可以变化的。（　　）

6. 效用是人们对所消费产品或劳务的功能与作用的主观评价。（　　）

7. 基数效用论认为效用可以计量并可加总求和。（　　）

8. 根据幸福方程式，拥有财富越多的人越幸福。（　　）

9. 大学期间的学习关系到未来的幸福，闲暇能带来当下的幸福。（　　）

10. 让大学过得幸福的基本途径实现学习与闲暇之间的均衡。（　　）

四、简答

1. 简述需要层次理论。

2. 简述边际效用递减规律。

3. 简述消费者均衡的内涵、假设与条件。

4. 简述幸福方程式及提高幸福感的两条途径。

5. 简述大学生活幸福最大化的基本条件。

五、思考

结合自身实际，谈谈如何让大学生活过得更幸福?

六、撰写学习心得体会

对照本章教学目标，从以下四个方面撰写心得体会：一是知识学习情况；二是能力提升情况；三是情感、态度和价值观改进情况；四是自身不足与努力方向。要求不少于1000字。

七、学习效果自评

1. 学习本章之后，我的总体收获（　　）。

A. 非常大　B. 比较大　C. 一般　D. 比较小　E. 非常小

2. 学习本章之后，我（　　）了解幸福的内涵。

A. 非常　B. 比较　C. 一般　D. 比较不　E. 非常不

3. 学习本章之后，我（　　）熟悉需要层次理论。

A. 非常　B. 比较　C. 一般　D. 比较不　E. 非常不

4. 学习本章之后，我（　　）熟悉效用理论。

A. 非常　B. 比较　C. 一般　D. 比较不　E. 非常不

5. 学习本章之后，我（　　）理解幸福方程式的内涵。

A. 非常　B. 比较　C. 一般　D. 比较不　E. 非常不

6. 学习本章之后，我能（　　）妥善地处理学习与闲暇之间的关系，实现大学生活幸福最大化。

A. 非常　B. 比较　C. 一般　D. 比较不　E. 非常不

7. 学习本章之后，我（　　）明显地增强了自信自立的人格修养。

A. 非常　B. 比较　C. 一般　D. 比较不　E. 非常不

8. 学习本章之后，我（　　）明显地增强了好学力行的进取精神。

A. 非常　B. 比较　C. 一般　D. 比较不　E. 非常不

自评结果统计：

自评等级	A	B	C	D	E
各等级数量					
自评得分					

注：A、B、C、D、E 分别计 10 分、8 分、6 分、4 分、2 分，满分 80 分，及格线为 48 分。

课后练习参考答案

第一章　何谓大学

一、单项选择

1. A　2. D　3. A　4. A　5. A　6. B　7. C　8. C　9. C　10. D

二、多项选择

1. ABC　2. AB　3. BCD　4. BCD　5. ABC

三、判断正误

1. ×　2. ×　3. √　4. ×　5. ×　6. √　7. √　8. ×　9. ×　10. ×

四、简答

1. 大学公认的职能包括教学、科学研究和社会服务。其中，教学指的是培养人才，科学研究指的是发展科学，社会服务指的是大学面向社会开展的各种形式的直接服务。

2. 我国大学内部通常设置三类机构：第一，党政管理机构，承担某方面管理职能，如党委组织部、教务处、学生处等。第二，教学科研机构，承担某一个（类）或几个（类）学科专业的教学、科学研究与社会服务工作，如学院、系、部等。第三，教辅机构，是大学开展教学、科学研究和社会服务工作的辅助机构，如图书馆、后勤服务中心等。

3. 大学是一套传播、生产和应用知识的制度体系，是一种学（习）者的社团，是一个法人。

五、六、七（略）

第二章　人为何要学习

一、单项选择

1. B　2. C　3. B　4. D　5. C　6. C　7. A　8. C　9. B　10. C

二、多项选择

1. ABCD　2. AB　3. ABCD　4. ABD　5. AB

三、判断正误

1. ×　2. ×　3. √　4. √　5. ×　6. ×　7. ×　8. √　9. √　10. √

四、简答

1. 人的发展主要受到遗传、环境、教育和个体活动等因素的影响。其中，遗传是人的发展的物质前提，成熟机制对人的发展有制约作用；环境为人的发展提供了外部条件，个体发展的外部环境是给定的，个体能够对环境进行能动的选择；教育是一种有意识地培养人的社会活动，教育主要通过知识的传承来培养人；个体活动决定人对环境和教育的选择和作用方式，个人通过能动选择实现自我构建与发展。

2. 人力资本理论认为，人的能力尤其是生产能力主要是在后天的教育、培训、生产、生活中逐步形成的。对于个人而言，接受教育是一种生产和积累人力资本的方式，学习会产生人工效应（做得更好更快）、配置效应（选择更有效率）、创新效应（更善于发明创造）和道德效应（改进个人品行），因而能提高个人的包括体能、智能和德行在内的人力资本，使得个人能够为生产作出更大的贡献并因此而获得更高的收入。

3. 筛选理论认为，劳动力市场中存在着信息不对称：雇主不了解求职者的能力（强弱）状况，难以作出雇用决策。在这种情况下，雇主要借助某种工具以筛选出能力强的人并作出雇用决策，求职者要通过某种工具向雇主传递自己能力（强）的信号，以获得好职位和高收入。而教育的副产品——文凭恰好具备了这两种功能，这使得教育虽然不能提高人的能力，但却可以作为一种人才筛选和信号传递的工具，有效破解劳动力市场的信息不对称问题。因此，学习有助于个人获得更高更好的文凭，进而获得好职位和高收入。

五、六、七（略）

第三章　上大学有何成本

一、单项选择

1. C　2. B　3. B　4. C　5. C　6. B　7. A　8. A　9. C　10. B

二、多项选择

1. AC　2. AB　3. AC　4. BD　5. AB

三、判断正误

1. √　2. ×　3. √　4. ×　5. √　6. √　7. ×　8. √　9. ×　10. √

四、简答

1. 经济活动主体自身所承担的成本称为私人成本，具体由显性成本和隐性成本构成。而在一项经济活动中，由经济活动主体以外的其他主体承担的成本叫作外部成本。私人成本和外部成本共同构成了此项经济活动的全部成本，也即是这项经济活动的社会成本。

2. 教育成本是指培养学生所消耗的社会劳动，包括物化劳动和活劳动，其货币表现为培养学生而由社会和受教育者个人及其家庭直接和间接支付的全部费用。教育成本有多种分类方式，主要包括：根据承担主体不同，分为私人教育成本和外部教育成本；根据支付方式不同，分为直接教育成本和间接教育成本；根据计量方式不同，分为社会平均教育成本和个别教育成本；根据变化特征不同，分为固定教育成本和变动教育成本；根据投入时间长短不同，分为资本性教育成本和经常性教育成本。

3. 私人教育成本包括六个方面：第一，学杂费，包括学费和杂费。第二，交通费。第三，住宿费。第四，生活差距费，指学生因上学而产生的额外生活费用。第五，学杂费等的投资损失。第六，工资损失或家庭劳务（生产）损失。

4. 外部教育成本包括四个方面：第一，国家（民办学校举办者）、教育捐赠者为提供教育服务而投入或捐赠的货币资金与实物资产。第二，国家（民办学校举办者）、教育捐赠者将货币资金与实物资产投入或捐赠于教育而损失的货币资金投资收益和实物资产租金收入。第三，学校享受的税收减免。第四，在校生上学不去就业导致政府损失的个人所得税收入。

五、六、七（略）

第四章 上大学有何收益

一、单项选择

1. B 2. B 3. A 4. C 5. B 6. D 7. D 8. C 9. A 10. A

二、多项选择

1. ABCD 2. AD 3. AB 4. AC 5. AD

三、判断

1. √ 2. × 3. × 4. × 5. × 6. × 7. × 8. × 9. √ 10. √

四、简答

1.（1）收入源于人类的生产活动。厂商通过购买或租用生产要素，组织生产，销售产品，进而获得产品销售收入。居民通过将所拥有的生产要素投入生产（向厂商出租或出售生产要素），为生产作出贡献，进而获得要素收入。（2）分配的标准主要有贡献标准和公平标准。贡献标准是按社会成员对生产的贡献来分配收入，也就是按生产要素的贡献来分配收入，分配的具体金额表现为生产要素的市场价格。公平标准是按平等的准则来分配收入，也就是不管每位居民拥有的生产要素在生产中所做贡献的大小，每位居民都将获得相同的收入。

2.（1）公平与效率的矛盾指的是贡献标准有利于提高经济效率，提高社会生产力发展水平和社会总产出，但可能会造成社会收入差距的拉大，进而产生包括贫困在内的一系列社会问题；公平标准能确保社会收入分配的均等，但可能会降低经济效率，减少社会的总产出水平和阻碍社会生产力的发展。（2）解决这一矛盾的基本原则是效率优先、兼顾公平。所谓效率优先，就是在决定收入分配的问题上，优先考虑贡献标准，也即是优先考虑提高经济效率。效率优先并不是不要公平，而是要在充分发挥生产要素的生产能力的前提下兼顾公平，也即是将收入差距控制在一个合理的范围之内。

3.（1）教育收益是受教育者本人及其家庭和其他社会成员从其受教育行为中获得的各种货币化和非货币化的利益与好处，是教育中物化劳动和活劳动的消耗与所取得的符合社会需要的劳动成果之间的比较。（2）根据教育收益主体的不同，可以将教育收益划分为私人收益和外部收益。根据教育收益表现形式的不同，可以将教育收益划分为市场化收益与非市场化收益。

4. 上大学的收益包括大学生及其家庭获得的私人市场化收益（提高工资收入、提高非工资福利等）和私人非市场化收益（消费者性收益、家庭内部生产率收益、健康收益、消费决策收益、隔代收益等）、外部成员获得的外部市场化收益（促进经济增长、改善收入分配等）和外部非市场化收益（降低人口增长率、促进民主发展、提高社会事务参与度、减少犯罪等）四类。

五、六、七（略）

第五章　大学教育投资收益如何估算

一、单项选择

1. C　2. B　3. B　4. B　5. C　6. A　7. C　8. C　9. D　10. D

二、判断正误

1. ×　2. √　3. √　4. ×　5. ×　6. √　7. ×　8. √　9. ×　10. √

三、简答

1. 货币的时间价值是指当前一定数量货币比未来等量货币具有更高的价值（实际购买力）。货币具有时间价值的原因包括货币可用于投资并产生收益、货币购买力受到通货膨胀因素影响，以及预期收入具有不确定性三个方面。

2. 金融投资决策的法则包括净现值法则、终值法则和内部收益率法则。净现值法则指的是如果一项投资的净现值大于零，就具有经济上的可行性，否则就不应该进行投资。终值法则指的是在面临不同的金融投资选择项目时，应选择终值较大的项目进行投资。内部收益率法则的内涵是在不同投资项目中，应选择内部收益率高于机会收益率的投资项目。

3. 大学专科教育的“成本－收益”图示如下：

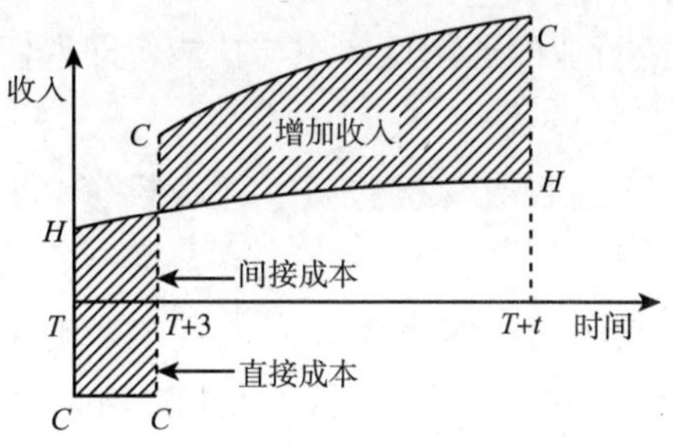

大学专科教育投资“成本－收益”

图中，*HH* 曲线表示高中毕业生得到的工资收入现金流（简称“收入流”）。*CC* 曲线表示大学专科毕业生的收入流，具体由两段构成：第一段是位于横坐标下方的 *CC* 部分，表示在学生接受大学专科教育的三年期间收入流是负的；第二段是位于 *HH* 曲线上方的 *CC* 部分，表示学生毕业后获得高于高中毕业生的收入流，也即是人力资本提高的部分，直至退休年龄 $T+t$。显然，只有当图中的“增加收入”部分大于图中的“直接成本”与“间接成本”之和时，理性的“经济人”才会选择接受大学专科教育。

四、计算

1. $F=4\times(1+6\%\times4)=4.96$

2. $F=3\times(1+4\%)^4=3\times1.2167=3.65$

3. $P=10\times0.7130=7.13$

4. $F=2\times9.5491=19.10$

5. $P=1.5\times7.3601=11.04$

6. $NPV(4\%)=-(1.5+7+1.5\times4\%)+(9.2-7.06)\times19.5845\times0.8890$
$=13.5$

五、六、七（略）

第六章　大学发展目标如何确定

一、单项选择

1. D　2. A　3. D　4. B　5. B　6. D　7. A　8. D　9. A　10. D

二、多项选择

1. BCD　2. ABCD　3. ABCD　4. ABCD　5. ABC

三、判断正误

1. √　2. √　3. ×　4. ×　5. √　6. √　7. √　8. √　9. √　10. ×

四、简答

1. （1）根据人力资本适用范围的不同，可以将人力资本划分为通用性人力资本和专用性人力资本两类，通用性人力资本还可以进一步细分为跨行业通用性人力资本和行业通用性人力资本。（2）高职院校的课程一般包括公共基础课和专业课两大类，公共基础课所涉及的知识与技能一般都是可以跨行业通用的，而专业课所涉及的知识与技能一般都是与这个专业相对应行业的通用性知识与技能，即人们通常所说的专业知识与专业技能。

2. 人力资本提升的主要途径有保健投资、教育投资、职业培训、人力迁移投资、信息投资和职业实践六种途径。

3. 通过接受教育培训或职业实践来提升人力资本，主要有“干中学”“看中学”“听中学”三种内在机制。“干中学”指的是学习者在实践中学习。“看中学”指的是学习者在观察、模仿（效仿）他人的言行中学习知识和掌握技能。“听中学”指的是学习者在听讲或接受指导中学习。

4. 德，包括价值观念、道德品质、政治态度、遵守法纪、文明行为等基本要素。智，包括知识和技能的掌握、智力的发展，也就是通常所说的有文化。体，主要指身体的生长、发育，生理机能的成熟，体力、体能、体魄、体质的增强。美，包括感受美、鉴赏美的能力以及高尚的审美情操等方面的发展，也即是个体对美的追求。劳，指掌握劳动知识和劳动技能，形成劳动意识和劳动习惯。

5. 多元智能理论认为人类拥有音乐智能、身体动觉智能、逻辑－数学智能、语言智能、空间智能、人际智能、自我认知智能和自然观察智能八种智能。

五、六、七（略）

第七章 大学学习选择问题如何解决

一、单项选择

1. C 2. B 3. C 4. C 5. D 6. D 7. B 8. A 9. C 10. A

二、多项选择

1. ABCD 2. BCD 3. BCD 4. BD 5. ACD

三、判断正误

1. × 2. √ 3. √ 4. √ 5. × 6. √ 7. √ 8. √ 9. × 10. ×

四、简答

1. 稀缺性是一个相对的概念，即相对于人类欲望的无限性来说，经济物品和资源总是有限的。稀缺性又是绝对存在的，它存在于人类历史的各个时期和一切社会。

2. 形式教育论主张“形式能力重于实用知识”，具体包括三个方面：（1）教育的任务是训练心灵官能。（2）教育的目的是提高形式能力。（3）形式能力训练的结果会产生学习迁移。

3. 实质教育论认为实用知识重于形式能力，具体包括三个方面：（1）教育的任务是建设心灵。（2）教育的目的是获得实用知识。（3）教学的组织与方法很重要。

4. 教学的形式阶段理论将教学划分为“明了”“联合”“系统”“方法”四个形式阶段。

5. “做中学”将教学分为五个步骤，具体是：设置问题情境，提出问题和任务，提出解决问题各种方案，实施活动方案和解决问题，评价检查与经验反思。

五、六、七（略）

第八章 如何让大学过得幸福

一、单项选择

1. A 2. D 3. C 4. A 5. C 6. A 7. A 8. D 9. D 10. C

二、多项选择

1. ABC 2. BCD 3. ABCD 4. ABC 5. AB

三、判断正误

1. √ 2. × 3. √ 4. × 5. √ 6. × 7. √ 8. × 9. √ 10. √

四、简答

1. 需要层次理论由美国心理学家马斯洛创立。他将人类的需要归纳为由低到高的五个层次，分别是生理需要、安全需要、归属和爱的需要、尊重需要和自我实现需要。

2. 边际效用递减规律指在一定时间内，在其他产品或劳务的消费量不变的条件下，随着消费者不断增加某种产品或劳务的消费量，消费者从增加的一单位该产品或劳务的消费中所获得的效用增量是逐渐递减的。

3. 在消费者收入和产品价格既定的条件下，当消费者选择的产品组合获得了最大效用满足并将保持这种状态不变时，消费者达到均衡状态。消费者均衡分析有三个前提假设：第一，产品价格既定；第二，消费者偏好既定；第三，消费者收入既定。在上述条件下，消费者效用最大化也即是均衡的条件是：消费者购买各种产品获得的边际效用与价格之比相等，并且都等于货币的边际效用。

4. 幸福方程式的具体表述是：幸福 = 效用/欲望。这一方程式表明，幸福是一个大于 0 小于 1 的数值，其大小取决于效用与欲望这两个值的对比。提高幸福感的两条途径是既定欲望下增加效用和既定效用下控制欲望。

5. 根据消费者均衡的原理，大学生活的幸福主要取决于学习与闲暇之间关系的处理。在不考虑其他因素如大学生的支付能力的前提下，大学生在学期间实现幸福最大化的基本条件是：每单位时间用于学习和闲暇所获得的边际效用相等，并都等于时间的边际效用。可用下面的公式来表示：（1）$T_{学习}+T_{闲暇}=M$；（2）$MU_{学习}/T_{学习}+MU_{闲暇}/T_{闲暇}=\lambda$。

五、六、七（略）

参考文献

[1] 艾伦·B. 科班. 周常明，王晓宇，译. 中世纪大学：发展与组织 [M]. 济南：山东教育出版社，2013：54.

[2] 边菲. 国民党统治下的旧中国通货膨胀 [J]. 中学政治课教学，1982 (4)：39.

[3] 编写组. 砥砺奋进的五年 [M]. 北京：中国统计出版社，2018：53-54.

[4] 编写组. 毛泽东思想和中国特色社会主义理论体系概论 [M]. 北京：高等教育出版社，2021：223-230.

[5] 伯顿·克拉克. 王承绪，等译. 高等教育新论——多学科的研究 [M]. 杭州：浙江教育出版社，2001：74-78.

[6] 陈秋玲，许玲丽，石灵云. 幸福经济学 [M]. 上海：上海大学出版社，2015：22-25.

[7] 陈铁成，熊梅. 什么知识最有价值——基于斯宾塞课程思想的思考 [J]. 外国教育研究，2013 (5)：73-79.

[8] 成云，韦油亮. 高等职业教育心理学 [M]. 成都：西南财经大学出版社，2021：25-26.

[9] 德里克·博克. 徐小洲，陈军，译. 走出象牙塔 [M]. 杭州：浙江教育出版社，2001：73.

[10] 邓依，齐慧，张文学. 白酒的生理功效及其评价方法浅析 [J]. 酿酒，2009 (1)：15-17.

[11] 苗元江. 心理学视野中的幸福 [D]. 南京：南京师范大学，2003：43-52.

[12] 丁小浩，于洪霞，余秋梅. 中国城镇居民各级教育收益率及其变化研究：2002~2009年 [J]. 北京大学教育评论，2012 (3)：73-84.

[13] 董平. 王阳明的生活世界：通往圣人之路（修订版）[M]. 北京：商务印书馆，2018：4.

[14] 段建华. 主观幸福感概述 [J]. 心理学动态，1996 (1)：46-51.

[15] 多米尼克·J. 布鲁维尔，帕崔克·J. 麦克伊万. 刘泽云，郑磊，译. 教育经济学 [M]. 北京：北京师范大学出版社，2017：41-53.

[16] 范斯科特. 北京师范大学外国教育研究所，译. 美国教育基础——社会展望 [M]. 北京：教育科学出版社，1984：109-110.

[17] 范先佐. 教育经济学 [M]. 北京：人民教育出版社，2019：396-401.

[18] 冯加鱼，张艺钟．赫尔巴特课程思想新探 [J]．新课程研究，2010 (5)：10 - 11.

[19] 冯加渔．赫尔巴特课程思想研究 [D]．武汉：华中科技大学，2011：15.

[20] 傅红春．满足与幸福的经济学 [M]．上海：格致出版社，2008：3 - 10.

[21] 盖浙生．教育经济学 [M]．北京：三民书局，1982：114.

[22] 高鸿业．西方经济学（微观部分·第六版）[M]．北京：中国人民大学出版社，2016：155，286 - 289.

[23] 戈布尔．吕明，陈红雯，译．第三思潮：马斯洛心理学 [M]．上海：上海译文出版社，1987：105 - 106.

[24] 顾明远．教育大辞典（增订合编本）[M]．上海：上海教育出版社，1998：1271.

[25] 国教科文组织国际教育发展委员会．华东师范大学比较教育研究所，译．学会生存 [M]．上海：上海译文出版社，1980：14.

[26] 国务院新闻办公室．人类减贫的中国实践 [EB/OL]．http：//www. scio. gov. cn/index. htm，2021 - 09 - 09.

[27] 贺国庆，王保星，朱文富．外国高等教育史（第二版）[M]．北京：人民教育出版社，2006：43.

[28] 贺国庆．欧洲中世纪大学起源探微 [J]．河北大学学报（哲学社会科学版），2007 (6)：21 - 28.

[29] 赫尔巴特．普通教育学·教育学讲授纲要 [M]．杭州：浙江教育出版社，2001：13.

[30] 黄捷扬．筛选理论视角下的高考改革趋势研究 [J]．教育理论与实践，2019 (20)：16 - 18.

[31] 黄希庭．心理学导论 [M]．重庆：西南大学出版社，2021：99.

[32] 加德纳．沈致隆，译．多元智能新视野 [M]．北京：中国人民大学出版社，2012：10 - 21.

[33] 加里·贝克尔．郭虹，译．人力资本理论 [M]．北京：中信出版社，2007：109 - 135.

[34] 金祥荣，叶航．经济学原理 [M]．杭州：浙江大学出版社，2004：109 - 110.

[35] 克里夫·R. 贝尔菲尔德．曹淑江，译．教育经济学 [M]．北京：中国人民大学出版社，2007：12 - 34.

[36] 赖红梅．浅论杜威“从做中学”的理论内涵及对我国基础教育的启示 [J]．当代教育论坛，2008 (8)：32 - 34.

[37] 勒希斌．教育经济学 [M]．北京：高等教育出版社，2018：217 - 222.

[38] 雷鸣，王琛．幸福心理学 [M]．武汉：华中科技大学出版社，2020：12 - 13.

[39] 李朝辉．教学论（第二版）[M]．北京：清华大学出版社，2016：8 - 12.

[40] 李福华．大学治理与大学管理：概念辨析与边界确定［J］．北京师范大学学报（社会科学版），2008（4）：19－25.

[41] 李工真．“柏林大学模式”及其发展［J］．人文论丛，2000（1）：264－271.

[42] 李工真．德国大学的现代化［J］．经济社会史评论，2010（1）：5－15.

[43] 李工真．现代化大学的由来［J］．国家教育行政学院学报，2013（9）：3－7.

[44] 李华．欧洲中世纪大学：历史描述与分析［J］．牡丹江教育学院学报，2008（6）：18－19.

[45] 李强，吴国清．杜威实用主义教育思想及其现代启示［J］．宁波教育学院学报，2021（3）：93－96.

[46] 李文利．高等教育之于学生发展：能力提升还是能力筛选［J］．北京大学教育评论，2010（1）：1－16.

[47] 林宪生．多元智能理论在教学中的应用［M］．北京：开明出版社，2003：7－8.

[48] 刘宝存．威斯康星理念与大学的社服务职能［J］．理工高教研究，2003（5）：17－18.

[49] 刘海峰，史静寰．高等教育史［M］．北京：高等教育出版社，2010：11－12.

[50] 刘海峰．科举考试的教育视角［M］．武汉：湖北教育出版社，1996：216.

[51] 刘竑波．多元智能与教师［M］．上海：上海教育出版社，2005：4－5.

[52] 刘佳．形式教育与实质教育的心理学基础再探［J］．集美大学学报，2001（1）：49－52.

[53] 刘晓伟，李卫东．西汉军事家周亚夫的政治悲剧［J］．兰台世界，2015（6）：191－192.

[54] 刘泽云．教育经济学［M］，上海：华东师范大学出版社，2008：39.

[55] 刘泽云．筛选理论的经验研究述评［J］．经济学动态，2008（7）：118－122.

[56] 刘志民．教育经济学［M］．北京：北京师范大学出版社，186－215.

[57] 娄伶俐．主观幸福感的经济学理论与实证研究［D］．上海：复旦大学，2009：18－19.

[58] 路德维希·费尔巴哈．荣震华，等译．费尔巴哈哲学著作选集（下卷）［M］．北京：商务印书馆，1984：536.

[59] 马克利伯曼，罗伯特霍尔．程坦译．经济学导论［M］．大连：东北财经大学出版社，2003：22.

[60] 毛钧瑶．欧洲中世纪大学的课程设置［J］．黑龙江科学，2019（11）：15－17.

[61] 闵维方，马莉萍．教育经济学［M］．北京：北京大学出版社，2020：163.

[62] 欧阳芬．多元智能与建构主义理论在课堂教学中的应用［M］．北京：中国轻工业出版社，2004：6－12.

[63] 潘后杰，李锐．欧洲中世纪大学兴起的原因、特点及其意义［J］．四川师范

大学学报（社会科学版），1993（3）：100－108.

[64] 潘懋元，肖海涛．论我国高等教育学制改革——基于专升本的视角［J］．高等教育研究，2006（7）：36－39.

[65] 潘懋元，等．新编高等教育学［M］．北京：北京师范大学出版社，2009：36－38.

[66] 全国十二所重点师范大学联合编写．教育学基础［M］．北京：教育科学出版社，2014：30－59.

[67] 沙苗苗．柏林大学模式研究［D］．武汉：华中师范大学，2008：17－21.

[68] 施良方．学习论［M］．北京：人民教育出版社，2001：4.

[69] 石广盛．试论中世纪西欧大学的起源［D］．长春：东北师范大学，2003：14－18.

[70] 斯宾塞．胡毅，王承绪，译．斯宾塞教育论著选［M］．北京：人民教育出版社，1997：91.

[71] 宋文红．欧洲中世纪大学：历史描述与分析［D］．武汉：华中科技大学，2005：57.

[72] 孙益．欧洲中世纪大学的学位［J］．清华大学教育研究，2003（6）：73－78.

[73] 田国强，杨立岩．对"幸福—收入之谜"的一个解答［J］．经济研究，2006（11）：4－15.

[74] 汪三贵，曾小溪．从区域扶贫开发到精准扶贫——改革开放40年中国扶贫政策的演进及脱贫攻坚的难点和对策［J］．农业经济问题，2018（8）：40－49.

[75] 汪小红．形式教育与实质教育关系再论［J］．教学与管理，2015（1）：4－6.

[76] 王本陆．课程与教学论（第三版）［M］．北京：高等教育出版社，2017：21－40.

[77] 王策三．教育论集［M］．北京：人民教育出版社，2002：241.

[78] 王道俊，郭文安．教育学［M］．北京：人民教育出版社，2016：33－50.

[79] 王凯．"教育性教学"的误读——兼论赫尔巴特教学伦理思想［J］．全球教育展望，2007（11）：33－37.

[80] 王丽．教育心理学基本理论与综合知识［M］．北京：北京师范大学出版社，2019：12－32.

[81] 王凌．赫尔巴特论"教育性教学"［J］．云南教育（小学教师），1990（Z2）：18.

[82] 王善迈．教育投入与产出研究［M］．石家庄：河北教育出版社，1996：45.

[83] 吴汉洪．经济学基础（第6版）［M］．北京：中国人民大学出版社，2020：35－49.

[84] 吴式颖，等．外国教育史教程［M］．北京：人民教育出版社，2003：86.

[85] 肖昊．教育经济学［M］．武汉：武汉大学出版社，2010：38－62，201－231.

[86] 邢飞虎，赵彤．浅谈酒的功效［J］．酿酒科技，1992（1）：68－69.

[87] 邢占军．我国居民收入与幸福感关系的研究［J］．社会学研究，2011（1）：

197－219.

［88］熊明安．中国高等教育史［M］．重庆：重庆出版社，1983：71－72.

［89］熊焰．主知主义教育思想在中国的传播和影响初探［J］．西南民族学院学报（哲学社会科学版），2002，23（5）：225－227.

［90］徐国兴．高等教育经济学［M］．北京：北京大学出版社，2013：3－37.

［91］雅克·勒戈夫．张弘，译．中世纪的知识分子［M］．北京：商务印书馆，1996：72.

［92］严雪怡．试论人才分类的若干问题［J］．职教通讯，2000（8）：9－12.

［93］严雪怡．再论人才分类与教育分类［J］．职业技术教育（教科版），2003（1）：14－16.

［94］杨萍．学会生存首要的是学会学习——罗杰斯人本主义学习观的启示［J］．教育与职业，2003（7）：21－22.

［95］杨艳蕾．大学服务社会——“威斯康星理念”研究［D］．北京：北京师范大学，2011：35.

［96］叶子龙．叶子龙回忆录［M］．北京：中央文献出版社，2000：59.

［97］于光远．重视教育经济学改进教育工作［J］．教育研究，1980（4）：4.

［98］袁振国．当代教育学［M］．北京：教育科学出版社，2010：57－69.

［99］袁振国．培养人才始终是大学的第一使命：大学变革的历史轨迹与启示之一［J］．中国高等教育，2016（13）：4.

［100］约翰·S. 布鲁贝克．王承绪，等译．高等教育哲学［M］．杭州：浙江教育出版社，1998：13－30.

［101］约翰·杜威．王承绪，译．民主主义与教育［M］．北京：人民教育出版社，2001：17.

［102］臧兴妍．论约翰·杜威实用主义教育思想［D］．长春：吉林大学，2007：23－24.

［103］张斌贤，孙益．西欧中世纪大学的特权［J］．北京师范大学学报（社会科学版），2004（4）：16－23.

［104］张凤林．人力资本理论及其应用研究［M］．北京：商务印书馆，2006：63－67.

［105］张凤林．人力资本理论及其应用研究［M］．北京：商务印书馆，2011：170.

［106］张积家．高等教育心理学（第二版）［M］．北京：高等教育出版社，2016：93－134.

［107］张陆，佐斌．自我实现的幸福——心理幸福感研究述评［J］．心理科学进展，2007（1）：134－139.

［108］张敏杰，吴锐．经验论与唯理论视角下认识来源的对立统一对教育的启示［J］．贵阳学院学报（社会科学版），2019（2）：104－107.

［109］张启富．经济学（第二版）［M］．北京：经济科学出版社，2009：116－120.

［110］ 张维迎．博弈论与信息经济学［M］．上海：上海三联书店，上海人民出版社，1996：554.

［111］ 张艳，王妍．幸福心理学［M］．重庆：重庆大学出版社，2016：1.

［112］ 赵敏．赫尔巴特形式教学阶段论及其发展［J］．襄阳职业技术学院学报，2007（3）：49－51.

［113］ 赵卫．试析赫尔巴特教学阶段的逆行特征及其他［J］．教育科学，1990（1）：31－35.

［114］ 兹维·博迪，罗伯特·C. 默顿．欧阳颖，等译．金融学［M］．北京：中国人民大学出版社，2000：95－120.

［115］ A. M. 夏普．社会问题经济学［M］．北京：中国人民大学出版社，2000：63.

［116］ E. P. 克伯雷．任宝祥，任钟印，译．外国教育史料［M］．上海：华东师范大学出版社，1991：12－14.